ATD Training Basics Series

HRD 담당자를 위한

ROI의 기초

ROI BASICS

2nd Edition

저자 Patricia Pulliam Phillips and Jack J. Phillips
역자 이현우

atd

박영story

ATD의 교육훈련 기초 시리즈에 대하여

ATD의 교육훈련 기초 시리즈는 오늘날 빠르게 변화하고 끊임없이 변화하는 조직의 현실을 인정하고, 어떤 면에서 이를 널리 알리고 있다. 직무, 역할, 그리고 기대는 빠르게 변한다. 어느 날에는 네트워크 관리자 또는 프로세스 라인 관리자가 되고 다음 날에는 50명의 직원에게 기본적인 컴퓨터 기술을 교육하거나 라인 근무자에게 품질 프로세스를 교육하라는 요청을 받을 수도 있다.

이럴 때 어디에서 도움을 구하고 있는가? ATD 교육훈련 기초 시리즈는 원스톱 솔루션으로 설계되어 있다. 이 시리즈는 학습 곡선(Learning Curve) 딜레마를 고려하여 성공하는 데 필요한 최소한의 정보만을 제공하는 접근방식을 취하고 있다. 시리즈의 각 책은 프레젠테이션 하기, 트레이너 역할로의 전환, 교육훈련 설계 및 제공, 교육훈련 평가 등 교육훈련의 주요 측면을 안내하고 있다. ATD 교육훈련 기초 시리즈는 이해하기 쉬운 자료를 찾는 교육 및 수행 전문가를 위한 완벽한 도구이고, 교육전문가가 아닌 일반 직원이 교육담당자 역할을 수행할 수 있도록 준비할 수 있는 도구이기도 하다.

또한, 이 시리즈는 모든 교육담당자에게 완벽한 참고 자료이며 기존 역량을 발전시킬 수 있는 빠른 방법이기도 하다.

서문

전략적이고 고비용이며 인지도가 높고 경영진의 관심을 끄는 가장 중요한 프로그램을 생각해보자. 프로그램의 성공 여부를 평가하기로 했다고 가정하고, 분석을 통해 다음과 같은 결과를 얻었다. 참가자들이

- 프로그램이 자신들의 일과 관련이 있다고 생각하고
- 새로운 지식과 기술을 습득하고
- 일부의 경우 다소 어려움이 있기는 해도 업무에서 그 지식과 기술을 일상적으로 사용하고
- 품질과 생산성을 포함해서 여러 중요한 근무 부서의 지표를 향상시키고
- 해당 프로그램의 투자 대비 성과를 105% 달성하고
- 참가자들의 근무 부서에서의 직무 만족도 향상을 보고하였다.

데이터를 검토해 보면 몇 가지 질문이 떠오르게 된다. 데이터의 출처는 누구이며 무엇인가? 어떤 가정하에서 분석이 이루어졌는가? 여러 분석의 과정이 일관되게 이루어졌는가? 이 결과는 신뢰할 수 있는가? 이 결과를 도출하는 데 비용이 얼마나 들었는가?

프로그램의 의사결정자의 관점에서는 다른 질문들도 있을 수 있다. 이 데이터는 프로그램에 어떤 의미가 있는가? 여러분의 팀과 개인적으로는 어떤 의미가 있는가? 만약 위의 결과가 부정적이라면 프로그램, 팀 및 개인적으로 어떤 의미가 있는가? 그 결과는 어떻게 사용되어야 하는가?

이러한 질문들은 성과 기반의 인재 개발 업무를 시작하는 수백 명의 사람들이 직면하게 될 질문들이다. ROI 기초 2판은 이러한 질문에 답하고 인재 개발에서 ROI(투자 수익)의 진정한 의미를 이해하는 데 도움을 줄 것이다.

같지만 더 나은

ROI 방법론은 Jack J. Phillips가 1973년에 개발한 포괄적인 평가 프로세스이다. 5단계 평가 프레임워크는 Raymond Katzell의 4단계 평가에 기초하여 데이터를 분류하는 기준이지만 ROI 방법론은 프레임워크 내에서 수집되고 분류된 데이터의 신뢰성을 보장하는 운영 프로세스이다. 이에 더해서 조직 내에서 인재개발 및 기타 부서가 업무를 수행할 수 있도록 하는 프로세스로, 조직의 가치를 창출하게 한다. 프로세스의 적용이 제한되는 것은 아니지만, 실제로 ROI 방법론은 우리가 생각했던 것 이상으로 많은 사람에게 알려져 있다. 이 프로세스를 적용할 수 있는 영역은 다음과 같다.

- 인적자원 / 인적자본
- 교육 / 학습 / 개발

- 리더십 / 코칭 / 멘토링
- 지식 관리 / 전이
- 표창 / 인센티브 / 참여
- 업무 조정 시스템
- 변화 관리 / 문화
- 인재 관리 / 유지
- 정책 / 절차 / 프로세스
- 기술 / 시스템 / IT
- 회의 / 이벤트 / 콘퍼런스
- 마케팅 / 광고 / 홍보
- 규정 준수 / 위험 관리
- 조직 개발 / 컨설팅
- 프로젝트 관리 솔루션
- 품질 / 식스 시그마 / 린 엔지니어링
- 커뮤니케이션 / 홍보
- 공공 정책 / 사회 정책
- 창의성 / 혁신
- 윤리 / 청렴
- 안전 / 건강 / 웰빙 프로그램
- 환경 / 지속 가능성
- 보건 의료
- 학교 / 대학
- 공공 부문 / 비영리 단체
- 신앙 기반 프로그램

우리의 가장 흥미로운 일 중 하나는 비정부 조직, 종교 기반 조직, 그리고 지역 대학의 가치를 입증하기 위해 아메리칸 인디언 기금과 협력하고 있는 First Nation 커뮤니티와 함께한 것이다.

직원, 학생, 이해관계자, 납세자 및 지역 사회에 중요한 결과를 도출하기 위해 프로그램, 프로세스, 이니셔티브 및 기관을 설계하는 데 그렇게 큰 관심을 보인 경우를 본 적이 없었다. 좋은 소식은 이 작업을 수행하는 프로세스가 변경되지 않았다는 것이다. 동일하지만 더 좋았다. 데이터를 수집, 분석, 보고 및 최적화하는 기술 측면에서 더 좋았다. 우리는 더 많이 사용하고 더 광범위하게 적용하고 기술이 발전함에 따라 계속해서 배우고 있고, 측정 및 평가 분야를 발전시킴으로써 그 배움을 적용하기 위해 노력하고 있다.

그러나 기본은 기본이며 변하지 않는다. 이것이 바로 ROI 방법론을 작동시키는 이유이며 무자본 투자에 대한 영향과 ROI를 입증하는 데 가장 많이 적용되고 문서화된 접근방식인 이유이다. 이 책은 이러한 기본 원칙을 제시하고, ROI 방법론의 기본 사항을 제공한다.

새로운 내용

2판은 2005년에 출판된 1판의 기본을 유지하면서 개선되었다. 그렇다면 왜 업데이트가 필요했을까? 그것은 바로 ROI에 대한 필요성이 사라지지 않았기 때문이다.

프로그램의 ROI를 입증하는 것은 조직이 향후 프로그램에 자원을 할당하는 데에 있어서 여전히 중요하다. 고위 경영진은 이 정보를 알고 싶어하지만, 우리는 같은 이야기만 계속 하고 있다. 조직은 인재 개발에 엄청난 비용을 지출하지만 중요한 비즈니스 지표는 개선되지 않고 있다! 이는 프로그램이 어떻게 수행되고 가치를 제공하는지 여부를 연결하는 데 계속해서 간극이 있다는 것을 의미한다.

이번 2판에서 변경된 사항은 다음과 같다.

- 우리는 프로그램을 비즈니스에 연결하는 것과 같은 정렬에 더 집중했다. 여기에는 성과 요구 사항 및 개선해야 할 특정 비즈니스 지표의 식별이 포함된다. 또한, 비즈니스 요구 사항에 따라 가장 실현 가능한 솔루션을 찾기 위해 다양한 기법을 사용하는 것도 포함된다.
- 테크놀로지 측면에서도 할 이야기가 너무 많아서 ROI 방법론의 활용에 관한 테크놀로지의 적용 및 효과에 대해서만으로도 전체 책을 구성할 수 있었겠지만, 그렇게 하지는 않았다. 하지만 우리는 기본 도구 또는 새로운 수준으로 측정할 수 있는 새로운 도구로서 몇 가지 테크놀로지에 관해서는 강조했다.
- 우리는 또한 이 프로세스의 사용이 증가하고 있음을 보여주는 새로운 인재개발 적용에 관한 참고문헌 목록을 제시했다.

각 장의 내용

각 장에서는 ROI를 포함하는 포괄적인 평가를 개발하는 기본 단계를 제공한다. 좀 더 어려운 문제를 해결하려는 시도도 있지만, 독자가 기본 기술에 익숙해질 수 있도록 구성했다. 이 책이 끝나면 ROI 방법론에 대해 기본적인 이해를 할 수 있을 것이고, 이러한 유형의 분석을 위한 프로그램을 선택할 수 있을 것이다. 지속적인 인재개발 프로세스의 일부로 ROI를 통합하는 전략을 개발할 준비가 될 것이다.

1장, **기초**에서는 ROI에 대한 개요, 즉 의미, 보고 방법 및 사용 시기를 제공한다.

2장, **계획하기**에서는 프로그램 목표 개발과 ROI 프로젝트 진행을 지원하는 평가 계획을 포함하는 정렬 프로세스를 소개한다.

3장, **데이터 수집**에서는 적절한 데이터 수집 절차를 다루고 이를 실행하는 방법을 보여준다. 이 장에서는 '데이터를 어떻게 수집하는가? 누구로부터 데이터를 수집하는가? 언제 데이터를 수집하는가?'와 같은 질문에 답한다.

4장, **프로그램 효과 분리**에서는 프로그램 평가에서 가장 중요한 단계 중 하나를 설명하고 다음과 같은 기본 질문에 답한다. 지표를 개선한 것이 여러분의 프로그램인지 어떻게 알 수 있는가?

5장, **ROI 계산**에서는 활동을 보고하는 것과 ROI를 보고하는 것 간의 근본적인 차이점을 설명한다. 이는 수학에 관한 문제이다. 효과 측정을 금전적 가치로 변환하고 그 가치를 프로그램의 전체 소요 비용과 비교해야만 실제 ROI를 보고할 수 있다.

6장, **결과 최적화**에서는 결과를 전달하고 블랙박스 사고를 사용하는 데 중점을 둔다. 커뮤니케이션이 없으면 프로그램을 평가하여 성취하고자 하는 목표를 달성할 수 없다. 성패를 부정하거나 사람들에게 행동을 촉구하지 않으면 프로그램, 시스템 또는 조직을 개선할 수 없다. 측정과 평가가 바로 그것이다

7장, 지속적인 추진은 이전 장을 기반으로 한다. 누구나 ROI 연구를 수행할 수 있지만, ROI 프로세스를 인재개발 프로세스에 통합하면서도 여전히 원활하고 효과적일 수 있는가? 이 장에서는 이를 수행하는 방법에 관해 설명한다.

부록인 ROI 예측의 기초에서는 프로그램에 투자하기 전, 프로그램을 실행하는 동안 및 3수준: 적용 데이터를 사용하여 RO1를 예측하는 개념을 소개한다.

안내 아이콘

이 책에는 일상의 업무에 도움이 될 수 있는 내용이 많이 있다. 일부 아이콘들은 이 책의 주요 요점을 환기시켜준다.

이 장의 내용

각 장은 장의 내용을 쉽게 참조할 수 있도록 짧은 소개와 함께 시작한다. 이 소개를 사용하여 각 장에 있는 정보를 확인하고 원하는 경우 가장 유용한 부분으로 건너뛸 수 있다.

기본규칙

이러한 규칙은 ROI 방법론의 일관된 적용을 보장하기 위한 중요한 원칙과 지침을 제시한다.

확인하기

'확인하기'는 개념이나 원칙에 대한 상세한 사항이나 설명이 있는 섹션을 표시한다. 때로는 짧지만 생산적인 접목에도 사용된다.

생각해 보기

이러한 고려 사항은 학습을 강화하고 해당 장의 앞부분에서 생기지 않았을 수 있는 "아하 순간"을 생성하기 위해 정보를 약간 다른 방식으로 제공하려고 한다.

마무리

각 장의 마지막 부분은 해당 장의 내용을 여러분의 상황에 적용하는 것을 지원한다. 이 부분은 주로 내용을 이해하기 위한 직무보조 및 도구에 초점을 두고 있다. 때로는 숙고해야 할 질문 목록이 포함되어 있으며, 때로는 자체 평가 도구이며, 때로는 기술을 향상시키고 참가자의 성공 가능성을 높이기 위해 취할 수 있는 조치 단계들을 제시한다.

이 책의 대상

이 책은 포괄적인 평가 프로세스를 실행하는 데 어려움을 겪고 있거나 자신의 책임에 대해 능동적으로 접근하고 있는 초보자를 대상으로 한다. 그러나 전문가이지만 여전히 핵심 문제에 의문을 제기하는 사람들도 이 책을 읽을 가치가 있음을 알게 될 것이다. 인재 개발 관리자도 혜택을 볼 수 있다. 기본 사항을 이해함으로써 관리자는 ROI 실행의 챔피언이 될 수 있다.

용어의 의미

이 책의 내용에 대해 자세히 알아보기 전에 몇 가지 용어를 명확히 하여 같은 출발선에 있도록 하자. 프로그램은 평가의 대상이 되는 이니셔티브를 나타낸다. 이것은 교육과정, 전면적인 변화 이니셔티브 또는 학습 관리 시스템 구현이 될 수도 있다. 인재개발은 훈련, 성과 향상, 학습, 개발 및 교육을 의미한다. 평가 수준은 Phillips의 5단계 평가 프레임워크를 참조한다. 수익을 투자로 나눈 값 또는 순이익을 비용으로 나눈 ROI는 두문자어로 투자회수율(Return On Investment)이라는 문자 그대로의 의미로 정의된다.

이 책이 ROI를 실행하는 데 도움이 되기를 바라고, 실행하시는 모든 분들의 건승을 빕니다!

감사의 말

책은 결코 저자 혼자만의 힘으로 만들어지지 않습니다. 출판사가 출판 프로젝트를 기꺼이 받아들이고 저자와 협력하여 독자에게 도움이 될 수 있는 방식으로 내용을 구성하는 것으로 시작됩니다. 그래서 책 업데이트를 요청한 ATD의 선임 커뮤니티 관리자인 Ann Parker에게 먼저 감사를 전합니다. 또한, 이 책을 제작하는 데 수고한 ATD 편집팀에게도 감사드립니다. ATD는 우리의 오랜 파트너였으며 ATD의 측정 및 평가 콘텐츠를 주도할 수 있는 기회를 주셔서 감사합니다. 우리는 여기에 제시된 방법론을 믿으며 전 세계 조직에서 이 방법의 성공을 관찰했습니다. ATD가 그 중요성을 인정해 준 점도 감사하게 생각합니다.

ROI 연구소 간행물 이사인 Hope Nicholas에게도 큰 감사를 전합니다. Hope는 이 프로젝트에 뛰어 들었고 책이 완성될 때까지 그녀의 시야에서 이 프로젝트(또는 우리)를 놓지 않았을 것입니다. 그녀는 항상 우리가 양질의 출판물을 개발할 수 있도록 도와주었습니다. 또한, 연구 및 출판 작업을 수행하는 동안 모든 일을 가능하게 해준 ROI 연구소의 전체 팀에게도 감사드립니다. 다른 저자들이 증명하듯이, 책을 만들려면 큰 노력이 필요합니다. 경우에 따라서는 작업에 몰두하다 배가 고플 때에야 정신을 차리게 됩니다. Ann, Kylie, Sherri, Melissa, Becky, Andy, Brady, Tim에게 우리가 자리를 비웠을 때 해준 모든 일에 대해 감사드립니다!

또한, 많은 워크숍 참가자와 고객에게도 감사드립니다. 여러분이 없었다면 우리는 말할 수 있는 이야기가 거의 없었을 것이고 말할 방법도 제한되었을 것입니다. 이 도전적인 주제를 추구할 때 인재개발 전문가가 직면하게 되는 많은 이슈를 해결할 수 있도록 여러분이 허심탄회하게 해준 이야기들과 도움에 감사드립니다.

Patti가 Jack에게: 언제나처럼 Jack, 당신은 내가 최선을 다할 수 있도록 지원하고 격려합니다. 나는 당신을 따라가려고 노력해서 이것을 해낼 수 있었습니다. 당신은 내 바위, 내 친구, 내 사랑입니다. 고맙습니다!

Jack이 Patti에게: 우리 작업의 성공은 대부분 Patti에게 있습니다. 그녀는 뛰어난 연구원, 컨설턴트, 교사, 연사 및 저자입니다. 그녀의 방대한 지식과 경험이 이 책을 통해 빛을 발할 것입니다. 매일 매일 놀라운 공헌을 해줘서 고맙습니다.

모든 길은 ROI로 이어집니다!

Patti와 Jack Phillips

2019년 9월

역자 서문

2020년 7월 모 글로벌 은행의 '글로벌 러닝 위크' 행사에 강연자로 초청받은 적이 있다. 이 강연에서 '워러밸(work-learning balance)'이라는 화두를 제시한 적이 있다. 직장인들에게 중요한 것 중 하나인 워라밸(work-life balance)에 대해서는 모두가 익숙할 것이다. 이 개념과 유사하게 일과 학습이 균형을 이루는 워러밸이 미래를 준비하는 직원들에게 꼭 필요하다는 점을 강조했다. 여기서 워러밸, 즉 일과 학습의 균형이 의미하는 바는 첫째, 일과 학습이 통합되어야 한다는 의미이다. 다시 말해서, 일을 하면서 학습이 이루어져야 하고, 학습은 직원들이 자신의 일에서 성과를 낼 수 있도록 지원해야 한다는 것이다. 두 번째 의미는 자기주도적 학습을 통해 직원들이 스스로 역량을 개발해서 미래를 준비해야 한다는 점이다.

이 워러밸의 관점에서 나는 ROI 기초 번역서를 출간하기로 마음 먹었다. 직원들에게 워러밸이 중요한 것처럼 지금의 HRD 담당자에게도 워러밸은 더없이 중요해졌다고 생각한다. 직원들의 역량을 개발하기 위한 혁신적인 방법들이 더욱 빠르게 확산되고 있고, 테크놀로지 역시 빠른 속도로 발전하고 있는 시점에서 HRD 담당자가 뒤처진다면 그 조직의 인재개발 기능은 제 역할을 다하지 못할 것이다. 그래서 HRD 담당자들은 자신의 역량을 개발하기 위한 노력을 게을리해서는 안 되고, 이 과정이 자신의 업무와 괴리가 있어서도 안 된다.

먼저, 이 책에 소개된 ROI 방법론을 실제 업무에서 적용해 본다면 그 자체로서 HRD 담당자에게는 많은 학습이 이루어질 것이다. ROI 방법론을 사용하는 과정에서 이 책에 소개되어 있는 비즈니스 정렬 모형에 따라 HRD 프로그램을 기획하고 분석하고 설계하는 과정을 통해 자신들이 하는 일의 의미와 중요성을 깨닫게 될 것이고 이 과정이 일과 학습의 통합 과정이라고 생각한다.

둘째, HRD 담당자들은 ROI 방법론을 평가 도구라기보다는 학습 도구로 사용할 수 있다는 점이다. ROI 방법론의 목적은 평가 데이터를 활용해서 성과를 개선하거나 만족스럽지 않은 결과를 수정하고 실패를 예방할 수 있는 기회를 찾아서 조치하는 것이다. ROI 방법론에 따라 평가하고 평가 결과에 근거해서 개선해야 할 점을 찾고 이를 해결해 가는 과정이 바로 HRD 담당자들에게는 학습이다. 이 과정을 통해 HRD 담당자들은 꾸준한 자기개발의 기회를 찾을 수 있을 것이다.

우리는 지난 2년간 코로나-19로 인한 팬데믹 상황을 경험했다. 학교 교육뿐만 아니라 모든 HRD 프로그램도 기존의 전통적 방식의 대면 교육을 중단해야 하는 사태를 경험했다. 이 팬데믹 상황은 마치 1997년 IMF 외환위기 사태의 데자뷔 같았다. 당시 많은 기업에서 구조조정이 이루어졌고, 그 첫 번째 대상은 HRD(당시에는 교육부서) 분야였다. 하지만 그때도 HRD를 담당했던 우리의 선배들은 HRD 컨설팅 분야를 개척하면서 오히려 이 분야가 더욱 발전할 수 있는 계기를 마련했다. 이번 팬데믹 상황에서도 많은 HRD 구성원들이 어려움을 겪었지만, 우리는 또 한 번 혁신적인 방법으로 이를 극복해내는 저력을 보여주었다.

여기서 HRD 분야가 조직이 어려울 때마다 첫 희생양이 되는 이유를 생각해보지 않을 수 없다. 조직의 관점에서 볼 때 HRD가 조직의 성과에 어떤 기여를 하고 있는지를 구체적으로 보여주지 못하고 있다는 점이 첫 번째 이유일 것이다. 이 책에서 소개되고 있는 ROI 방법론은 단순히 HRD의 성과를 금전적 가치로 전환하는 방법이 아니라 어떻게 HRD를 조직의 성과와 직접 연관시킬 수 있을지에 대한 방법을 제시하고 있다. 이 책은 현재 HRD 업무를 수행하고 있는 담당자뿐만 아니라 앞으로 HRD 분야에서 꿈을 펼치고자 하는 예비 HRD 담당자들에게도 HRD의 의미와 역할을 생각하고, 그 역할을 다하기 위한 구체적인 방법론을 학습할 수 있는 좋은 안내서가 될 것이라고 기대한다.

이렇게 훌륭한 서적을 번역할 수 있도록 허락해 준 Patricia Phillips와 Jack Phillips에게 깊은 감사를 드린다. 또한, 본서가 출간될 수 있도록 많은 도움을 주신 박영스토리의 안상준 대표님과 특히, 편집과 출판에 정성을 다해주신 이선경 차장님과 배근하 과장님께 감사드린다.

끝으로 학문적 동반자로 항상 함께해주는 임규연 교수님과 교육에 대해 생각해보게 하는 사랑스러운 우리 딸에게도 깊은 감사의 마음을 전한다.

2022년 7월

이 현 우

차례

CHAPTER 01 기초

CHAPTER 02 계획하기

CHAPTER 03 데이터 수집

CHAPTER 04 프로그램 효과 분리하기

CHAPTER 05 ROI 계산하기

CHAPTER 06 결과 최적화

CHAPTER 07 지속적인 추진

APPENDIX 부록

CHAPTER

01

기초

이 장의 내용

1. ROI 정의
2. ROI와 평가의 수준
3. 평가 퍼즐
4. ROI 프로세스 모델
5. ROI 사용하기
6. 마무리

CHAPTER

01

기초

이 장의 내용

이 장에서는 전 세계의 많은 조직에서 기본이 된 프로세스인 ROI 방법론의 기본 사항을 살펴본다. 이 장에서는 세 가지 주요 주제를 다루고자 한다.

- 투자수익률(Return on Investment, ROI)의 정의
- ROI 프로세스 모델 따라하기
- ROI 활용

1. ROI 정의

ROI란 무엇일까? ROI는 프로그램, 프로세스, 이니셔티브 및 성과 개선 솔루션에 투자하는 것이 조직에 경제적인 가치를 추가하는가?라는 질문에 답해야 하는 책무에 대한 궁극적인 척도라고 할 수 있다. 조직은 많은 경제적 지표에 의존한다. 자원을 배정하는 결정에 중요한 일반적인 재정 지표는 <표 1-1>에 요약하여 제시하였다.

표 1-1 재정 지표

재정 지표	약어	내용
투자수익률 (Return on Investment)	ROI	투자의 효율성 또는 수익성을 평가하거나 여러 투자의 효율성을 비교하는 데 사용된다. • 계산: 투자의 연간 순이익을 투자 비용과 비교한다. 백분율로 표시. ROI(%) = (순이익 / 비용) × 100
자기자본 이익률 (Return on Equity)	ROE	주주가 투자한 돈으로 기업이 얼마나 많은 이익을 창출하는지를 보여줌으로써 기업의 수익성을 측정한다. 회사의 수익성을 같은 업계의 다른 회사의 수익성과 비교하는 데 사용된다. • 계산: 연간 순이익을 자기 자본과 비교 ROE = (순이익 / 자기자본) × 100
총자산순수익률 (Return on Assests)	ROA	총 자산 대비 회사의 수익성을 의미한다. 경영진이 자산을 사용하여 수익을 창출하는 데 얼마나 효율적인지를 측정한다. • 계산: 연간 순소득(연간 소득)을 총 자산과 비교한다. 백분율로 표시 ROA(%) = (순이익 / 총 자산) × 100
평균자기자본 이익률 (Return on Average Equity)	ROAE	회계 년도 동안 회사의 성과를 참조하는 수정된 버전의 ROA. • 계산: 분모가 총 자산에서 평균 자기 자본으로 변경된다는 점을 제외하면 ROA와 동일하다. 이는 연초와 연말의 자본 가치를 2로 나눈 값으로 계산된다. ROAE = 순이익 / 평균 자기 자본

재정 지표	약어	내용
사용자본이익률 (Return on Capital Empolyed)	ROCE	회사 자본 투자의 효율성과 수익성을 의미한다. ROCE는 항상 회사가 차용하는 이자율보다 높아야 한다. 그렇지 않으면 차입금이 증가하면 주주의 수입이 감소하게 된다. • 계산: 이자 및 세전 소득(EBIT)을 총 자산에서 유동 부채를 뺀 값과 비교 ROCE = EBIT / (총 자산 - 유동 부채)
현재 가치 (Present Value)	PV	지정된 수익률이 주어진 경우 미래의 화폐 또는 현금 흐름의 현재 가치. 순 현재 가치, 채권 수익률 및 연금 의무를 포함한 재무 계산에서 중요하다. • 계산: 현금 흐름(C 또는 금액 합계)을 일정 기간(t)의 이자율(r)로 나눈다. $PV = C / (1 + r)^t$
순 현재 가치 (Net Present Value)	NPV	현금 유입의 현재 가치와 현금 유출의 현재 가치의 차이를 측정한다. 또 다른 표현은 투자의 현재 가치로 미래 이익의 현재 가치를 측정하는 것이다. • 계산: 지정된 기간 동안 지정된 이자율을 고려하여 오늘의 화폐 가치를 미래의 동일한 화폐 가치와 비교한다. $NPV = \sum_{t=1}^{T} (c_t/(1+r)^t) - C_0$
내부 수익률 (Internal Rate of Return)	IRR	특정 프로젝트의 모든 현금 흐름의 순 현재 가치를 0으로 만든다. 자본 예산에 사용된다. IRR이 높을수록 프로세스를 수행하는 것이 더 바람직하다. • 계산: 수익률의 함수로 NPV 계산을 따른다. 이 함수가 0인 수익률이 내부 수익률이다. $NPV = \sum_{t=0}^{T} (c_t/(1+r)^t) - C_0 = 0$

재정 지표	약어	내용
회수기간 (Payback Period)	PP	투자 회수 기간을 측정한다. • 계산: 프로젝트 비용을 연간 혜택 또는 연간 현금 유입과 비교 PP = 비용 / 편익
편익비용비 (Benefit-Cost Ratio)	BCR	프로젝트가 완료되면 발생할 수 있는 프로젝트의 잠재적인 비용과 이점을 평가하는 데 사용된다. 재정적 타당성을 결정하는 데 활용된다. • 계산: 프로젝트 연간 이익을 비용과 비교 BCR = 편익 / 비용

<표 1-1>에 제시된 바와 같이, 각 측정 항목은 금전적 이익을 비용 또는 투자와 어떤 방식으로든 각각의 목적을 가지고 비교하고 있다. 그러나 모든 지표가 인재개발과 같은 비자본 지출에서 얻은 수익을 입증하는 데 적합한 것은 아니다. 대신, 대부분의 투자 유형에 대해 세 가지 측정 값을 사용할 수 있으므로 의사결정자는 이를 사용하여 광범위한 프로그램 및 프로젝트에서 결과를 비교할 수 있다. 사용할 수 있는 측정 항목은 다음과 같다.

- 편익비용비(BCR)
- 투자수익률(ROI)
- 회수기간(PP)

편익비용비(BCR)는 복지 경제학에 근거한 경제이론인 편익-비용 분석의 결과물이다. 1667년까지 거슬러 올라가면 정치 경제학자로 가장 기억에 남는 William Petty 경은 전염병 퇴치를 위한 공중 보건 지출이 84:1 정도의 BCR을 달성할 수 있음을 발견했다. 이후에 BCR은 Jules Dupuit의 공공 저작물의 유용성에 관한 1844년 글을 통해 프랑스에서 관심을 받았다. 미국의 경제학자들은 1900년대 초에 BCR을 1902년의 강 및 항구법과 1936년의 홍수 통제법에 따라 시작된 프로젝트를 정당화하는 데 사용하였다.

수익과 투자를 비교하는 투자수익률(ROI) 개념은 다양한 투자 기회의 성공을 측정하기 위해 수 세기 동안 비즈니스에서 사용되어 왔다. 1997년 Harvard Business Review의 75주년 판은 조직의 결과를 측정하는데 사용되는 도구들을 추적했다(Sibbett 1997). 1920년대에 ROI는 투자 수익에 가치를 부여하는 새로운 도구였다. 초기 사용은 자본 투자의 가치를 평가하는 데 사용되었지만 인적 자원 및 인재 개발 프로그램의 성과에 대한 부가가치의 주요 지표가 되었다. 이러한 프로그램에 대한 사용 증가는 부분적으로는 Jack J. Phillips가 1973년에 협력 교육 프로그램의 가치를 입증하기 위해 사용하기 시작하면서 비롯되었다. 그의 ROI 사용은 증가했으며 교육훈련 평가 및 측정 방법 편람(Handbook of Training Evaluation and Measurement Methods, Gulf Publishing, 1983)에 실린 그의 주요 업적에 공식적으로 기록되었다. 수년에 걸쳐 그의 ROI 적용은 광범위한 HR 커뮤니티로 확산되었으며 이후 대부분의 분야에서 채택되었다.

ROI와 BCR은 투자 성공에 대한 유사한 지표이지만, ROI는 비용과 비교하여 수익(순이익)을 나타내며 100을 곱하여 백분율로 나타낸다. 다른 하나인 BCR은 총 이익과 비용을 비교한다. 다음은 BCR 및 ROI를 계산하는데 사용되는 기본 공식이다.

$$BCR = \frac{\text{프로그램 이익}}{\text{프로그램 비용}}$$

$$ROI(\%) = \frac{\text{프로그램 순이익}}{\text{프로그램 비용}} \times 100$$

두 공식의 결과는 무엇을 의미하는가? 2:1의 BCR은 투입된 1,000원마다 2,000원을 돌려받는다는 것을 의미한다. 이는 100%의 ROI로 해석된다. 이는 투입된 1,000원당 비용이 회수된 후 1,000원을 더 돌려받는다는 것을 나타낸다(투입액에 1,000원을 더한 금액).

BCR은 과거에 주로 공공 부문 맥락에서 사용되었고, ROI는 주로 비즈니스 및 산업 분야에서 자금을 관리하는 회계사가 사용해 왔다. 두 맥락 모두에서 사용할 수 있고 사용되고 있지만 둘의 차이점을 이해하는 것이 중요하다. 많은 경우 BCR과 ROI는 같이 보고된다.

세 번째 방법인 회수 기간(PP)은 프로그램 소유자가 투자 회수를 기대할 수 있는 시점을 결정하는 데 사용된다. 일반적으로 대체 투자 기회를 비교하는 데 사용된다. PP가 더 짧은 것이 일반적으로 더 바람직하다. PP는 현금의 시간 가치를 고려하지 않으며 미래의 이익도 고려하지 않는다. 그러나 이는 손익분기점 또는 BCR 1:1을 나타내는 간단한 측정이며 ROI 0%로 해석된다. PP공식의 결과는 프로젝트가 비용을 상환하기까지의 개월 또는 년수이다. PP의 공식은 다음과 같다.

$$PP = \frac{\text{프로그램 비용}}{\text{프로그램 이익}}$$

ROI는 비용을 초과하는 이익을 보여주기 때문에 궁극적인 척도이지만, 일반적인 회계 관행은 ROI 지표만 보고하는 것으로는 충분하지 않다고 말한다. 진정으로 의미가 있으려면 ROI를 다른 성과 지표와 함께 보고해야 한다.

확인하기

가끔 누군가는 BCR 3:1과 ROI 300%를 보고하기도 하는데, 이는 틀린 계산이다. ROI는 순 이익을 비용으로 나눈 값으로, 이 경우는 200%로 해석되어야 한다. 순 이익은 이익에서 비용을 뺀 것이기 때문이다.

2. ROI와 평가의 수준

인재개발 프로그램에 대한 ROI는 다양한 이해 관계자에게 프로그램의 중요한 결과를 나타내는 5수준 평가 프레임워크의 맥락에서 보고된다. 여기서 수준은 데이터의 범주를 의미한다.

생각해 보기

블렌디드 러닝 프로그램으로 인해 서비스 데스크에서 현장 지원으로 이어지는 통화 수가 월 평균 20회 감소했다. 이 감소의 월간 가치는 통화당 175,000원×월 20회 또는 월 3,500,000원이다. 프로그램의 첫해 이익은 3,500,000원×12개월 또는 42,000,000원이다. 프로그램을 설계, 개발, 실행 및 평가하는 데 든 비용은 약 30,000,000원이었다. 다음은 BCR, ROI 및 PP에 대한 계산이다. 비슷하지만 계산과 단위가 어떻게 다른지 주목해보자.

BCR = 프로그램 혜택 / 프로그램 비용
= 42,000,000원 / 30,000,000원
= 1.40 또는 1.40:1

해석 프로그램에 1,000원을 투자할 때마다 조직은 총 이익으로 1,400원을 얻었다.

ROI(%) = (순 프로그램 혜택 / 프로그램 비용) × 100
= ([42,000,000원 - 30,000,000원] / 30,000,000원) × 100
= (12,000,000원 / 30,000,000원) × 100
= 40%

해석 프로그램에 1,000원을 투자할 때마다 조직은 1,000원의 투자를 회수하고, 추가로 400원의 순이익을 얻었다. 또는 투자에 대해 40%의 수익이 발생했다.

PP = 프로그램 비용 / 프로그램 혜택
= 30,000,000원 / 42,000,000원
= 0.71 × 12 = 8.57개월

해석 30,000,000원의 투자와 42,000,000원의 혜택이 주어지면 조직은 8.57개월 이내에 프로그램 비용을 회수하게 된다. 이는 8.57개월 동안 얻은 혜택을 넘어서는 모든 혜택이 추가 가치가 된다는 것을 시사한다.

1) 평가의 수준

1수준: 반응 및 계획된 행동

프로그램에 대한 참가자의 반응과 계획된 행동을 나타내는 데이터가 수집 및 분석된다. 반응에는 코스 내용, 퍼실리테이션 및 학습 환경에 대한 참가자의 견해가 포함될 수 있다. 이 범주에는 습득한 지식과 기술의 적용을 예측할 수 있는 데이터도 포함된다. 이러한 측정에는 콘텐츠에 대해 참가자가 인식하는 관련성과 중요성을 나타내는 측정이 포함된다. 프로그램에서 제시된 새로운 정보의 양과 참가자가 프로그램을 다른 사람에게 기꺼이 추천하려는 의지가 포함될 수도 있다.

2수준: 학습

참가자가 새로운 지식과 기술을 습득한 정도를 나타내는 데이터가 수집되고 분석된다. 이 범주에는 참가자가 배운 내용을 적용할 수 있는 능력에 대한 신뢰 수준도 포함된다.

3수준: 적용 및 실행

참가자가 새로 습득한 지식과 기술을 효과적으로 적용하는 정도를 결정하기 위해 데이터를 수집하고 분석한다. 이 범주에는 지식의 전이 과정에서 적용을 방해하는 장벽과 모든 지원 요소(활성화 요소)를 설명하는 데이터도 포함된다.

4수준: 효과

여기서 효과는 비즈니스 효과라고도 할 수 있는데, 데이터를 수집하고 분석하여 참가자가 습득한 지식 및 기술의 적용이 프로그램의 결과로 개선하려는 주요 지표에 긍정적인 영향을 미쳤는지 확인한다. 측정값에는 하드 데이터와 소프트 데이터가 모두 포함될 수 있다. 하드 데이터는 생산성, 품질, 비용 및 시간과 관련된 지표이다. 소프트 데이터는 고객 만족도, 직무 만족도, 업무 습관 및 혁신에 관한 지표이다. 효과 보고의 진실성과 신뢰성을 보장하기 위해 개선에 대한 프로그램의 영향을 다른 영향으로부터 분리하는 조치가 항상 취해진다.

5수준: 투자수익률

효과 측정은 금전적 가치로 변환되고 완전히 계산된 프로그램 비용과 비교된다. 예를 들어, 생산성이 향상되는 것을 볼 수 있지만 질문은 남아 있다. 그 향상의 가치는 얼마인가? 그 가치는 프로그램 비용과 어떻게 비교되는가? ROI를 계산하려면 이 두 가지 질문에 답해야 한다. 생산성 향상의 금전적 가치가 비용을 초과하는 경우에만 계산 결과는 긍정적인 ROI가 된다.

확인하기

평가 수준은 데이터의 범주에 해당한다. 데이터의 수집 시기가 반드시 평가의 수준을 정의하는 것은 아니다. 1수준 데이터는 프로그램이 끝날 때(일반적으로) 또는 프로그램 종료 이후 몇 달 후(이상적이지는 않음) 사후 평가에서 수집될 수 있다. 4수준 및 5수준 데이터는 프로그램이 실행되기 전이나 프로그램이 끝날 때 예측할 수도 있다. 실제 영향은 프로그램이 실행된 후 주요 처치의 실제 개선을 관찰할 수 있을 때 결정된다. 분석을 통해 다른 요인을 고려하여 프로그램에만 국한된 개선을 분리해낸다. ROI 예측의 기본 사항은 부록에 설명되어 있다.

표 1-2 데이터와 주요 질문에 대한 프레임워크

평가 수준	주요 질문
0수준: 투입	• 프로그램에 얼마나 많은 사람들이 참석했는가? • 프로그램에 참석한 사람들은 누구인가? • 프로그램에 얼마나 지출하였는가? • 프로그램을 완료하는데 몇 시간이 걸렸는가?

평가 수준	주요 질문
1수준: 반응 및 계획된 행동	• 프로그램이 참가자의 업무 및 직무와 관련이 있었는가? • 프로그램이 참가자의 업무와 임무의 성공에 중요했는가? • 프로그램이 새로운 정보를 제공했는가? • 참가자들이 배운 것을 사용하려고 하는가? • 참가자들이 다른 사람들에게 프로그램을 추천하려고 하는가? • 퍼실리테이션, 자료 및 학습 환경을 개선할 여지가 있는가?
2수준: 학습	• 참가자들이 프로그램에 제시된 지식과 기술을 습득했는가? • 참가자들은 배운 것을 적용하는 방법을 알고 있는가? • 참가자들은 배운 것을 적용할 자신이 있는가?
3수준: 적용 및 실행	• 참가자들은 배운 것을 적용하는 데 얼마나 효과적인가? • 참가자들은 배운 내용을 얼마나 자주 적용하는가? • 참가자들이 배운 것을 적용하고 있다면 그들을 지원하는 것은 무엇인가? • 참가자들이 배운 내용을 적용하지 않는다면 왜 안 하는가?
4수준: 효과	• 적용이 성공해서 무슨 일이 일어났는가? • 학습의 적용이 프로그램이 개선하고자 했던 지표를 어느 정도 향상시켰는가? • 프로그램이 생산성, 품질, 비용, 시간, 고객 만족도, 직원 만족도 및 기타 지표에 어떤 영향을 미쳤는가? • 지표를 개선한 것이 프로그램이라는 것을 어떻게 알 수 있는가?
5수준: 투자수익률	• 효과 측정에서 개선을 통한 금전적 혜택이 프로그램의 비용을 초과하는가?

생각해 보기

2010년에 ROI 협회와 ATD는 협동 연구를 통해 고위 리더에게 가장 매력적인 지표를 결정했다. 효과 데이터가 1순위로 나타났고, ROI는 2순위, 수상이 3순위인 것으로 나타났다.

2) 효과의 연쇄

프레임워크의 모든 데이터 수준이 함께 보고되면 프로그램의 성공 또는 실패에 대한 완전한 이야기를 알려줄 수 있다. [그림 1-1]은 조직이 인재개발 프로그램에 투자할 때 발생하는 연쇄적인 효과를 보여준다. 참가자들이 프로그램에 긍정적으로 반응하고, 지식, 기술, 정보 또는 통찰력을 얻게 된다. 새로 얻은 지식을 적용하고, 결과적으로 적용과 실행은 주요 비즈니스 지표에 영향을 미치게

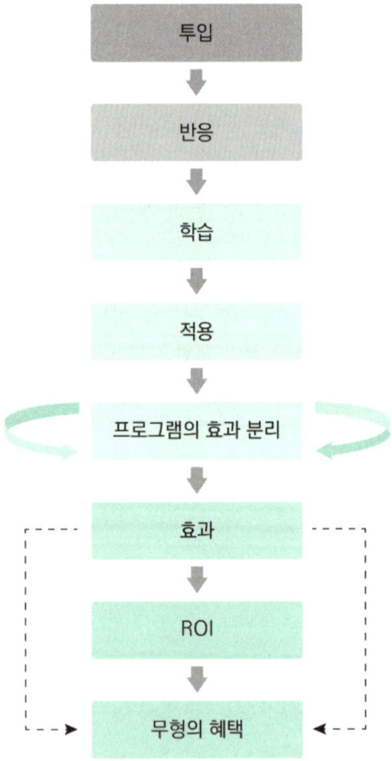

[그림 1-1] **효과의 연쇄**

된다. 프로그램의 효과를 다른 효과로부터 분리하기 위한 조치를 취하게 되면 프로그램의 효과를 알 수 있다. 이 측정값을 금전적 가치로 변환하고 완전히 계산된 프로그램 비용과 비교하면 ROI를 계산할 수 있다. 모든 효과 측정이 금전적으로 전환되는 것은 아니기 때문에 프로그램의 무형의 혜택에 중점을 두고 보고하는 것도 중요하다. 무형의 혜택은 금전적으로 전환되지 않는 4수준 지표이다. 따라서 이들은 데이터의 새로운 "범주"를 나타내는 것은 아니고, 오히려 ROI 측정을 보완하기 위해 특별히 언급된다.

다른 수준의 데이터 없이도 ROI를 계산할 수 있는지가 궁금할 것이다. 기술적으로는 "그렇다"이다. 혜택 비용을 비교하는 프로세스를 시작하기 위해 4수준 측정값에 의존하는 5수준을 제외하고 각 데이터 범주는 독립적이다. 그러나 ROI가 부정적이거나 매우 높게 계산된 경우에 낮은 수준의 데이터를 수집 및 분석하지 않고 결과를 어떻게 설명할 수 있겠는가? 이 연쇄적으로 일어나는 효과의 데이터는 이야기를 설득력 있게 설명한다. 중요한 것은 ROI가 기대했던 것보다 적을 지라도 프로그램을 개선하는 데 필요한 데이터를 제공해준다는 것이다.

3. 평가 퍼즐

ROI가 작동하도록 하려면 [그림 1-2]에 표시된 것처럼 5개의 평가 퍼즐 조각이 모여야 한다. 앞서 설명한 평가 프레임워크는 데이터를 분류하고 보고하는 방법을 제공하는 퍼즐의 첫 번째 조각이고, 두 번째 조각은 프로세스 모델이다.

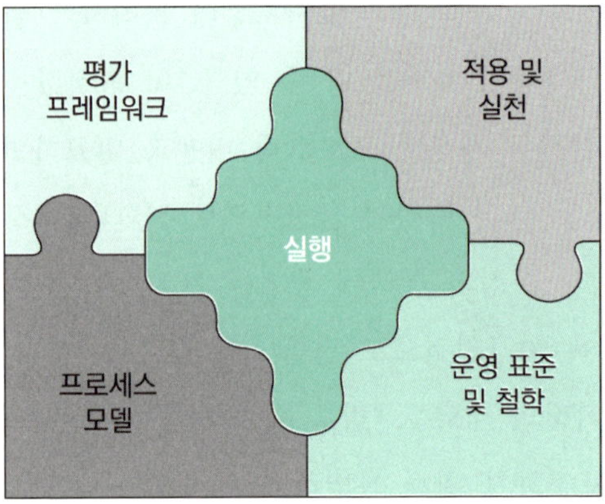

[그림 1-2] **평가 퍼즐**

출처: Phillips, 2017.

1) 프로세스 모델

프로세스 모델은 평가에 대한 일관된 접근 방식을 유지하는 데 도움이 되는 단계별 가이드 역할을 한다. 이 프로세스는 4단계로 구성되어 있고 각 단계에는 신뢰할 수 있는 정보를 얻기 위해 행해야 하는 중요한 과정을 포함하고 있다. 이 4단계는 이 장의 뒷부분에서 자세히 설명된다.

1. 평가 계획하기:

- 프로그램을 비즈니스에 맞게 정렬
- 올바른 솔루션을 선택
- 결과에 대한 계획

2. 데이터 수집:

- 투입, 반응 및 학습에 대한 설계

• 적용 및 효과에 대한 설계

3. 데이터 분석:

• 프로그램의 효과를 분리

• 데이터를 금전적 가치로 변환

• 프로그램 비용을 표로 작성

• 무형의 혜택을 확인

• ROI를 계산

4. 결과 최적화:

• 주요 이해 관계자에게 결과를 전달

• 예산 증액을 위한 블랙 박스 사고의 사용

확인하기

ROI 방법론은 원래 Jack J. Phillips가 1973년에 개발했다. 당시 Jack은 조지아주 마리에타에 있는 록히드 항공기(현재 록히드 마틴)의 전기 엔지니어였으며, 그는 테스트 조종사에게 C-5A 갤럭시의 전기 및 항공전자 시스템을 가르쳤다. 그는 또한 록히드의 엔지니어 채용 전략의 일환으로 설계된 협동 교육 프로그램을 관리하는 책임을 맡았다. 그의 상사는 협동 교육 프로그램에 계속 예산을 지원하기 위해 Jack이 록히드의 투자수익률(ROI)을 입증해야 한다고 말했다. 상사는 무형의 가치 측정이 아니라 실제 ROI를 찾고 있었다. ROI 및 비용 편익 분석은 수 세기는 아니더라도 수십 년 동안 있어 왔다. 그러나 이러한 유형의 프로그램에는 적용된 적이 없었다. Jack은 연구를 수행하고 Raymond Katzell이라는 산업 조직 심리학자가 개발한 교육 평가의 4단계라는 개념을 발견했다. Don Kirkpatrick은 이러한 단계에 대해 썼고 "How to Start an Objective Evaluation of Your Training Program"이라는 제목의 1956년 논문에서 Katzell을 인용했다. 그러나 이 모형에는 ROI의 개념이 작동가능한 수준으로 설명되지 않았고 재무적 지표가 포함되지 않았기 때문에 Jack은 비용 편익 분석 경제 이론을 4단계 개념에 추가하고 ROI를 포함한 신뢰할 수 있는 데이터를 보장하는 모델과 표준을 만들어 그의 경영층에 보고할 수 있었다.

Jack의 1983년 *Handbook of Training Evaluation and Measurement Methods*는 5단계 평가 프레임워크와 ROI 프로세스 모델을 유명하게 만들었다. 그는 학습 및 훈련 책임자, 인사 담당 수석 부사장, 지역 은행 사장으로 조직에서 승진하면서 학습 및 인재개발 및 HR 팀이 이 접근 방식을 주요 프로그램에 적용하도록 했다.

그 후 1994년에 현재의 ATD(Association for Talent Development)인 American Society of Training & Development(ASTD)에서 출간한 그의 저서 *Measuring Return on Investment Volume 1*은 조직에서 인재개발 프로그램을 평가하기 위한 5단계 프레임워크와 그의 프로세스를 사용하는 방법을 설명하는 첫 번째 사례 연구 책이 되었다.

수년에 걸쳐 Jack Phillips, Patti Phillips 및 ROI 연구소 팀은 ROI 방법론의 사용을 설명하는 책을 100권 이상 펴냈다. 이 프로세스의 적용은 인재개발과 인적 자원의 범위를 훨씬 넘어서 확장되어 왔다. Jack의 초기 작업은 인도주의 프로그램에서 종교인, 심지어 행정감찰관에 이르기까지 모든 유형의 프로그램 및 프로젝트에서 비용 가치를 입증하는 가장 문서화되고 적용될 수 있는 접근 방식으로 성장했다.

생각해 보기

여러분의 조직은 자치적인 부서가 있는 규모가 큰 조직입니까? ROI를 추구하는 많은 조직은 이 질문에 긍정적이다. 부서 간에 경쟁이 존재하는 경우 부서가 의도적으로 평가(및 기타 여러 가지)에 다르게 접근할 수 있기 때문이다. 각 부서가 다른 방법론과 다른 표준을 사용하여 ROI를 포함한 평가에 접근한다면 결과를 비교할 수 없는 이유가 되지 않겠는가? 이 책에 제시된 접근 방식이든 다른 방식이든, 방법을 찾고 개발하며 이를 지원하는 표준을 사용하고 일관되게 적용해야 한다.

2) 운영 표준 및 철학

퍼즐의 이 조각은 모델 적용에 대한 일관된 의사 결정을 보장한다. 표준은 프로세스를 지원하고 일관되고 신뢰할 수 있는 실행을 보장하는 데 필요한 지침을 제공한다. 여기서 제시하는 12가지 기본 원칙을 따르면 일관된 결과를 얻을 수 있다.

1. 높은 수준의 평가를 수행할 때에도 낮은 수준의 데이터를 수집한다.
2. 높은 수준의 평가를 계획할 때 이전 수준의 평가가 포괄적일 필요는 없다.
3. 데이터를 수집하고 분석할 때는 가장 신뢰할 수 있는 출처만 사용한다.
4. 데이터를 분석할 때 가장 보수적인 계산 방법을 선택한다.
5. 적어도 한 가지 방법 이상을 사용하여 프로젝트의 효과를 분리한다.
6. 특정 집단 또는 출처에서 개선에 관한 데이터를 사용할 수 없는 경우, 개선이 거의 또는 전혀 발생하지 않았다고 가정한다.
7. 잠재적인 추정 오류를 고려해서 개선 추정치를 조정한다.
8. ROI를 계산할 때 극단적인 데이터 항목 및 근거없는 주장을 사용하지 않는다.
9. 단기 솔루션의 ROI 분석에는 연간 이익의 첫 해만 사용한다.
10. ROI를 분석할 때 해결책, 프로젝트 또는 프로그램의 모든 비용을 모두 포함한다.
11. 무형의 지표를 의도적으로 금전적 가치로 변환하지 말고 그

대로 정의한다.

12. ROI 방법론의 결과를 모든 주요 이해 관계자에게 알린다.

이러한 기본 원칙은 데이터 수집 및 분석에 대한 보수적이고 신뢰할 수 있는 접근방식을 유지하는 데 도움이 된다. 데이터 수집을 위한 최적의 접근방식, 데이터 수집을 위한 최적의 출처 및 시기, 분리 및 데이터 변환을 위한 가장 적절한 접근방식, 포함할 비용, 결과를 보고받아야 하는 이해 관계자에 대한 결정에 영향을 미치는 의사결정의 도구 역할을 한다.

3) 적용 및 실천

기본 원칙을 고수하면서 ROI 방법론을 적용하는 것은 간단한 작업은 아니지만 어렵지도 않다. 평가 퍼즐의 네 번째 조각인 적용과 실천은 이 포괄적인 평가 프로세스에 대한 보다 깊은 이해를 제공한다. 적용 사례는 또한 프로그램 성공의 증거를 제공한다. 이야기가 없다면 누가 알 수 있겠는가? ROI 방법론의 적용을 설명하는 수천 개의 사례 연구가 개발되었다. 이러한 사례 연구는 비즈니스 및 산업, 의료, 정부, 심지어 지역사회 및 종교 기반 이니셔티브 등에도 해당된다. ROI를 시작하려는 전문가는 이러한 사례 연구와 다른 출판물에서 찾을 수 있는 사례 연구를 통해 배울 수도 있다. 그러나 최상의 학습은 실제 적용에서 비롯된다. 자체적으로 ROI 연구를 수행하면 프레임워크, 프로세스 모델 및 운영 표준이 어떻게 결합되는지 확인할 수 있다. 또한 프로그램 성공의 실적을 위한 출발선 역할도 하게 된다.

4) 실행

단 한 번의 연구만으로는 인재개발 프로그램을 지속적으로 개선하고 감당하려는 여러분의 노력에 가치를 거의 추가하지 못한다. 핵심은 평가 퍼즐의 마지막이자 가장 중요한 부분인 실행이다. 누구나 하나의 ROI 연구를 수행할 수 있다. 핵심은 실천을 유지하는 것이다. 성과 기반 인재개발 문화를 유지하려면 인재개발 프로세스에 대한 일상적인 결정에 철학을 구축하는 것이 필수적이다. 이를 위해서는 책임에 대한 조직 문화 평가; ROI에 대한 조직의 준비 상태 평가; 이 수준의 평가를 추구하는 목적 정의; 전문성과 역량 구축; 도구, 템플릿 및 표준 프로세스 생성; 데이터 수집 및 분석에서 유입되는 정보를 최적으로 사용할 수 있는 기술 채택 등을 요구한다.

4. ROI 프로세스 모델

ROI를 입증하려면 일관되고 신뢰할 수 있는 결과를 보장하기 위해 단계별 프로세스를 따르는 것이 중요하다. [그림 1-3]은 ROI 모델을 보여주고 있다.

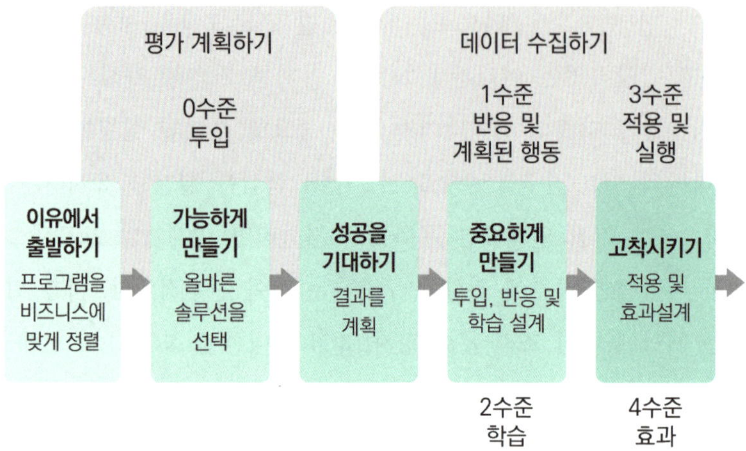

[그림 1-3] **ROI 방법론 프로세스 모델**

1) 평가 계획하기

ROI 평가 계획은 평가 프로세스의 중요한 첫 번째 단계일 뿐만 아니라 인재개발 솔루션을 선택하고 개발하는 중요한 단계이다. 계획이 없으면 어디로 가는지도 알기 어렵고, 도착했을 때에도 어디인지 알 수가 없다. 계획은 프로그램에 대한 비즈니스 요구 사항을 명확히 하고 요구 사항을 고려하여 가장 실행 가능한 솔루션을 찾는 것으로 시작된다. 올바른 프로그램이 확인되면 다음 단계는 구체적

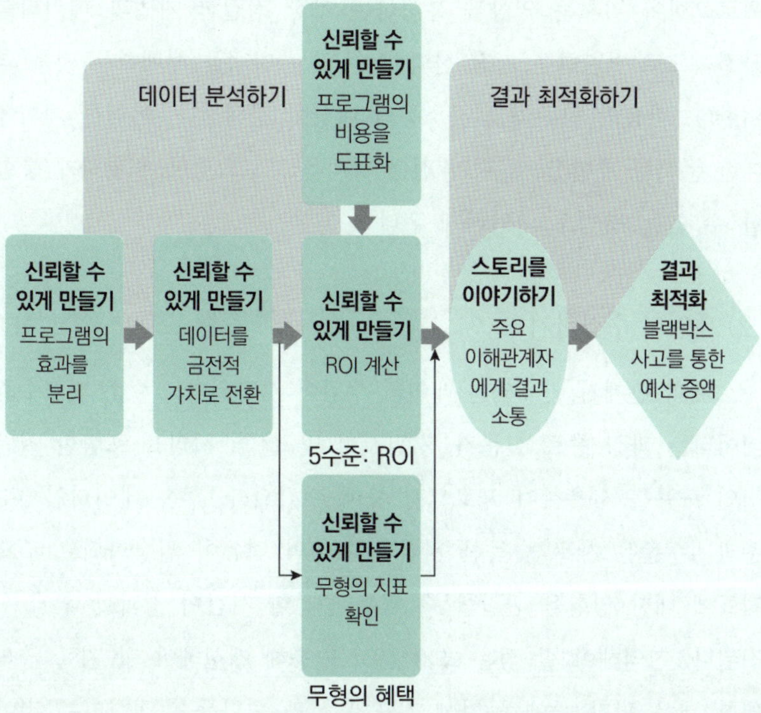

이고 측정 가능한 목표를 개발하고 해당 목표를 중심으로 프로그램을 설계하는 것이다. 이 시점에서 데이터 수집 계획을 개발한다. 여기에는 각 평가 수준에 대한 지표 정의, 데이터 수집 도구 선택, 데이터 출처 확인 및 데이터 수집시기 결정이 포함된다. 이 시간 동안 고려 중인 지표에 대해 사용 가능한 모든 기본 데이터를 수집해야 한다.

다음으로 ROI 분석 계획을 개발해야 한다. 이는 효과 데이터에 프로그램이 미치는 영향을 분리하는 가장 적절한 기법과 데이터를 금전적으로 변환하는 가장 신뢰할 수 있는 방법을 선택하는 것을 의미한다. 비용의 범주와 의사소통의 대상이 정해진다. 이러한 계획에 대한 문서를 개발할 때 평가 접근 방식을 프로그램에 원활하게 통합할 수 있는 방법도 파악하게 된다.

2) 데이터 수집하기

계획 단계가 완료되면 데이터 수집이 시작된다. 1수준 및 2수준 데이터는 과정 종료 설문지, 지필시험 및 실습, 시연을 포함한 일반적인 도구를 사용하여 프로그램 중에 수집된다. 후속 데이터인 3수준과 4수준은 새로 습득한 지식과 기술의 적용이 일상화되고 주요 지표에 대한 영향을 관찰할 수 있는 충분한 시간이 경과한 후에 수집된다. 기억해야 할 점은 초기 분석을 통해 개선해야 할 지표를 식별한 경우 평가 중에 동일한 지표의 성과 변화를 측정한다는 것이다. 평가 중 데이터 수집 방법이 요구 분석 중에 사용된 방법과 동일할 수 있다고 믿을 수 있다.

3) 데이터 분석하기

데이터가 가용해지면 계획 단계에서 선택한 접근 방식을 사용하여 분석이 시작된다. 이제 수행의 문제이다. 데이터 분석의 첫 번째 단계는 효과 데이터에 대한 프로그램의 영향을 분리하는 것이다. 이 단계는 4수준에서 데이터를 수집할 때 이루어진다. 인재개발 프로그램의 성공을 평가하는데 너무나도 자주 간과되는 이 단계는 "지표를 개선한 것이 여러분의 프로그램인지 어떻게 알 수 있습니까?"

라는 중요한 질문에 답한다. 일부의 사람들은 이 과정이 어렵다고 말하지만 우리는 반드시 어려운 것만은 아니라고 논쟁(그리고 수년 동안 그 논쟁을 벌여왔다)하고 있다. 더욱이 이 단계가 없으면 보고한 결과에 대한 신뢰성이 떨어진다.

4수준에서 5수준으로의 이동은 4수준의 효과 지표를 금전적 가치로 전환하는 것으로 시작된다. 종종 이 단계는 인재개발 전문가에게 가장 큰 두려움을 안겨주지만, 데이터를 변환하기 위해 따르는 5단계(5장 참조) 기법을 이해하면 두려움은 대부분 사라질 것이다.

데이터 분석 단계에서 모든 항목이 포함된 비용이 계산된다. 이러한 비용에는 요구사정(실시되었을 경우), 설계, 전달 및 평가 비용이 포함된다. 취지는 관련되지 않은 비용은 포함하지 않는 것이다.

이 단계에서는 무형의 혜택도 확인된다. 금전적 가치로 변환되지 않는 4수준의 지표이다. 또한 계획되지 않은 프로그램의 혜택을 나타낼 수도 있다.

데이터 분석 단계의 마지막 단계는 계산이다. 단순 더하기, 빼기, 곱하기 및 나누기를 사용하여 ROI가 계산된다.

4) 결과 최적화

평가 프로세스에서 가장 중요한 단계이다. 커뮤니케이션 없는 평가와 행동없는 커뮤니케이션은 쓸모없는 노력이다. 프로그램이 어떻게 진행되고 있는지 아무에게도 말하지 않는다면, 어떻게 인재개발 프로세스를 개선하고, 추가 지원을 확보하고, 프로그램을 정당화하고, 프로그램을 미래 참가자에게 마케팅 할 수 있겠는가?

데이터를 보고하는 방법에는 여러 가지가 있다. 전체 ROI 효과 연구를 포함하는 마이크로 보고서가 있고, 스코어 카드, 대시 보드 및 기타 보고 도구를 포함하는 모든 프로그램에 대한 매크로 보고서가 있다.

그러나 커뮤니케이션은 행동으로 이어져야 하며 그 행동은 한 발 물러서서 데이터에서 배운 내용을 분석해야 한다. 프로그램 평가를 위한 투자를 통해 가치를 얻으려면 블랙박스 사고가 필요하다. 인재개발 전문가의 임무는 인력을 "교육"하는 것이 아니라 생산성, 품질, 비용, 시간, 고객 만족도, 직무 만족도, 업무 습관 및 혁신을 향상시키는 것이다. 이것은 다른 사람의 개발을 통해 발생한다. 하지만 이를 잘하기 위해서는 사정, 측정 및 평가한 다음 결과를 바탕으로 조치를 취하는 것을 의미한다. [그림 1-4]는 평가 프로세스에 관해 기억해야 할 것들을 제시하고 있다.

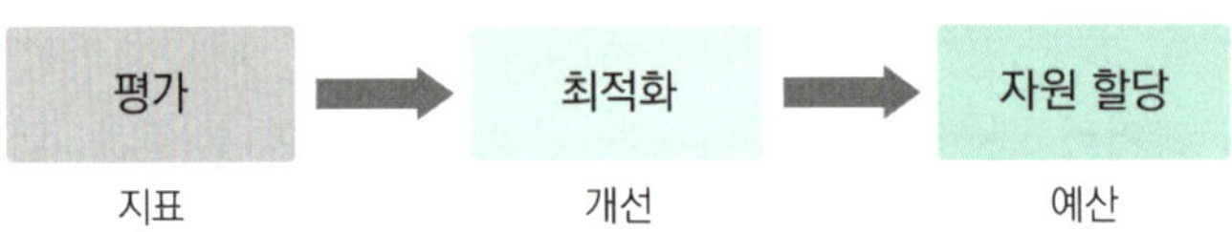

[그림 1-4] **평가에서 자원 할당으로 이어지는 과정**

5. ROI 사용하기

ROI 방법을 통해 생성된 데이터의 궁극적인 사용은 프로그램의 가치, 특히 경제적 가치를 보여주는 것이다. 그러나 지출을 정당화하고, 인재개발 프로세스를 개선하고, 지원을 얻는 등 데이터에 대한 다양한 용도가 있다.

1) 지출을 정당화하기

인재개발 실행에서 지출의 정당화가 점점 일반화되고 있다. 인재개발 관리자는 종종 새로운 프로그램에 대한 투자, 기존 프로그램의 지속, 기존 프로그램의 변경 또는 강화를 정당화해야 한다.

새로운 프로그램

과거 인재개발 기능에 "충분한 자금력"이 있었을 때는, New York Times의 베스트셀러 목록에 비즈니스 서적이 오를 때마다 새로운 프로그램이 도입되었다. 이러한 프로그램 중 많은 부분이 영감을 주었지만, 비즈니스에 대한 정당성은 없었다. 오늘날 새로운 프로그램은 더 많은 면밀한 조사를 거친다. 최소한 인재개발 관리자는 비용을 고려하고 자원의 투자에 대한 난해한 정당성을 제시한다.

새로운 프로그램에 대한 투자를 정당화하는 데 진지한 사람들에게 ROI는 귀중한 도구이다. 새로운 프로그램에 대한 ROI는 다양한 기술을 사용하여 예측할 수 있지만, 일부 프로그램에는 사전에 프로그램화하는 것에 대한 정당화가 필요할 수 있다. 이를 위한 두 가지 접근방식이 있는데, 사전 프로그램 예측과 파일럿 프로그램의 ROI이다. 이러한 접근 방식은 이 책의 범위를 벗어나지만, 부록에는 예측 기술에 대한 기본적인 설명이 포함되어 있다.

기존 프로그램

시작하기 전에 프로그램의 정당화에 관한 관심이 증가하고 있지만 기존 프로그램의 ROI를 계산하는 것이 실제로는 새로운 프로그램의 성공을 예측하는 것보다는 더 일반적이다. 일반적으로 ROI

는 개발 및 실행이 이루어진 기존 프로그램에 대한 투자를 정당화하는 데 사용되지만, 그 가치가 지속되는 것을 정당화하지 않는다는 우려가 있다.

기존 프로그램의 지속성을 정당화하는 것과 함께 ROI는 블렌디드 학습을 통합하거나 대면 상호작용 없이 온라인으로 프로그램을 배치하는 것과 같은 전달 메커니즘 변경의 가치를 결정하는 데에도 사용된다. 또한, 학습 전이 프로세스를 보완하는 추가 지원 계획에 대한 투자를 정당화하는 데 사용된다. 1, 2 및 3수준에서의 예측 및 프로그램 후 평가의 ROI에 대한 네 가지 접근 방식은 기존 프로그램에 대한 투자를 정당화하는 데에도 도움이 될 수 있다: 이 책의 기본은 프로그램 후 평가이다.

2) 인재개발 프로세스의 개선

ROI의 가장 중요한 용도는 인재개발 프로세스를 개선하는 것이다. 종종 인재개발 담당 직원과 프로그램 참가자는 이 정도까지의 평가를 받는다는 것이 두려울 것이다. 그러나 프로그램 평가는 관련된 사람들의 개별 성과가 아니라 프로그램 및 프로세스에 관한 결정을 내리는 것이다. ROI는 담당 직원이 우선 순위를 설정하고, 실패한 프로그램을 제거하고, 인재개발 기능을 혁신하도록 지원함으로써 인재개발 프로세스를 개선할 수 있다.

확인하기

많은 사람이 부정적인 ROI를 두려워한다. 그러나 높은 긍정적 ROI를 달성하는 프로젝트보다 부정적인 ROI를 달성하는 평가 프로젝트를 통해 더 많은 것을 배울 수 있다.

우선순위 정하기

거의 모든 조직에서 인재개발에 대한 요구는 가용 자원을 초과한다. ROI를 포함한 포괄적인 평가 프로세스는 어떤 프로그램이 최우선 순위가 되어야 하는지 결정하는 데 도움이 될 수 있다. 가장 큰 효과(또는 가장 큰 효과를 미칠 가능성)가 있는 프로그램이 종종 최우선 순위이다. 물론, 이러한 접근 방식은 장기적인 관점에서 검토하여 장기적인 이익을 위한 개발 노력을 보장해야 한다. 또한, 조직의 관점에서 일부 프로그램은 필수적이고 책무에 해당하기도 한다. 이러한 프로그램은 제외하고 자원을 할당할 때 가장 큰 효과 또는 잠재적 효과를 창출하는 프로그램에 가장 높은 우선 순위를 부여해야 한다.

성공적이지 않은 프로그램 제거

대부분은 프로그램을 제거하는 것을 좋아하지 않는다. 어떤 사람들에게는 이것이 책임을 줄이고 궁극적으로는 자신의 일자리를 제거하는 것으로 해석되기도 한다. 이는 반드시 사실은 아니다. 수년 동안 인재개발 기능은 실패하고 불필요한 프로그램으로 알려진 것을 제거하기 위한 충분한 도구를 가지지 못했다. ROI가 바로 이 도구로 사용될 수 있다.

생각해 보기

인재개발 담당 직원, 참가자 및 참가자의 상사가 외주 업체에서 제공하는 고객 서비스 프로그램이 조직에 거의 가치를 제공하지 않는다는 것을 알고 있다고 상상해보자. 참가자는 프로그램 종료 설문지에 의견과 함께 이에 대한 증거를 제공한다. 안타깝게도 고위층은 1수준 데이터를 무시하고 프로그램이 비효율적이라는 더 강력한 증거를 요구한다.
이 지시에 따라 평가팀은 포괄적인 평가를 구현하기 위한 과정을 설정한다. 평가 결과 첫해에 프로그램이 -85%의 ROI를 달성한 것으로 나타났다. 2년차 예측은 -54%의 약간 덜 부정적인 ROI를 보여준다. 관리자들은 프로그램을 즉시 중단하는 데 동의한다.
때로는 여러분은 여러분의 요점을 전달하기 위해 비즈니스 언어로 말해야 할 필요가 있다.

인재개발 기능의 혁신

포괄적인 평가 프로세스를 구현하면 장기적으로 많은 이점을 얻을 수 있다. 그 중 하나는 인재개발 기능의 혁신이다. ROI 수준으로 평가하는 것이 모든 프로그램에 필요한 것은 아니지만, 프로세스 자체는 실패한 프로그램을 제거하거나 성공적이지만 비용이 많이 드는 프로그램을 재개발하는 데 도움이 되는 귀중한 데이터를 제공한다. 이러한 결정을 통해 절약된 자금은 전단분석으로 옮겨질 수 있으며 결과적으로 더 나은 명확한 프로그램이 된다. 이를 통해 인재개발과 비즈니스 간의 더 나은 정렬이 가능하고 장기적으로 정렬이 지속될 수 있다.

기본규칙 1

모든 프로그램의 효과와 ROI를 평가해야 하는 것은 아니다. ROI는 비용이 많이 들고, 광범위하게 영향을 미치며, 비즈니스에 영향을 미치거나, 고위 관리자의 관심을 받거나 조직에서 눈에 잘 띄는 프로그램에 할당된다. 그러나 평가가 효과와 ROI에 대해 진행되는 경우, 결과를 더 낮은 수준을 포함해서 보고하여 전체 스토리가 전달되도록 해야 한다.

3) 지원 획득

ROI의 세 번째 용도는 프로그램 및 인재개발 프로세스에 대한 지원을 얻는 것이다. 성공적인 인재개발 기능을 위해서는 핵심 경영진과 관리자의 지원이 필요하다. 프로그램에 대한 ROI를 보여주는 것은 관리자와 감독자의 인식을 바꾸고 교육부서 직원에 대한 존중과 신뢰를 높일 수 있다.

주요 경영진과 고위 관리자

고위 경영진과 관리자는 인재개발 기능에서 가장 중요한 그룹일 것이다. 그들은 자원을 투입하고 조직의 전략에 긍정적인 영향을 미치는 결과를 달성하는 기능을 지원한다. 학습을 강조하는 경영진과 관리자는 종종 모든 문제에 대한 해결책으로 교육을 제안한다. 안타깝게도 항상 교육이 해결책은 아니기 때문에 프로그램 이후에도 문제가 지속되면 경영진과 관리자는 빠르게 생각을 바꿀 수 있다. 일반적으로 높은 수준의 의사 결정에 인재개발이 제외되는 것도 이 때문이다.

인재개발의 지위를 확보하려면 인재개발 직원과 경영진이 결과와 조직 전략에 중점을 둔 프로그램을 비즈니스처럼 생각해야 한다. ROI는 프로그램을 비즈니스처럼 생각하게 하는 한 가지 방법이다. 인재개발은 해결해야 하는 재정적 문제나 기회를 통해 생각하고, 이를 비즈니스 요구 사항으로 변환하고 비즈니스 요구를 충족하기 위해 적용해야 하는 직무 수행을 사정하고, 성공적인 직무 수행에 필요한 기능을 결정하고, 마지막으로 기능을 구축하는 데 필요한 지식을 전달하기 위한 최선의 접근 방식을 결정함으로써 조직에서 전략적인 역할을 하는 기능으로 쉽게 자리 잡을 수 있다. ROI 평가는 문제를 해결하기 위해 선택한 메커니즘에 대한 투자의 경제적 정당성과 가치를 제공하는 것이다.

중간 관리자와 감독자

중간 수준 및 일선 감독자는 때때로 인재개발의 가장 큰 적대자가 될 수 있다. 직원들이 배우는 내용에 관심이 없기 때문에 종종 프로그램의 가치에 의문을 제기한다. 오히려 그들은 직원들이 배운 것을 가지고 무엇을 하는지에 관심이 있다. 인재개발은 직원이 배운 내용으로 무엇을 하는지, 특히 생산성, 품질, 비용 및 시간을 나타내는 지표에 중점을 두어 직원이 하는 일의 효과를 보여줌으로써 한 단계 더 나아가야 한다. 인재개발 프로그램이 비즈니스와 관련된 결과를 보여줄 수 있고 인재개발 담당 직원이 비즈니스 언어를 구사할 수 있다면 중간 수준의 관리자와 감독자가 더 자세하게 듣기 시작할 것이다.

구성원

ROI를 포함해서 프로그램의 가치를 보여주는 것은 인재개발 기능의 전반적인 신뢰도를 높일 수 있다. 제공되는 프로그램이 중요한 결과를 달성하는 진지한 프로그램임을 구성원들에게 보여줌으로써 인재개발 기능은 교육이 긴급한 업무에서 벗어나 시간을 보내는 귀중한 방법임을 보여줄 수 있다. 또한 평가 결과에 따라 프로그램을 정렬함으로써 구성원들은 평가 과정이 단순히 가치를 보여주기 위한 피상적인 시도가 아님을 알게 될 것이다.

6. 마무리

ROI 방법론과 같은 포괄적인 평가 프로세스를 사용할 때의 기본 사항과 이점을 설명하기는 쉽지만, 그렇다고 이 접근 방식이 모두를 위한 것은 아니다. 즉, 조직에서 ROI를 실현하기 위한 첫 번째 단계는 인재개발 기능이 어느 정도 결과를 기반으로 하고 있는지를 평가하는 것이다. [연습 1-1]의 평가를 통해 여러분의 현재 위치를 확인해 볼 수 있다. 그런 다음 고객에게 설문을 조사하여 그 결과를 비교해 보라.

다음 장에서는 평가를 위한 세부 계획을 세우는 방법에 대해 알아본다.

연습

1-1 인재개발 프로그램 사정

다음 각 문장에 대해 여러분 조직의 인재개발 기능에 가장 잘 맞는 답변에 동그라미 표시를 하시오.

1. 조직의 인재개발 기능의 방향:
   a. 요구, 문제 및 변경이 발생함에 따라 변화
   b. 인재개발부서에 의해 결정되고 필요에 따라 조정
   c. 기능에 대한 사명과 전략적 계획에 기반

2. 인재개발 기능의 기본 운영 방식은 다음과 같다:
   a. 관리자 및 기타 직원의 교육 서비스 제공 요청에 응답
   b. 경영진이 위기 상황에 대응하고 교육 서비스를 통해 솔루션에 도달하도록 지원
   c. 문제와 위기 상황을 예방하기 위해 경영진과 협력하여 많은 인재개발 프로그램을 구현

3. 인재개발 기능의 목표는:
   a. 프로그램에 대한 인지된 수요에 따라 인재개발 직원이 설정
   b. 인재개발 계획 및 목표와 일치하도록 개발
   c. 조직의 운영 목표 및 전략 계획과 통합되도록 개발

4. 대부분의 새로운 프로그램은 다음에 의해 시작된다:
   a. 최고 경영진의 요청으로
   b. 프로그램이 다른 조직에서 성공한 것처럼 보일 때
   c. 요구 분석 결과로서 프로그램의 필요

5. 조직이 크게 변화된 경우 여러분은:
   a. 필요한 기술이 아닌 필요한 프로그램만 결정
   b. 때때로 어떤 새로운 기술과 지식이 필요한지 평가
   c. 필요한 기술과 지식을 체계적으로 평가

6. 인재개발 계획을 정의하려면:
   a. 경영진은 미리 준비된 기존 과정 목록에서 인재개발 프로그램을 선택해야 한다.
   b. 직원에게 인재개발 요구 사항에 대해 질문한다.
   c. 인재개발 요구는 성과 문제에 대한 철저한 분석을 통해 체계적으로 도출된다.

7. 교육 시기 및 대상을 결정할 때 여러분은
   a. 많은 대상을 위한 길고 구체적이지 않은 인재개발 교육 과정을 제공한다.
   b. 특정 인재개발 교육 요구 사항을 특정 개인 및 그룹에 연결한다.
   c. 필요한 사람들에게만 사용 직전에 인재개발 교육을 제공한다.

8. 인재개발 결과에 대한 책임은:
   a. 프로그램의 성공을 보장하기 위해 주로 인재개발 직원에게 맡긴다.
   b. 성과를 낼 수 있도록 공동으로 보장하는 인재개발 직원과 관리자의 책임이다.
   c. 성공을 보장하기 위해 함께 일하는 인재개발 직원, 참가자와 관리자의 공동 책임이다.

9. 참가자가 업무에서 적절하게 수행할 수 있도록 보장하기 위해 설계된 체계적이고 객관적인 평가가:
   a. 전혀 이루어지지 않았다. 유일한 평가는 프로그램 중이며 참가자들이 프로그램을 얼마나 즐겼는지에 초점을 맞춘다.
   b. 때때로 진행됨; 참가자들에게 교육이 업무에 효과적이었는지 묻는다.
   c. 자주 그리고 체계적으로 추구됨; 교육 완료 후 성과 평가

10. 새로운 프로그램은:
   a. 내부적으로, 교수설계자와 전문 직원을 활용하여 개발된다.
   b. 전문업체에 의해, 일반적으로 조직의 요구에 맞게 수정된 프로그램을 구매한다.

c. 내부 직원 및 전문 업체를 활용하여 기한 및 비용 목표를 충족하는 가장 경제적이고 실용적인 방법으로 개발한다.

11. 교육 및 인재개발 비용이 계산된다.
  a. 총 집계 기준으로만
  b. 프로그램별로
  c. 특정 프로그램 외에도 개발 및 전달과 같은 특정 프로세스 구성 요소에 따라

12. 인재개발 프로세스에 대한 경영층의 참여는
  a. 일부 경우를 제외하고 매우 낮음
  b. 보통 요청이나 필요에 따라 중간 정도
  c. 파트너십 협의를 보장하기 위해 모든 주요 인재개발 활동을 신중하게 계획

13. 인재개발 활동이 업무 수행으로 전이될 수 있게 하도록 여러분은:
  a. 참가자들이 배운 내용을 적용하고 결과를 보고하도록 권장한다.
  b. 관리자에게 교육 지원 및 강화를 요청하고 결과를 보고한다.
  c. 각 상황에 적합한 다양한 교육 전달 전략을 사용한다.

14. 인재개발 직원과 관리자 간의 상호작용은 다음과 같다.
  a. 드물다; 당신은 그들과 문제를 거의 논의하지 않는다
  b. 가끔; 요구 분석 또는 프로그램 조정과 같은 활동 중에
  c. 정기적; 관계를 구축하고 프로그램을 개발하고 제공하기 위해

15. 주요 변화 노력에서 인재개발의 역할은:
  a. 필요에 따라 프로젝트 지원을 위한 교육을 실시한다.
  b. 교육을 포함하여 프로그램에 대한 행정 지원을 제공한다.
  c. 교육을 제공하는 것 외에도 프로그램을 시작하고 전체적인 노력을 조정하며 진행 상황을 측정한다.

16. 관리자 대부분은 인재개발 기능을 다음과 같이 본다.
  a. 직원의 시간을 너무 많이 낭비하는 의심스러운 기능
  b. 제거할 수 없는 필수 기능
  c. 조직을 개선하는 데 사용할 수 있는 중요한 자원

17. 인재개발 프로그램은 다음과 같다.
  a. 활동 지향적(예 모든 감독자가 인재개발 워크숍에 참석)
  b. 개별 결과 기반(예 참가자는 오류율을 최소 20% 줄임)
  c. 조직 결과 기반(예 품질 비용이 25% 감소함)

18. 인재개발에 대한 투자는 주로 다음을 통해 측정된다.
  a. 주관적인 의견
  b. 관리자의 관찰 및 참가자의 반응
  c. 생산성 향상, 비용 절감 또는 품질 향상을 통한 비용 절감

19. 인재개발 노력은 다음으로 구성된다.
  a. 일반적으로 일회성, 세미나 유형 접근 방식
  b. 개인의 요구를 충족하는 다양한 과정
  c. 조직에 변화를 가져오기 위해 구현된 다양한 인재개발 프로그램

20. 어떤 공식적인 평가 방법이 없는 새로운 인재개발 프로그램 및 프로젝트가 조직에서 실행된다.
  a. 정기적으로
  b. 드물게
  c. 결코, 아님.

21. 인재개발 프로그램의 결과는 다음과 같이 전달된다.
  a. 요청 시 알 필요가 있는 사람들에게
  b. 때로는 경영진에게만
  c. 일상적으로 선택한 다양한 대상에게

22. 인재개발 평가에 대한 관리층의 참여:
  a. 특정 책임이 없고 요청이 거의 없이 사소함
  b. 평가에 대한 비공식 책임과 공식 교육에 대한 일부 요청으로 구성
  c. 매우 구체적이다. 모든 관리자는 평가에 일부 책임이 있다.

23. 조직의 비즈니스가 불황인 동안 인재개발 부서는 다음을 수행한다.
   a. 직원 감소를 가장 먼저
   b. 동일한 직원 수준으로 유지
   c. 직원 감축에 영향을 미치지 않고 아마도 강화

24. 인재개발을 위한 예산은 다음을 기준으로 한다.
   a. 작년 예산
   b. 교육 부서에서 "설득"할 수 있는 모든 것
   c. 제로 기반 시스템

25. 인재개발에 대한 지출을 정당화해야 하는 주요 그룹은 다음과 같다.
   a. 인재개발 부서
   b. 인적 자원 또는 관리 기능
   c. 실무 관리층

26. 지난 2년 동안 운영 비용 대비 인재개발 예산의 비율은 다음과 같다.
   a. 감소
   b. 안정을 유지
   c. 증가

27. 인재개발 프로그램 구현에 최고 경영진의 참여는:
   a. 초대장 발송, 축사 및 인증서 전달로 제한된다.
   b. 진행 상황 모니터링, 개회 및 폐회 연설, 조직 전망에 대한 프레젠테이션 포함
   c. 포함된 내용을 확인하기 위해 프로그램에 참여하고, 프로그램의 주요 부분을 수행하고, 핵심 경영진이 참여하도록 요구하는 것이 포함

28. 인재개발 프로그램을 수행하는 데에 실무 관리층의 참여는 다음과 같다.
   a. 아주 사소한; 인재개발 전문가만이 프로그램을 수행한다.
   b. 전문 분야에서 프로그램을 수행하는 소수의 감독자로 제한됨
   c. 중요한; 평균적으로 프로그램의 절반 이상을 주요 실무 관리자가 수행한다.

29. 직원이 인재개발 프로그램을 수료하고 현장으로 복귀하면 상사는 다음을 수행할 가능성이 높다.
    a. 프로그램을 언급하지 않는다
    b. 프로그램에 대해 질문하고 교육자료 사용을 권장한다.
    c. 프로그램 자료의 사용을 요구하고 성공적으로 사용되면 긍정적인 보상을 제공한다.

30. 직원이 외부 세미나에 참석하고 돌아오면 다음을 수행해야 한다.
    a. 아무것도 하지 않음
    b. 프로그램 요약 보고서 제출
    c. 세미나를 평가하고, 교육자료를 실행하기 위한 계획을 개괄하고, 프로그램의 가치를 추정한다.

인재개발 프로그램 평가 해석

다음과 같이 평가 도구를 채점합니다.

- 각 (a) 응답에 대해 1점
- 각 (b) 응답에 대해 3점
- 각 (c) 응답에 대해 5점

점수 범위 및 분석

120-150: 인재개발로 결과를 달성하기 위한 탁월한 환경입니다. 훌륭한 경영층의 지원. 결과 기반 인재개발의 진정한 성공 사례입니다.

90-119: 인재개발로 결과를 달성하는 데 평균 이상입니다. 좋은 경영층의 지원. 결과 기반 인재개발에 대한 견고하고 체계적인 접근 방식.

60-89: 인재개발을 통해 원하는 결과를 달성하려면 개선이 필요합니다. 경영층의 지원이 효과가 없습니다. 인재개발 프로그램은 일반적으로 결과에 초점을 맞추지 않습니다.

30-59: 인재개발의 성공 및 상태에 심각한 문제가 있습니다. 경영층의 지원이 존재하지 않습니다. 인재개발 프로그램은 성과를 내지 못하고 있습니다.

CHAPTER

02

계획하기

이 장의 내용

1. 비즈니스에 맞게 프로그램 정렬
2. 정렬 모형의 활용
3. 프로그램의 목표 정의하기
4. 평가 계획 세우기
5. 마무리

CHAPTER 02

계획하기

이 장의 내용

이 장에서는 평가 계획의 기본 사항을 설명하고자 한다.

- 프로그램을 비즈니스에 맞게 정렬
- 프로그램 목표 정의
- 평가 계획 개발

1. 비즈니스에 맞게 프로그램 정렬

ADDIE(분석, 설계, 개발, 실행 및 평가) 모형과 같은 교수체제개발 모형은 평가를 마지막에 위치시키고 있기는 하지만, 평가 계획은 분석 단계에서 처음부터 이루어져야 한다. 이를 통해 결과적으로 평가를 위한 올바른 지표가 마련되고, 더 나은 프로그램은 말할 것도 없고 평가에 대한 보다 합리적이고 간단한 접근 방식으로 이어진다. 평가는 "왜?"라는 질문에 답을 한다.

인재개발 전문가는 그들의 프로그램과 이니셔티브를 통해 이러한 목적을 달성한다. "왜?"라는 질문에 성공적으로 답하려면 먼저 프로그램을 조직의 요구 사항에 맞춘 다음, 이러한 요구 사항을 고려하여 실행 가능한 솔루션을 찾는 것이 중요하다.

<표 1-2>에 표시된 평가 프레임워크는 프로그램 정렬의 기초가 된다. 5수준을 사용하여 분석 단계에서 획득한 데이터를 분류함으로써 인재개발 전문가는 조직의 궁극적인 요구 사항과 프로그램에 참여하는 개인의 학습 요구 사항을 확인할 수 있다. 이 프레임워크는 목표를 정의하는 기초이기도 하다. 이 장의 뒷부분에서 설명하겠지만 목표는 프로그램의 설계도 역할을 한다. 모든 수준에서 목표를 정의하면 프로그램이 모든 이해 관계자가 중요하게 여기는 결과에 맞게 설계된다.

확인하기

"절대 하지 말아야 할 일을 효율적으로 하는 것만큼 쓸모없는 일은 없다."
-Peter Drucker, 오스트리아 태생의 미국 경영 컨설턴트, 교육자이자 작가

[그림 2-1]은 프로그램 정렬 모델이다. 왼편에서 볼 수 있듯이 분석은 수익 기회와 비즈니스 요구 사항에 대한 조사로 시작하여 실행 가능한 솔루션이 드러나는 수행 격차 평가로 이어진다. 그런 다음 학습 요구 사항을 정의한 다음 "어떻게 콘텐츠를 만들고 제공하는 것이 가장 좋을까?"라는 질문에 답하는 선호도 요구를 정의한다. 투입 요구는 프로젝트 계획 자체를 나타낸다(예 참여할 사람, 참여할 사람 수, 제공 비용). 이러한 요구는 프로그램 및 평가 성공의 핵심인 목표로 이어진다. 이 요구들은 "어떻게 프로그램을 설계, 개발 및 실행할 것인가?"와 "프로그램 성공을 어떻게 측정할 것인가?"라는 질문에 답해준다. 모델의 오른쪽은 평가를 나타내며 "이 프로그램의 결

과는 무엇인가?"라는 질문에 답한다. 이 질문에 답하는 데 필요한 지표는 먼저 수익 요구 사항을 명확히 하는 데 달려 있다.

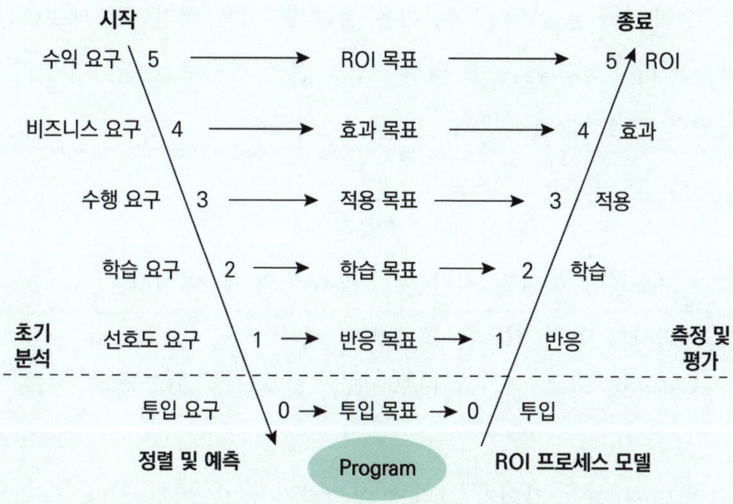

[그림 2-1] 정렬 모델

1) 수익 요구

모든 조직은 돈을 벌고, 돈을 절약하고, 비용을 피할 수 있는 기회, 혹은 돈을 벌거나, 돈을 절약하거나, 비용을 피하면서 공공의 이익에 기여할 수 있는 기회에 직면한다. 수익 요구 사항을 파악하는 것은 정렬 프로세스의 첫 번째 단계이다. 수익 요구는 추구할 기회이거나 해결할 문제일 수 있다. 수익 요구는 다음과 같은 질문에 답해야 한다.

- 이 프로그램이 가치가 있는가?

- 이 문제를 해결할 가치가 있는가?
- 이 기회를 추구할 가치가 있는가?

수익 요구는 이익 증가, 비용 절감 및 비용 회피의 형태로 나타난다. 이러한 기회는 종종 명확하고 금전적 가치로 연결하기가 비교적 쉽다. 예를 들면:

- 청구 처리 시간이 30% 증가했다.
- 시스템이 중단된 시간은 작년 수행의 두 배이다.
- 회사의 안전 기록은 업계에서 최악이다.
- 제품의 반품 건수가 너무 많다. 작년보다 40% 증가.

반면에 수익 기회가 그다지 분명하지 않은 예도 있다.

- 팀 빌딩 프로그램의 실행
- 모든 관리자의 리더십 역량을 개발
- 전사적 문화 변화 프로젝트 실행
- 미래 성장을 위한 역량 구축

이들은 훌륭한 목표처럼 보이지만 각각의 결과는 명확하지 않다. 명확성을 위해서는 다음 사항을 고려할 필요가 있다.

- 왜 이것이 문제인가?
- 아무것도 하지 않으면 어떻게 되는가?

- 이것이 왜 중요한가?
- 이것이 전략과 어떻게 연결되어 있는가?
- 어떤 비즈니스 지표가 개선되는가?
- 이것은 어떤 가치를 가져다주는가?

2) 비즈니스 요구

수익 요구 사항을 고려하는 동안 비즈니스 요구 사항은 종종 분명해질 것이다. 비즈니스 요구는 개선될 경우 수익 요구를 해결하는 데 도움이 되는 구체적인 조직의 지표이다. 비즈니스 요구를 나타내는 지표값은 산출물, 품질, 비용, 시간, 고객 만족도, 직무 만족도, 작업 습관 및 혁신의 유형이다.

이러한 지표는 하드 데이터 또는 소프트 데이터로 구분된다. 예를 들어, 예방 접종을 받은 시민, 졸업률, 승인된 대출, 예산 차이, 체류 기간, 작동주기 시간, 실패율 및 사고와 같은 하드 데이터는 객관적인 근거에 따라 쉽게 금전적으로 변환된다.

소프트 데이터는 주관적으로 기반을 두고 있으며 가능하지만 금전적으로 전환하려면 더 많은 노력이 필요하다. 예를 들면, 팀워크, 네트워킹, 고객 만족도, 조직적 헌신, 직원 경험, 창의성, 브랜드 인지도 및 준비도가 포함된다.

수익 요구 사항을 확인하고 특정 비즈니스 지표를 사전에 정의하면 프로그램이 올바른 기회를 목표로 하거나 올바른 문제를 해결하는 데 도움이 된다. 또한, 프로그램 후 평가를 더 쉽게 할 수 있다.

수익과 비즈니스 요구 사항을 고려하여 정렬 프로세스의 다음 단계는 다음 질문에 답하는 것이다.

- 비즈니스 지표에 영향을 미치기 위해 무엇을 변경해야 하는가?
- 이 변경을 가능하게 하는 것은 무엇인가?
- 최상의 솔루션은 무엇인가?

이러한 질문에 대한 답은 수행 요구 사항의 평가를 통해 얻을 수 있다.

3) 수행 요구

일부 인재개발 전문가는 지시 이행자에서 가치 창출자로 변화하고 있다. 이들은 새로운 프로그램에 대한 모든 요청에 대해 "예"라고 답하려는 유혹에 저항하고 있다. 오히려 문제나 기회를 발견하고 개선이 필요한 비즈니스 지표를 확인하려고 한다. 그런 다음 비즈니스 요구에 가장 큰 영향을 미칠 솔루션을 확인한다. 이들의 역할은 수행 컨설팅 역할로 발전하여 조직 전체의 리더에게 중요한 비즈니스 파트너로 자리매김하고 있다.

이러한 변화에서 성공하려면 인재개발 전문가는 수행을 변경할 경우 비즈니스 요구 사항을 해결할 수 있는 수행 격차를 평가해야 한다. 이것은 그들이 호기심과 탐구적 사고 방식을 가져야 하고 다음에 나열된 일을 기꺼이 해야 한다는 것을 의미한다.

- 데이터와 기록을 조사한다.
- 고객과 토론을 시작한다.
- 유사한 솔루션을 벤치마킹한다.
- 평가를 고리로 사용하여 더 많은 정보를 확보한다.

• 토론에 다른 사람들을 참여시킨다.

• 다른 곳의 실패에 대해 논의한다.

• 솔루션을 비즈니스에 정렬하지 않은 결과에 대해 논의한다.

또한 이러한 수준의 요구 분석을 지원하는 데 사용할 수 있는 다양한 진단 도구를 기꺼이 사용하거나 사용할 수 있는 사람을 찾아야 한다(일부 예는 <표 2-1> 참조).

표 2-1 수행 요구 분석을 위한 진단 도구

• 통계적 과정 관리	• 역장분석	• 진단 도구	• 직무몰입 설문
• 브레인스토밍	• 마인드 맵핑	• 포커스 그룹	• 퇴직자 면담
• 문제 분석	• 친화도법	• 탐색적 인터뷰	• 퇴직자 설문
• 원인과 효과 도표	• 시뮬레이션	• 직무 만족도 설문	• 명목집단기법

사용할 도구를 결정하는 것은 문제 또는 기회의 범위에 따라 다르다. 비용이 많이 드는 문제는 포괄적인 분석을 필요로 한다. 예를 들어, Southeast Corridor Bank(SECOR Bank)에서 지점의 비효율성으로 인해 고객 불만과 이탈에 직면하게 되었다. 이 문제를 분석한 결과 비효율성은 은행원의 과도한 이직률(71%)과 고객의 요구에 부응하지 못하는 직원들의 무능력 때문이었다. 이 문제로 발생하는 비용 때문에 경영진은 이직의 근본 원인을 이해하기 위한 포괄적인 수행 요구 사항 평가에 투자하기로 결정했다. 사용된 한 가지 기법은 명목 집단 기법으로, 떠나는 사람들을 대표하는 사람들로 일련의 포커스 그룹을 구성했다. SECOR Bank는 직원들이 은행을 떠나는 10가지 이유를 확인하고 중요도 순으로 순위를 매길 수 있었다

(Phillips, Phillips, and Ray, 2016). 저비용의 문제라면 더 저렴한 접근 방식을 필요로 했을 것이다.

이 수준의 분석은 일반적으로 가장 적합한 해결책 또는 당면한 비즈니스 요구에 대한 해결책으로 이어지며 다른 것들보다 명확한 일부 해결책이 도출된다. SECOR Bank 연구에서 팀은 하나의 해결책으로 가장 두드러진 5가지 이직 원인을 해결할 수 있음을 깨달았다. 이 프로그램은 창구 직원이 고객에게 더 나은 서비스를 제공할 수 있도록 교육 및 개발 기회를 제공하고 예전보다 더 많이 비즈니스에 관여하게 하고 고객과 더 좋은 관계를 맺을 수 있도록 할 것이다.

확인하기

협력적 분석을 사용하여 성과, 품질 및 비용은 물론 직원 참여, 고객 경험 및 기타 비즈니스 지표를 개선할 기회를 확인할 수 있다. 또한, 협력 네트워크의 변화가 비즈니스 지표에 미치는 영향을 결정하는 데 유용하다. 아직 초기 단계이지만 인재개발 전문가는 협력 네트워크가 제공하는 기회에 익숙해지는 것이 중요하다. Rob Cross, Tom Davenport 및 Peter Gray가 저술한 "협력적 분석을 통한 비즈니스 효과 주도"라는 제목의 연구 자료는 이에 대한 학습을 시작하기에 좋은 자료이다(Connected Commons, 2019년 4월).

4) 학습 요구

이전 단계에서 찾아낸 수행 요구 사항을 해결하려면 일반적으로 모든 담당자가 수행해야 할 작업과 수행 방법을 알 수 있도록 학습 구성 요소가 필요하다. 어떤 경우에는 학습 프로그램이 해결책이 되기도 하고, 다른 경우에는 프로세스, 절차, 정책 및 테크놀로지와 같은 비학습적 해결책이 비즈니스 지표의 개선으로 이어질 수행 격차를 줄이기에 가능한 접근 방식일 수 있다. 학습 요구를 평가하는 것은 프로그램 참가자의 사전 및 사후 지식 평가에만 국한되지 않는다. 다른 기법의 예로는 내용 전문가의 투입, 직무 및 과제 분석, 관찰, 시연, 관리자 평가가 있다. 기술적인 지식과 기능의 평가를 넘어서는 것이 중요하며, 특히 성패가 달린 기회가 있을 때는 더욱 그렇다. "어떻게", "무엇을", "왜", "언제"를 알아야 한다. 학습 요구 평가는 프로그램 참가자뿐만 아니라 여러 이해 관계자에게 중요하다는 것을 기억해야 한다. 상사와 고위 리더 및 대상이 되는 참가자의 직접적인 보고서는 모두 프로그램의 성공을 보장하는 역할을 한다.

5) 선호도 요구

선호도 요구는 프로그램의 필요 요건을 도출한다. 개인은 프로그램 구조에 대해 선호하는 특정 콘텐츠, 프로세스, 일정 또는 활동이 있다. 이러한 선호도는 프로그램을 가장 잘 출시하고 전달하는 방법을 알려준다. 프로그램이 문제에 대한 해결책이거나 기회를 활용하려는 경우, 선호도 요구는 프로그램을 가장 잘 구현하는 방법과 참가자가 성공하기 위해 자신의 관점에서 프로그램을 어떻게 인식해야 하는지를 정의한다. 참가자의 선호도에 따라 프로그램을 설계하면 참가자가 참여할 확률이 높아지고 중요한 지표를 개선하기 위해 필요한 작업을 수행할 가능성이 높다.

6) 투입 요구

분석의 마지막 단계는 프로그램에 대한 예상 투자를 나타내는 프로젝트 계획이다. 여기에서 요구 사항은 제공 횟수, 언제 참여할 가능성이 큰지, 각 세션 동안 얼마나 많은 사람이 참여할 것인지에 따라 결정된다. 또한 프로그램 개발팀은 활용할 내부 및 외부 자원을 결정한다. 교통편, 식사, 시설 및 숙박 문제도 이 단계에서 정하게 된다. 이 단계가 끝나면 프로그램 개발팀은 프로그램의 전체 비용을 추정한다.

2. 정렬 모형의 활용

<표 2-2>는 정렬 프로세스를 적용했을 때의 기본적인 결과를 보여준다. 이 결과는 대형 칩 제조 회사의 최고 학습 책임자(CLO)와 운영 책임자(Phillips and Phillips, 2005) 간의 논의를 통해 도출되었다. 책임자는 직원들이 중요하지 않은 교육에 너무 많은 시간을 할애하고 있는 것을 우려했다. 질문을 통해, CLO는 책임자의 우려가 너무 많은 훈련이 아니라 일반적으로 회의에 너무 많은 시간을 보내는 것임을 알게 되었다. CLO는 또한 회의가 어떻게 진행되고 있는지 그리고 그러한 회의에서 이루어진 결정에 대한 후속 조치가 어느 정도 진행되고 있는지에 대해 간파하였다. 그들은 회의에 너무 많은 시간을 보내는 비용을 줄이기 위해 책임자가 학습 전이를 지원하는 데 적극적으로 관여할 것을 합의했다. 또한, 비용 절감이 해결책 실행 비용을 초과하여 ROI 25%를 목표로 한다는 데 동의했다. 이는 해결책으로 1,000원을 투자할 때마다 조직이 추가로 250원을 얻게 될 것을 의미한다.

표 2-2 정렬 프로세스의 결과

요구 수준	요구
수익 요구	경제적 기회 혹은 문제가 무엇인가? • 구체적인 비용은 명확하지 않음. 회의를 통해 낭비되는 시간의 가치를 백만원 단위로 추정함.
비즈니스 요구	구체적인 비즈니스 요구는 무엇인가? • 너무 많은 회의(월단위 회의 주기) • 회의에 너무 많은 직원의 참가(월간 회의참여 직원 수) • 회의시간이 너무 긺(평균적인 회의 시간)
수행 요구	이 이슈로 인해 업무에서 발생하는 혹은 일어나지 않는 일은 무엇인가? • 회의가 계획되지 않음. • 회의 전에 회의 의제가 정해지지 않음. • 회의 의제를 따르지 않음. • 불필요한 회의에 대한 비용과 시간이 고려되지 않음. • 회의 운영이 부적절함. • 회의 결과에 대한 후속 조치가 이루어지지 않음. • 회의 중 생기는 갈등이 관리되지 않음. • 회의 참가자에 대한 적절한 선정이 이루어지지 않음. • 적절한 회의 운영 절차가 실행되지 않음. • 회의 비용에 대한 고려가 이루어지지 않음.
학습 요구	업무에서 일어나거나 일어나지 않는 일을 개선하기 위해 어떤 지식과 기술, 정보가 필요한가? • 회의의 범위와 비용을 확인하는 능력 • 회의 문제 및 역학관계의 긍정적, 부정적 의미를 확인하는 능력 • 효과적인 회의 행위
선호도 요구	이 지식, 기술 또는 정보를 어떻게 전달하여 업무에 변화를 줄 수 있는가? • 퍼실리테이터 주도의 워크숍 • 직무 지원 및 도구 • 관련있고 유용한 정보가 필요함.

요구 수준	요구
투입 요구	예상되는 투자는 무엇인가? • 회의를 주관하는 72명의 관리자와 팀장 • 평균적인 일당은 219,000원 • 세 그룹으로 구분 • 72명 전체에 대한 2일간의 워크숍 • 교통 및 숙식을 위해 추산된 비용 • 6일간의 교육시설 사용료(2일 × 3회) • 요구 사정에 할당된 비용 • 평가를 위해 추산된 비용(프로그램 비용의 약 5%) • 추산된 비용: 125,000,000원

생각해 보기

때로는 프로그램에 투자하기 전에 ROI를 예측하는 것이 중요하다. 예를 들면, 프로그램이 매우 비싸거나 여러 전달 메커니즘 중에서 선택해야 할 때 등이다. 동일한 문제를 해결하기 위한 두 프로그램 중 하나를 결정할 때에도 사전에 프로그램을 예측해 보는 것이 중요하다. 부록에는 사전 프로그램 예측에 대한 기본 설명과 다른 평가 수준에 포함되는 데이터로 ROI를 예측하는 방법에 대한 설명이 포함되어 있다.

3. 프로그램의 목표 정의하기

프로그램 목표는 성공에 대한 기대치를 나타낸다. 보다 중요하게는, 인재개발 전문가가 성과를 내기 위한 프로그램을 설계하려는 경우 따라야 하는 구조적 청사진 역할을 한다는 것이다. 목표는 "이 프로그램을 어떻게 설계, 개발 및 실행할 것인가?", "프로그램의 성공 여부를 어떻게 측정할까?"를 의미하는 "어떻게?"라는 질문에 대답해 준다.

프로그램 목표는 평가 데이터를 분류하는 데 사용된 것과 동일한 프레임워크를 반영한다. 프로그램 목표를 작성하는 데 있어 핵심은 성공 지표를 구체적으로 식별하고 요구 사정을 통해 탐색된 지표와 일치하는지 확인하는 것이다. 너무 자주 광범위한 프로그램 목표가 작성되거나 이러한 목표를 정의하는 지표가 프로그램의 필요와 무관할 때가 있다. 모호하고 관련 없는 목표는 프로그램의 설계를 훼손하고, 평가 프로세스가 제 기능을 발휘하지 못하게 하며 의미 없는 결과를 초래한다.

확인하기

구체성이 결과를 이끌어낸다. 모호하고 불투명한 것은 모호하고 불투명한 것으로 이어진다.

1수준: 반응과 계획된 행동 목표

1수준 목표는 프로그램에 대해 예상되는 즉각적이고 장기적인 만족도를 설명하는 데 중요하다. 퍼실리테이션, 내용의 관련성과 중요성, 실행계획, 지식과 기술의 의도된 사용을 포함하여 프로그램의 성공에 중요한 이슈를 설명한다. 그러나 성공의 척도로 1수준의 전반적인 만족도를 사용하는 것을 둘러싼 1수준 평가에 대한 비판이 있었다. 전반적인 만족도 측정값의 남용으로 인해 많은 조직이 참가자가 프로그램을 좋아하는지에 따라 투자 결정을 내렸다. 나중에 그들은 데이터가 오해의 소지가 있음을 깨닫게 된다.

1수준 목표는 제한된 유용한 정보를 제공하는 난해한 측정 지표보다는 중요하고 측정가능한 이슈를 찾아야 한다. 이는 태도에 기반하고 명확하게 기술되고 구체적이어야 한다. 1수준 목표는 프로그램의 결과로서 참가자의 생각 또는 인식에 변화가 있었는지 여부를 구체화하고, 태도와 프로그램의 성공 간의 연관성을 강조한다. 이러한 기준을 고려할 때 1수준 목표가 구체적인 성공 지표를 나타내는 것이 중요하다. 지식과 기술의 적용에 대한 좋은 예측변수는 프로그램 내용에 대해 참가자가 인식하는 관련성이다. 따라서 1수준의 목표는 다음과 같을 수 있다.

교육 종료 후, 참가자는 프로그램의 내용이 자신들의 직무와 관련된다고 인식할 것이다.

그러나 여기서 의문이 든다. "이 목표를 성공적으로 달성했는지 어떻게 알 수 있는가?" 여기에는 좋은 측정이 필요하다. <표 2-3>은 개괄적인 목표를 보다 구체적인 측정과 비교하고 있다.

표 2-3 개괄적인 목표와 보다 구체적인 측정과의 비교

목표	측정
교육 종료 후, 참가자는 프로그램의 내용이 자신들의 직무와 관련된다고 인식할 것이다.	참가자의 80% 이상이 프로그램의 관련성을 리커트 5점 척도에서 4.5로 평정한다.

연구에 보다 중점을 두고 있는 사람들의 경우 "관련성"이 의미하는 바를(문자 그대로) 정의하여 한 단계 더 나아가고 싶을 것이다. 예를 들어, 관련성은 다음과 같이 정의될 수 있다.

- 참가자가 작업에 즉시 적용할 수 있는 지식과 기술
- 참가자의 일상적인 업무 활동을 반영하는 지식과 기술

이제 성공의 척도가 훨씬 더 자세해질 수 있다. <표 2-4>는 개괄적인 목표를 보다 자세한 측정과 비교하고 있다. 이 두 측정값의 성공을 개별적으로 보고하거나 두 측정값의 결과를 결합하여 "관련성 지표"를 만들 수 있다.

표 2-4 개괄적인 목표와 보다 구체적이고 상세한 측정과의 비교

목표	측정
교육 종료 후, 참가자는 프로그램의 내용이 자신들의 직무와 관련된다고 인식할 것이다.	• 참가자의 80% 이상이 프로그램의 관련성을 리커트 5점 척도에서 4.5로 평정한다. • 참가자의 80% 이상이 학습한 지식과 기술이 그들의 일상 업무활동을 반영하고 있다고 리커트 5점 척도에서 4.5로 평정한다.

목표를 여러 구체적인 측정으로 세분화하면 성공에 대한 명확한 그림이 제공된다. 그러나 여러 측정값은 1수준 데이터 수집 도구의 문항 수도 증가시킨다. 고려해야 할 질문은 "목표에 대한 성공을 결정하기 위해 다양한 측정을 위한 많은 질문이 포함된 긴 설문지가 필요한가?"이다. ROI 평가를 위해 계획된 프로그램의 경우는 그렇지 않다. 효과 및 ROI를 포함하는 평가를 계획할 때 하위 수준 평가 도구를 단순하게(하지만 의미있는) 유지해야 한다. 4수준 및 5수준 평가의 더욱 까다로운 과정을 위해 노력을 아껴둘 필요가 있다.

생각해 보기

전반적인 만족도는 간혹 참가자가 프로그램에서 제공한 간식을 얼마나 좋아했는지의 측정으로 간주되기도 한다. 최근 들어 과정 종료 시점의 종합적인 1수준 설문에 대한 분석은 참가자가 프로그램의 관련성이 적고, 유용하지 않으며, 학습한 것을 적용할 의도가 없는 것으로 나타났다. 점수는:

- 제공된 지식과 기술은 내 직무와 관련된다: 2.8/5
- 제공된 지식과 기술은 내 업무에 유용할 것이다: 2.6/5
- 이 과정에서 배운 것을 사용할 것이다: 2.2/5

그러나 놀랍게도 응답자들은 전반적인 만족도 문항 "나는 이 프로그램에 만족한다"에 5점 만점에 4.6점을 주었다. 음, 다과였을 것이다.

2수준: 학습 목표

지식과 기술의 습득을 평가하는 것에 대한 지속적인 관심이 있다. 여기에는 학습 조직의 수 증가, 지식 자산에 중점을 두는 것, 선발 과정에서의 선별기준으로 자격증의 활용 증가 등이 있다. 이러한 상황에서 2수준의 목표는 잘 정의될 필요가 있다.

2수준 목표는 교수를 통한 기대되는 성과를 말한다. 즉 능숙한 수행이 학습의 결과가 되어야 한다. 가장 좋은 학습목표는 관찰가능하고 측정가능한 행위를 기술한다. 1수준 목표와 같이, 2수준 목표도 결과에 기반한다. 명확하게 진술되고 구체적으로 학습의 결과로 참가자가 무엇을 할 수 있어야 하는지를 진술해야 한다.

기본규칙 2

보다 높은 수준의 평가를 수행할 때는 낮은 수준의 평가에서 데이터를 수집하라.

학습목표에는 세 가지 유형이 있다.

- **인식**- 참가자가 용어, 개념, 절차에 익숙하다.
- **지식**- 참가자가 개념과 절차에 대해 전반적으로 이해하고 있다.
- **수행**- 참가자가 습득한 지식과 기술을 시연할 수 있다.

전형적인 학습목표는 다음과 같다:

교육 종료 후, 참가자는 MS word를 사용할 수 있다

타당해 보이지만 "성공적인 사용"은 어떤 것인가? 성공했는지는 어떻게 알 수 있는가? 그래서 <표 2-5>에 제시된 것과 같은 측정이 필요하다. 이제 학습의 성공을 평가할 수 있다.

표 2-5 개괄적인 목표와 수행 측정과의 비교

목표	측정
교육 종료 후, 참가자는 MS word를 사용할 수 있다	10분 동안 참가자는 퍼실리테이터에게 MS word의 다음 기능을 실수 없이 시연할 수 있다. • 파일, 다른 이름으로 저장, 웹페이지로 저장 • 포맷, 글꼴, 단락, 페이지색, 테마 • 표 삽입, 열/행 삽입, 열/행 삭제

3수준: 적용 및 실행 목표

학습 목표와 구체적인 성공 지표가 참가자가 수행할 수 있는 일을 알려주는 경우, 3수준 목표는 참가자가 학습 환경을 떠나서 기대되는 해야 하는 일을 알려준다. 적용 목표는 교육으로 인한 능숙한 수행을 포함하는 인재개발 프로그램의 예상되는 성과를 설명하고 업무 수행상의 변화를 평가하기 위한 기초를 제공한다. 중점은 배운 것을 적용하는 데 있다.

최상의 3수준 목표는 관찰할 수 있고 측정 가능한 행동을 확인한다. 결과를 기반으로 하고 명확하게 기술되고 구체적이며 학습의 결과로 참가자가 변화한 내용을 설명한다. 일반적인 적용 목표는 다음과 같다.

참가자는 효과적인 회의 행동을 사용할 것이다.

다시 말하지만, 성공을 평가하려면 세부 사항이 필요하다. 효과적인 회의 행동은 무엇이며 참가자는 이러한 기술을 어느 정도 사용해야 하는가? 측정값의 몇 가지 예가 <표 2-6>에 나와 있다. 명확한 측정을 통해 이제 성공이 어떤 모습인지 알 수 있게 된다.

표 2-6 적용 목표와 측정가능한 수행의 비교

목표	측정
참가자는 효과적인 회의 행동을 사용할 것이다.	• 참가자는 100% 회의에서 다루어야 할 구체적인 주제를 요약한 세부 안건을 만든다. • 참가자는 100% 회의 시작 시 회의 기본 규칙을 설정한다. • 참가자는 100% 회의 후 3일 이내에 조치가 필요한 항목에 대한 후속 조치를 취한다.

3수준 평가의 중요한 요소는 이것이 학습 전이로 성공을 평가하는 단계라는 것이다. 시스템이 학습을 지원하는가? 여기에서 적용에 대한 장애 및 지원 요소를 찾을 수 있다. 이러한 요소에 대한 데이터를 수집하는 것은 문제의 근거가 있을 때 수정 조치를 취할 수 있다는 점에서 중요하다. 예를 들어, 관리자가 새로 습득한 지식을 적용하는 것을 방해한다고 참가자가 말할 때와 같이 여러분이 통제할 수 없는 문제에 어떻게 영향을 미칠 수 있을지가 궁금할 수 있다. 평가 프로세스를 통해 수집한 데이터는 관리자와 대화할 수 있는 근거를 제공해 준다. 관리자를 끌어들이고 도움을 요청하자. 일부 관리자가 학습 기회를 지원하지 않는다는 증거가 있으며 상황을 해결하는 방법에 대한 조언이 필요하다고 말해 보라.

3수준의 포괄적인 평가는 모든 이해관계자와 이런 대화를 시작할 수 있는 도구를 제공한다. 이를 통해 다른 부서의 많은 관리자, 감독자 및 동료가 인재개발의 역할을 이해하지 못하거나 성인 학습 과정을 명확하게 이해하지 못함을 알 수 있게 된다. 이는 그들을 가르칠 수 있는 기회이며, 그에 따라 그들의 지원을 늘릴 수 있다.

4수준: 효과 목표

인재개발 투자에 대해 긍정적인 ROI를 달성하려면 4수준 목표를 통한 성공이 중요하다. 4수준 목표는 지식 및 기술 적용의 결과를 측정하기 위한 기초를 제공하고, 최종 성과 달성에 중점을 둔다. 최상의 효과 지표는 프로그램의 지식 및 기술과 연계되어 있으며 쉽게 수집된다. 4수준 목표는 결과를 기반으로 하고 명확하게 기술되고 구체적이어야 하며, 프로그램의 결과로 참가자가 비즈니스 단위에서 성취한 것을 설명해 준다. 하드 데이터와 관련된 네 가지 유형의 효과 목표는 생산 중심, 품질 중심, 비용 중심, 시간 중심이다. 소프트 데이터와 관련된 세 가지 일반적인 유형의 효과 지표는 고객서비스 중심, 업무 환경 중심 및 업무 습관 중심이다.

판매한 컴퓨터 시스템의 품질과 애프터서비스에 대해 자부심을 갖고 있는 대규모의 다국적 컴퓨터 제조업체에서 일한다고 가정해보자. 이 회사는 모든 제품에 대해 이득이 되는 보증을 판매하여 구매자가 도움을 쉽게 받을 수 있도록 하고 있다. 하나의 특정 시스템인 X－1350에는 기술 지원을 위한 "골드 표준"이 포함된 3년 보증이 추가적인 105,000원에 제공된다.

전년도에 특히 X－1350과 관련하여 수리 계약 업체에 대한 출장서비스 수가 증가했다. 이러한 증가로 인해 회사는 비용뿐만 아니라 고객 만족도에 타격을 입고 있다. 그래서 컴퓨터의 품질을 개선하기 위해 새로운 프로그램을 실행하려고 한다. 일반적인 효과 목표는 다음과 같이 쓸 수 있다.

X－1350의 품질을 향상시키기

그러나 이 목표는 너무 광범위하다. 여러분의 노력이 의도한 효과가 있을 것인지 결정하려면 효과 측정을 구체적인 지표(이 예에서는 품질 측정)에 집중해야 한다. <표 2-7>은 목표와 구체적인 성공 지표를 보여준다.

표 2-7 광범위한 목표와 효과 측정의 비교

목표	측정
X-1350의 품질을 향상시키기	• 프로그램 후 6개월 이내에 X-1350에 대한 보증 수리 청구 횟수를 10% 줄인다. • 프로그램 시행 6개월 후에 실시한 고객 만족도 조사에서 X-1350의 품질에 대한 전반적인 고객 만족도를 10% 향상시킨다. • 산업 품질 조사에 포함된 제품 품질 측정에서 최고 점수를 획득한다.

구체적인 지표는 성공의 의미를 설명한다. 또한 평가 중에 묻는 질문의 기초가 된다.

5수준: ROI 목표

5수준 목표는 프로그램에 투자할 때 예상되는 구체적인 경제적 수익을 목표로 한다. 이 목표는 "좋은 ROI는 무엇인가?"라는 질문에서 "좋은"을 정의한다. 목표 ROI를 고려할 때 다음과 같은 네 가지 옵션이 있다.

- 다른 투자 수준에서 ROI를 설정한다.
- ROI를 더 높은 표준으로 설정한다.

- ROI를 손익분기점으로 설정한다.
- 고객의 기대에 따라 ROI를 설정한다.

다른 투자 수준에서 ROI 설정

다른 투자와 동일한 수준으로 ROI를 설정하는 것은 드문 일이 아니다. 많은 인재개발 부문에서 이 접근 방식을 사용하여 경영과의 연결을 보장한다. 이 목표를 설정하려면 재무 및 회계 팀에 다른 투자에 대한 평균 수익이 얼마인지 물어보아야 한다.

더 높은 표준으로 ROI 설정

5수준 목표를 설정하는 또 다른 접근 방식은 인재개발의 기준을 높이는 것이다. 다른 투자보다 높은 수준에서 목표 ROI를 설정한다. 인재개발은 많은 영향을 미치고 조직에 많은 기여를 하기 때문에 예상보다 높은 ROI가 꼭 불합리한 것은 아니다.

손익분기점에서 ROI 설정

일부 조직은 0% ROI(손익분기점)에 만족한다. 이것은 조직이 투자를 되찾았다는 것을 의미한다. 예를 들어, 조직이 특정 프로그램에 5천만 원을 지출하면 금전적 수익도 5천만 원이다. 투자 수익을 넘어서는 이익은 없었지만 투자한 만큼 회수하게 된다. 비영리, 지역사회 및 종교 기반 조직과 같은 많은 조직은 손익분기점에 가치를 둔다.

고객 기대치를 기반으로 ROI 설정

5수준 목표를 설정하는 마지막 전략은 의뢰인에게 물어보는 것이다. 의뢰인은 프로그램에 자금을 지원하는 개인 또는 그룹임을 기억해야 한다. 그들은 투자에 대한 특정 수익을 제공하는 프로그램에 기꺼이 투자할 수 있다.

4. 평가 계획 세우기

ROI 효과 연구를 계획할 때는 데이터 수집 계획과 ROI 분석 계획을 세워야 한다. 이 두 가지 계획을 철저하게 완성하면 ROI 연구를 수행할 수 있다. 계획이 수립되면 의뢰자가 평가에 대한 접근 방식을 승인하도록 해야 한다. 이 중요한 단계를 수행하면 계획된 접근 방식에 대한 지원을 받고 있다는 확신과 동의를 얻을 수 있다. 단, 실제 ROI 연구를 계획하기 전에 이러한 포괄적인 평가를 추구하는 목적과 타당성을 명확히 하는 것이 중요하다. 왜냐하면, 요구 사정은 개선될 경우 혜택으로 이어질 주요 효과 지표에 맞춰 프로그램을 정렬할 수 있지만, 프로그램이 효과 및 ROI 평가에 정말 적합한지를 확인해야 하기 때문이다.

1) 목적

목적은 평가의 "이유"에 집중하도록 한다. 이는 생성된 데이터를 사용하기 위한 기초를 제공한다. 평가는 너무나 자주 프로세스의 목적을 이해하지 못한 채 이루어진다. 따라서 원시 데이터를 분석하여 무슨 일이 있었는지 확인하기 전에 며칠, 몇 달, 때로는 몇 년 동안 그대로 둔다.

평가 목적을 정의하면 평가 프로젝트의 범위를 결정하는 데에도 도움이 된다. 수집할 데이터의 유형과 사용할 데이터 수집 도구의 유형을 결정하는 데 도움이 된다.

평가 목적은 특정 프로그램의 가치를 입증하는 것부터 전체 인재개발 기능에 대한 신뢰성을 높이는 것까지 다양하다. 일반적인 평가 목적은 세 가지 주요 범주로 분류할 수 있다.

- 프로그램에 대한 결정
- 프로그램 및 프로세스 개선
- 프로그램 가치 입증

프로그램에 대한 결정

평가 데이터가 있고 없고에 관계없이 항상 의사결정이 이루어진다. 그러나 평가 데이터를 사용하면 인재개발 기능이 이러한 의사결정에 더 많은 영향을 미칠 수 있다.

예를 들어, 평가 데이터는 파일럿 프로그램에서 ROI를 예측할 때 프로그램을 시작하기 전에 프로그램에 관한 결정을 내리는 데 도움이 될 수 있다. 평가 결과를 알고 나면 프로그램을 계속 진행할지를 결정할 수 있다. 평가 데이터는 인재개발 직원이 내부 개발 문제에 관한 결정을 내리는 데 도움이 될 수 있다. 예를 들어, 1수준 데이터는 교수자가 추가적인 기술을 습득해야 하는 정도를 결정하는 데 도움이 되는 정보를 제공한다. 2수준 데이터는 추가적인 연습이 부족한 기술을 더 잘 강조할 것인지 결정하는 데 도움이 될 수 있다. 3수준 데이터는 상사에게 직원이 새로운 기술을 적용하는 정도뿐 아니라 통제하에 있는 업무로 인해 직원이 기술을 적용하는 데 방해되는 정도를 알려준다. 4수준 및 5수준의 데이터는 고위 관리자와 경영진이 특정 프로그램에 계속 투자할지를 결정하는 데 도움이 된다.

확인하기

평가 데이터를 사용하거나 사용하지 않고 결정을 내린다. 데이터를 제공함으로써 인재개발 팀은 의사 결정 프로세스에 영향을 미칠 수 있다.

평가 수준은 다양한 결정에 영향을 미치는 다양한 유형의 데이터를 제공한다. <표 2-8>에는 ROI를 포함한 평가 데이터가 영향을 미칠 수 있는 결정 목록이 나와 있다.

표 2-8 평가 데이터에 따른 의사결정

의사결정	평가 수준
인재개발 직원은 교수자를 위한 역량 개발에 투자해야 하는지 여부를 결정하려고 한다.	수준 1
과정 설계자는 연습이 모든 학습 목표를 다루지 않으며 추가 지원이 필요한 기술을 결정해야 한다고 걱정한다.	수준 2
관리자는 직원을 향후 교육 프로그램에 보낼지를 확신하지 못한다.	수준 3/4
인재개발 팀의 이해관계자는 파일럿 리더십 프로그램을 전체 리더십팀으로 확산하는 데 투자할 것인지 결정하고 있다.	수준 5
고위 관리자는 내년 예산을 계획하고 있으며 인재개발 기능에 추가 예산을 할당하는 것에 대해 우려하고 있다.	수준 1-5 (스코어 카드)
인재개발 직원은 참가자들로부터 나쁜 평가를 받고 있는 고가의 프로그램을 제거해야 하는지를 결정하고 있지만, 고위 경영진은 교육 컨설팅 업체와 골프를 친다.	수준 5

의사결정	평가 수준
교육컨설팅 업체는 인재개발 팀에게 리더십 프로그램이 이직 문제를 효과적으로 해결할 것이라고 설득하려고 한다.	수준 5 (예측/파일럿)
관리자들은 인재개발 프로그램이 직원들의 행동을 변화시키는 일을 하지 않았다고 믿기 때문에 직원 행동을 변화시킬 새로운 이니셔티브를 실행하기를 원한다.	수준 3 (방해/지원 요소에 집중)

프로그램 및 프로세스 개선

ROI 방법론을 사용하여 포괄적인 데이터를 생성하는 가장 중요한 목적 중 하나는 인재개발 프로그램 및 프로세스를 개선하는 것이다. 데이터가 생성됨에 따라 평가 중인 프로그램을 조정하여 향후 보다 효과적으로 수행할 수 있다. 초기 단계에서 평가 데이터를 검토하면 인재개발 기능이 학습 전이를 지원할 수 있는 추가 도구 및 프로세스를 구현할 수 있다.

평가 데이터는 인재개발 기능의 책임 프로세스를 개선하는 데에도 도움이 될 수 있다. 프로그램을 지속적으로 평가함으로써 인재개발 부서는 테크놀로지 또는 조직 내 전문가를 활용하여 보다 효율적으로 데이터를 생성하는 방법을 찾을 것이다. 평가는 또한 인재개발 직원이 프로그램과 프로세스를 다른 관점에서 바라보게 하여 “이것이 조직에 가치 있는 것으로 입증될까?”, “더 적은 비용으로 동일한 결과를 얻을 수 있을까?”, “이 교육 프로그램을 더 잘 지원하기 위해 관리자들에게 어떻게 영향을 미칠 수 있을까?”와 같은 질문을 하게 한다.

프로그램 가치 입증

포괄적인 평가를 수행하는 기본적인 목적은 인재개발 프로그램의 가치, 특히 경제적 가치를 보여주는 것이다. 그러나 평가할 개별 프로그램을 고려할 때 종종 "누구에게 가치가 있는가?"라고 자문해야 한다.

가치는 단순히 정의되지 않는다. 학습이 사회, 커뮤니티, 팀 및 개인 수준에서 발생하는 것처럼 이해 관계자의 관점에서 가치가 정의된다.

- 프로그램이 관련자들에게 가치가 있는가?
- 프로그램이 이를 지원하는 시스템에 가치가 있는가?
- 프로그램이 경제적으로 가치가 있는가?

가치는 세 가지 관점에서 정의할 수 있다. 이러한 관점은 5수준 평가 프레임워크와 비교하여 맥락적으로 적용된다. <표 2-9>에는 이러한 관점이 제시되어 있다. 고객 관점은 프로그램에 참여한 사람들이 긍정적으로 반응하고 참여 결과 지식과 기술을 습득하는 정도를 나타낸다. 시스템 관점은 프로그램을 작동시키는 조직 내 지원 요소를 나타낸다. 경제적 관점은 직무로 전이된 지식이나 기술이 주요 비즈니스 지표에 긍정적인 영향을 미치는 정도를 나타낸다. 적절한 경우 이러한 측정값을 금전적 가치로 변환하고 프로그램 비용과 비교하여 경제 지표인 ROI를 계산한다.

표 2-9 가치 관점

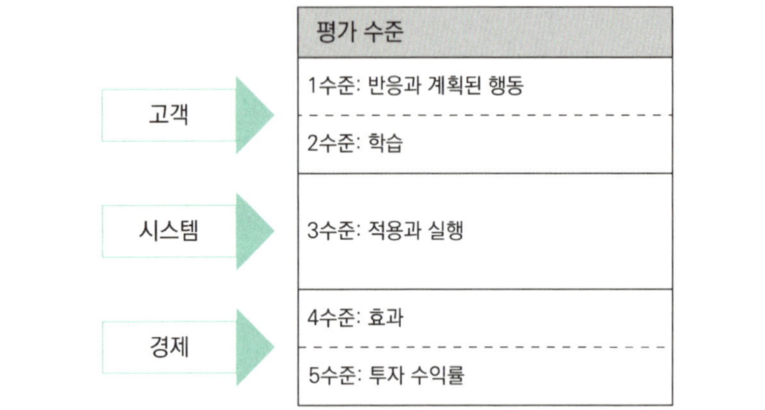

고객 관점

인재개발의 고객은 프로그램과 직접적인 관련이 있는 사람들이다. 교수자, 설계자, 개발자 및 참가자가 고객이다. 이 집단의 가치는 1수준과 2수준으로 표현된다. 데이터는 인재개발 직원에게 피드백을 제공하므로 프로그램을 즉시 변경할 수 있을 뿐만 아니라 개발 요구가 있는 지점을 결정할 수 있다. 이 데이터는 고객이 프로그램에 대해 어떻게 생각하고 해당 집단과 비교하여 지식 및 기술 습득 관점에서 각각 얼마나 멀리 떨어져 있는지를 보여준다. 지식 습득의 유용성을 나타내는 일부 척도는 종종 지식과 기술의 실제 적용을 예측하는 데 사용된다.

시스템 관점

시스템은 조직 내 학습을 지원하는 사람과 기능을 나타낸다. 여기에는 참가자의 관리자, 참가자의 동료와 팀 구성원, 임원과 IT 부서 또는 인재개발 기능과 같은 지원 기능이 포함된다. 대부분 시스템은 의뢰자로 표시된다.

3수준 데이터는 새로 습득한 지식과 기술을 참가자가 적용했다는 증거를 제공하지만 이 수준에서 평가할 때 가장 큰 가치는 시스템이 학습 전이를 지원하는 정도를 결정하는 것이다. 이는 3수준 평가를 통해 확인된 장애와 지원 요소에 의해 결정된다.

경제적 관점

경제적 관점은 일반적으로 프로그램에 예산을 지원하는 개인 또는 집단에 해당하는 의뢰인의 관점이다. 관리자는 프로그램이 비즈니스 성과와 ROI에 영향을 미쳤는지 여부에 관심이 있을 것이지만 프로그램에 재정적 투자를 하는 것은 의뢰인(때로는 관리자이지만 더 자주는 고위 경영진)이다. 4수준과 5수준은 투자의 경제적 가치를 나타내는 데이터를 제공한다.

<표 2-10>은 각 평가 수준에서 제공된 데이터의 사용 빈도와 비교한 가치 관점을 보여준다. 모든 수준에서 가치가 있지만 낮은 수준의 평가가 가장 자주 실행되며 의뢰인에게 더 큰 가치가 있는 경향이 있다. 이는 높은 수준에 비해 더 낮은 수준의 평가가 실행 가능성이 높기 때문이다.

표 2-10 가치 관점과 사용

	평가 수준	정보의 가치	고객의 관심	사용 빈도	측정 난이도
		적음	참가자	자주	쉬움
고객	1수준: 반응과 계획된 행동				
고객	2수준: 학습				
시스템	3수준: 적용과 실행				
경제	4수준: 효과				
경제	5수준: 투자 수익률				
		많음	의뢰인	거의 없음	어려움

2) 실행 가능성

프로그램 평가에는 여러 가지 목적이 있다. 예산 결정에 영향을 미치기 위해 5수준에서 평가할 때에도 설계와 전달을 개선하는 데 도움이 되는 1수준 데이터가 여전히 필요하다. 높은 수준보다 낮은 수준의 평가가 더 자주 수행되는 이유 중 하나가 바로 이 때문이다. 프로그램을 다양한 수준으로 평가할 수 있는 실행 가능성을 결정하는 다른 요인으로는 프로그램 목표, 데이터 가용성 및 ROI에 대한 적합성이 있다.

프로그램 목표

앞서 설명한 바와 같이 프로그램 목표는 평가의 기초이다. 프로그램 목표는 프로그램의 설계 및 개발을 주도하고 성공을 측정하는 방법을 보여준다. 이들은 프로그램의 목적과 학습 전이 과정의 참가자 성취도와 시스템 지원을 측정하는 방법을 정의한다. 그러나 너무나 자주, 높은 수준의 평가에서 목표와 그에 따라 정의된 측정을 개발하는 데 거의 관심을 갖지 않는 문제가 있다.

데이터의 가용성

고려해야 할 질문은 "목표 달성 여부를 결정하는 데 필요한 정보를 얻을 수 있는가?"이다. 1수준과 2수준의 데이터 가용성은 거의 문제가 되지 않는다. 프로그램 참가자의 의견을 묻거나 테스트하거나 역할극과 연습을 촉진하여 전반적인 지식, 기술 및 통찰력을 평가해 보라. 3수준 데이터는 종종 참가자, 관리자, 동료 및 부하 직원에게 전달된다. 문제는 4수준 데이터의 가용성에 있다. 일반적으로 지표는 정기적으로 모니터링되지만, 문제는 인재개발 팀이 지표에 접근할 수 있는 방법이다. 첫 번째 단계는 데이터가 보관된 위치를 파악한 다음 필요한 데이터에 접근할 수 있도록 지표값 소유자와 파트너 관계를 구축하는 것이다. 간혹, 지표에 대한 정보 제공을 참가자에게 의존하는 것이 최선의 접근 방식일 때도 있다. 그러나 그들이 올바른 대상이 아니라면 어떻게 데이터에 접근할 수 있는가?

프로그램 목표와 데이터 가용성은 ROI를 위한 프로그램 평가의 타당성을 결정하는 핵심 동인이다. 그러나 일부 프로그램은 단지 ROI에 적합하지 않을 수도 있다.

ROI에 대한 적절성

프로그램이 ROI 평가에 적합한지 어떻게 알 수 있는가?에 대해서는 다음 질문이 안내해 줄 것이다.

- 비즈니스 지표 개선에 영향을 미치는 다른 요인은 무엇인가?
- 효과 지표의 개선에 대한 프로그램의 효과를 다른 영향으로부터 어떻게 분리할 수 있는가?
- 비용이 주어지면 효과 지표를 금전적 가치로 변환할 수 있는가? 그렇다면, 그 가치를 신뢰할 수 있는가?
- 프로그램의 개요가 특정 기준을 충족하는가?

처음 두 질문은 ROI 프로세스에서 가장 중요하면서도 가장 오해를 받는 프로그램의 효과분리에 관한 단계이다. 인재개발 전문가들은 때때로 이 단계의 타당성과 적절성에 의문을 제기한다. 그러나 이 단계를 수행하지 않고 프로그램에서 비즈니스 효과나 ROI를 보고하면 유효한 정보가 아니다. 판매 교육 프로그램이 프로그램 비용을 초과해서 충분한 수익을 창출하여 50%의 ROI를 달성했다고 제시하면 조직의 누군가가 "그 수익을 창출한 것이 판매 교육 프로그램이라는 것을 어떻게 알 수 있는가?"라고 질문할 것이다.

프로그램의 효과를 분리하는 다양한 방법은 4장에서 설명하고 있다. 통제집단 방법론이 한 가지 방법이다. 그러나 이 방법이 연구방법의 표준이기는 하지만 실현 가능성이 가장 낮은 경우가 많다. 프로세스에서 이 단계를 수행하지 않으려면 비즈니스 효과나 ROI를 보고하지 말아야 한다. 그렇지 않으면 여러분은 신뢰를 잃게 될 것이다.

다음 질문은 데이터를 금전적 가치로 전환하는 4수준에서 5수준으로 이동하는 데 있어 기본이다. 이 단계를 생략하면 ROI를 보고할 수 없다. 앞서 논의한 바와 같이 ROI는 프로그램의 금전적 이점을 완전히 계산된 비용과 비교하는 경제적 지표이다. 작업 중인 비용 조건을 고려하여 지표값을 금전적 가치로 변환할 수 없거나 신뢰할 수 있는 가치로 인식될 수 없는 경우, 개선 사항을 무형의 가치로 보고할 수 있다(ROI 계산에 포함되지는 않지만 여전히 중요한 혜택이다).

표준 값, 과거 비용, 전문가 의견, 추정 및 이전 연구를 포함하여 효과 지표에 대한 금전적 가치를 계산하는 다양한 방법이 있다(자세한 내용은 5장을 참고). 핵심은 계산된 비용을 고려하여 지표값을 변환하는 것이고 이를 통해 이해 관계자가 가치를 신뢰할 수 있는 것으로 인식하도록 해야 한다.

확인하기

모든 프로그램이 효과 및 ROI 평가에 적합한 것은 아니다. 그러나 이러한 수준으로 평가할 때는 적어도 하나의 방법을 사용하여 프로그램의 효과를 분리하고 데이터를 금전적 가치로 확실하게 변환해야 한다.

ROI로 가는 프로그램의 적합성을 평가할 때 고려해야 할 마지막 질문은 프로그램 개요이다. 특정 기준을 충족하는가? 한 번만 제공되고 다시는 제공되지 않는 저렴한 프로그램은 ROI에 적합하지 않다. 데이터가 가치가 없거나 지속적인 목적에 도움이 되지 않는 프로그램에 대한 포괄적인 평가를 수행하는 데 자원을 투자할 이유는 없다. 기본 기술 형성을 위한 프로그램이 ROI에 항상 적합하지는 않다(예 기본 컴퓨터 기술을 위한 프로그램). 때때로 당신은 참가자들이 어떤 일을 하는 것이 주요 비즈니스 지표에 어떤 영향을 미치는지보다는 어떤 일을 하는 방법을 알고 있다는 것에 더 관심이 많다. 입문 교육 프로그램은 ROI에 적합하지 않다. 특히 참가자가 이제 막 전문 경력을 시작하는 초급 수준의 프로그램인 경우는 더욱 그렇다.

그렇다면 ROI에 적합한 프로그램은 무엇인가? 적합한 프로그램은 다음과 같다.

- 프로그램의 수명이 길 것으로 예상됨
- 조직 전략에 연결
- 조직 목표에 연결
- 비용이 많이 들고 자원, 시간 및 비용이 필요
- 많은 청중을 대상으로 함
- 조직 전체에서 눈에 잘 띔
- 경영진의 관심
- 조직 내에서 중대한 변화를 주도하기 위한 프로그램

<표 2-11>은 ROI 방법론 사용자에 대한 벤치마킹 연구를 기반으로 한 목표를 보여준다. 이러한 목표는 평가 전략을 개발하는 데 지침이 될 수 있다.

표 2-11 각 수준에서 평가되는 프로그램의 비율

	1수준	2수준	3수준	4수준	5수준
목표	90-100%	60-90%	30-40%	10-20%	5-10%

3) 데이터 수집 계획

데이터 수집 계획은 ROI 연구를 위한 초기 기반을 마련한다. 이 계획에는 다음 질문에 대한 답이 포함된다.

- 무엇을 질문할 것인가?
- 어떻게 질문할 것인가?
- 누구에게 질문할 것인가?
- 언제 질문할 것인가?
- 누가 질문할 것인가?

무엇을 질문할 것인가?

이 질문에 대한 답은 프로그램 목표와 그와 관련된 지표에 있다. 구체적인 측정 가능한 목표와 성공 척도는 묻고자 하는 질문의 기초가 된다. 광범위한 목표가 개발되면 성공이 언제 달성되었는지 알 수 있도록 측정 방법을 명확하게 설명해야 한다.

어떻게 질문할 것인가?

질문 방법은 데이터 수집에 사용할 수 있는 자원을 포함하여 다양한 이슈에 따라 다르다. 1수준 데이터는 일반적으로 과정 종료 설문지를 사용하여 수집된다. 2수준 데이터를 수집하려면 테스트, 역할극, 자체 평가, 시연 및 시뮬레이션 또는 동료 및 교수자 평가를 사용해야 한다. 후속 데이터 수집(3수준 및 4수준)은 가장 어려운 작업이다. 그러나 설문지, 포커스 그룹, 인터뷰, 액션플랜 및 성과 모니터링을 포함한 다양한 옵션이 있다. 이러한 옵션은 유연성을 제공하고 제한적인 데이터 수집 방법이 프로그램의 적용 및 효과에 대한 후속 평가에 장애가 되지 않도록 해야 한다.

누구에게 질문할 것인가?

데이터 출처가 중요하다. 당신은 가장 신뢰할 수 있는 출처만 찾을 것이다. 때때로 여기에는 여러 출처가 포함된다. 데이터를 제공하는 출처가 많을수록 데이터의 신뢰성이 높아진다. 유일한 조건은 이러한 여러 출처를 포함하는 비용이다.

언제 질문할 것인가?

데이터 수집 시기는 매우 중요하며 이를 올바르게 설정하는 것은 어려울 수도 있다. 새로운 행동이 일상이 될 때까지 충분히 기다려야 하지만 참가자들이 새로운 행동을 어떻게 발전시켰는지 잊어버릴 정도로 오래 기다려서도 안 된다. 또한 효과가 발생할 때까지 충분히 기다려야 하지만 대부분의 경영진은 오랜 시간을 기꺼이 기다리지 않는다. 따라서 적용 및 효과가 일어났다고 생각하는 시점을 선택해야 한다. 지표 자체와 마찬가지로 시기는 프로그램 목표를 개발하는 동안 조직의 요구에 따라 정의되어야 한다.

누가 질문할 것인가?

데이터 수집 프로세스의 각 단계는 누가 담당할 것인가? 일반적으로 진행자는 1수준과 2수준에서 데이터를 수집한다. 더 높은 수준의 평가를 위해 평가팀 팀장에게 특정 역할이 할당된다. 이러한 역할 중 하나는 데이터 수집이다. 개인 또는 팀은 데이터 수집 도구를 개발하고 관리하는 작업에 할당된다. 여기에는 성공적인 응답률을 보장하기 위한 전략 개발도 포함된다.

<표 2-12>는 완료된 데이터 수집 계획의 예를 보여준다.

4) ROI 분석 계획

두 번째 계획 문서는 ROI 분석 계획으로 다음 사항을 확인해야 한다.

- 프로그램의 효과를 분리하는 방법
- 데이터를 금전적 가치로 변환하는 방법
- 비용의 범주
- 무형의 혜택
- 최종 보고서의 커뮤니케이션 대상
- 적용 중 기타 영향 및 이슈
- 의견

ROI 분석 계획에는 평가 프로세스와 관련하여 작성할 수 있는 주석 또는 메모를 위한 칸도 포함되어 있다.

프로그램의 효과를 분리하는 방법

4수준 측정에 대한 프로그램의 효과를 분리하는 데 사용할 기법을 결정해야 한다. 일반적으로 분리하는 방법은 모든 지표에 대해 동일하지만, 종종 한 가지 기법을 사용할 수 있는 일부 지표가 있는 반면에 다른 지표에서는 다른 기법을 사용해야 하는 경우도 있을 수 있다.

표 2-12 데이터 수집 계획 예시

프로그램: 책임자: 날짜:

수준	프로그램 목표	성공 척도	데이터 수집 방법	데이터 출처	시기	책임
1	반응과 계획된 행동 • 긍정적 반응 • 계획된 행동	• 질, 유용성, 프로그램의 목표 성취에 대한 5점 척도 설문에 적어도 평균 4.0 이상 • 100% 액션플랜을 제출	• 과정종료 설문 • 액션플랜	• 참가자	• 과정 종료 시	• 교수자
2	학습 • 회의의 범위와 비용 파악 • 기본적인 회의 문제와 역학의 장점, 단점, 시사점 파악 • 효과적인 회의 행동 습득	• 비용 가이드라인에 따라 지난 세 회의의 비용을 확인 • 30가지의 긍정적, 부정적 회의 행동 리스트에서 각 행동의 시사점을 정확하게 확인 • 역할연기에서 10개중 8개 이상에서 적절한 반응을 시연	• 회의 개요 • 지필시험 • 기술 연습 관찰	• 참가자	• 과정 시작 시(사전) • 과정 종료 시(사후) • 과정 중	• 교수자
3	적용 및 실행 • 효과적인 회의 행동사용 • 장애요소 • 지원요소	• 회의를 계획하고 실행하는 행위에 대한 보고된 변화 • 장애요소의 수와 유형 • 지원요소의 수와 유형	• 액션플랜 • 설문지 (세 그룹)	• 참가자	• 3개월 후	• 프로그램 담당자
4	효과 • 적은 회의, 짧은 회의, 적은 참가자로 인한 비용절감(월단위 시간절약) • 보다 성공적인 회의를 통한 다양한 비즈니스 결과	• 시간 절약 • 보고된 시간 절약, 비용 절감, 성과 향상, 품질 개선, 프로젝트 처리	• 설문지 (세 그룹)	• 참가자	• 3개월 후	• 프로그램 담당자
5	ROI • 최소한 25%의 ROI를 목표	**의견:**				

데이터를 금전적 가치로 변환하는 방법

다음으로 4수준 측정값을 금전적 가치로 변환하는 데 사용할 방법을 결정한다. 어떤 경우에는 측정값을 금전적 가치로 변환하지 않도록 선택할 수 있다. 이 경우 공백으로 두면 된다. 그렇지 않으면 5장에 설명된 기법을 선택하면 된다.

비용 범주

이 섹션에는 프로그램에 대한 모든 비용이 포함된다. 이러한 비용에는 요구 사정, 프로그램 설계 및 개발, 프로그램 전달, 평가 비용 및 프로그램을 지원하는 사람과 프로세스에 대한 간접비 및 관리 비용에 해당하는 일부 금액이 포함된다. 각 비용 범주는 ROI 분석 계획에 나열된다.

무형의 혜택

모든 측정이 금전적 가치로 전환되는 것은 아니다. 5장에는 변환할 지표값과 변환하지 않을 지표값을 결정하는 데 도움이 되는 네 부분으로 구성된 테스트가 있다. 금전적 가치로 전환하지 않기로 선택한 지표는 무형의 혜택으로 간주된다. 금전적 가치로 변환하지 않는 4수준 측정값을 이 칸으로 이동시킨다.

최종 보고서의 커뮤니케이션 대상

대부분의 경우 조직은 커뮤니케이션 대상을 자세히 계획한다. 평가 계획 단계에서 최소한 최종 보고서를 제출할 대상을 확인해야 한다. 참가자, 인재개발 직원, 참가자의 관리자, 의뢰인 등 4명의 주요 대상이 항상 보고서의 사본 또는 요약을 받는다.

적용 중 기타 영향 및 문제

계획할 때 교육 과정 중에 발생할 수 있는 효과 측정에 부정적인 영향을 미치거나 영향을 미치지 않을 수 있는 문제를 예상하는 것이 중요하다. 계획양식의 이 부분을 사용하여 예상되는 문제를 나열할 수도 있다.

의견

ROI 분석 계획의 마지막 요소는 의견이다. 여기에 주요 문제, 프로그램의 잠재적인 성공 또는 실패에 대한 의견, 평가팀에서 수행할 특정 작업에 대한 알림 등을 자신과 평가팀에 상기시키는 메모를 넣을 수 있다.

ROI 분석을 위한 데이터 수집 계획의 중요성은 아무리 강조해도 지나치지 않다. 질문할 내용, 질문할 방법, 질문할 사람, 질문할 시기, 질문을 수행할 사람과 ROI 분석의 주요 단계를 자세히 계획하면 성공적인 실행을 보장하는 데 도움이 된다. 또한 의뢰자가 계획에 서명하도록 하면 평가 결과가 제시될 때 지원이 보장된다.

<표 2-13>은 ROI 분석계획의 예를 보여준다.

5. 마무리

이제 시작할 시간이다. 이 책에서 더 나아가기 전에 ROI에 적합한 프로그램을 선택하라. 이것이 첫 번째 ROI 연구인 경우, 성공할 것이라고 확신하는 프로그램을 선택하는 것이 좋다. 첫 번째 연구의 성공은 다음 연구에 대한 인센티브이다. 프로그램을 확인했으면 [연습 2-1]에 제시된 질문에 답해 보라. 다음 장에서는 데이터 수집 방법을 배우고 데이터 수집 계획을 만들기 시작한다(<표 2-14>).

표 2-13 ROI 분석 계획 예시

프로그램: 효과적인 회의 책임자: 날짜:

데이터 목록 (통상 4수준)	프로그램의 효과 분리 방법	데이터를 금전적 가치로 전환하는 방법	비용 범주	무형의 혜택	최종보고서의 커뮤니케이션 대상	적용 중 기타 이슈	비고
• 시간 절약 • 기타 경영 지표	• 참가자의 추정 • 참가자의 추정	• 시간당 인건비 및 이익 • 참가자의 추정 (가능할 경우 표준 가치 적용)	• 요구분석을 위한 비용 • 참가자당 프로그램 비용 • 출장비, 숙식비 • 연수시설 • 참가자의 급여 및 근무시간 제외 비용 • 평가 비용	• 타 항목에서 계상되지 않는 개인별 생산성 향상 • 스트레스 감소 • 계획과 일정 관리 개선 • 회의 몰입	• 경영단위 부서장 • 고위 간부 • 참가자의 관리자 • 참가자 • 인력개발부서원	• 참가자는 측정을 하는 필요성을 인식해야 함. • 프로그램 중에 참가자에게 후속 절차에 대해 설명하여야 함. • 세 집단이 측정될 예정임. • 참가자는 시간절약에 따라 얻어진 생산성을 보고해야 함.	• 참가자는 보다 효과적으로 수행된 회의의 결과로 인한 구체적인 향상을 확인할 것임.

연습

2-1 데이터 수집에 대해 생각을 시작하는 질문

프로그램:

평가팀:

예상되는 완료 시점:

1. 이 프로그램에 대한 ROI 평가를 수행하는 목적은 무엇인가?

2. 각 평가수준에서 광범위한 프로그램 목표는 무엇인가?
   1수준:
   2수준:
   3수준:
   4수준:
   5수준:

3. 각각의 목표에 대한 성공을 확인할 수 있는 지표는 무엇인가?
   1수준:
   2수준:
   3수준:
   4수준:
   5수준:

질문 2와 3에 대한 응답을 데이터 수집 계획의 첫 번째와 두 번째 열에 옮겨 보세요.(〈표 2-14〉)

표 2-14 데이터 수집 계획

프로그램: 책임자: 날짜:

수준	프로그램 목표	성공 지표	데이터 수집 방법	데이터 출처	시기	책임
1						
2						
3						
4						
5	ROI	비고				

CHAPTER

03

데이터 수집

이 장의 내용

CHAPTER

03

데이터 수집

이 장의 내용

이 장은 ROI 분석을 위한 데이터 수집에 관한 기본 사항을 설명한다.

구체적으로 이 장에서는 다음의 내용을 다룬다.

- 데이터 수집 방법 선택
- 데이터 출처 정의
- 데이터 수집 시기 결정

1. 데이터 수집 방법 선택

프로그램 실행 중에 진행되는 평가는 프로그램의 콘텐츠가 교육 대상에게 중요한지를 알려준다. 프로그램 후 평가는 참가자가 프로그램에서 배운 내용을 적용하고, 시스템이 참가자가 적용할 수 있도록 지원하며, 효과 지표가 개선되는 방식으로 콘텐츠가 유지되는지에 대한 통찰력을 제공한다.

1) 프로그램 종료 시 데이터 수집 방법

적시에 적절한 출처로부터 적합한 데이터를 수집할 수 있도록 도와주는 다양한 데이터 수집 기법이 있다. 가장 자주 사용되는 데이터 수집 방식은 1수준: 반응 및 계획된 행동 데이터를 수집하는 다음과 관련된 질문에 답하는 과정 종료 설문지이다.

- 업무와 프로그램의 관련성
- 업무에 대한 프로그램의 중요성
- 학습한 지식과 기술을 사용하려는 참가자의 의도
- 프로그램을 통해 제공되는 새로운 정보의 양
- 프로그램을 다른 사람에게 기꺼이 추천하고자 하는 참가자 의지

과정 종료 설문지는 참가자가 인재개발 프로그램에서 배운 내용의 사용 가능성과 이러한 잠재적인 사용이 조직에 미칠 효과에 대해 생각하도록 자극할 수 있다. 과정 종료 설문지의 예시는 <표 3-1>에 제시되어 있다.

표 3-1 프로그램 종료 설문지

조직의 변화 주도

'조직변화주도' 과정에 참여해 주셔서 감사합니다. 이 설문지는 이 과정을 개선할 방법에 대한 피드백을 받기 위함입니다.
프로그램에 대한 여러분의 생각과 프로그램 중에 배운 기술의 사용 가능성에 관한 다음 질문에 답해주십시오. 또한, 이 프로그램에서 배운 기술의 적용이 귀하의 역할에서 중요한 비즈니스 지표에 어떤 영향을 미칠 것으로 생각하는지 알려주시기 바랍니다.

본 설문 결과에 대한 요약은 6월 6일에 제공됩니다.

프로그램의 퍼실리테이션에 대한 만족도		매우 아니다				매우 그렇다
		1	2	3	4	5
1.	강사는 해당 주제에 대한 지식이 풍부하다.					
2.	강사는 강의에 대해 준비되어 있었다.					
3.	참가자는 토론에 참여하도록 독려되었다.					
4.	강사는 참가자의 질문에 잘 응답하였다.					
5.	강사는 참가자들이 적극적으로 참여하도록 열정적으로 독려하였다.					
6.	강사는 프로그램에서 배운 지식과 기술을 내가 어떻게 활용할 수 있을지를 다루었다					

프로그램의 내용에 대한 만족도		매우 아니다				매우 그렇다
		1	2	3	4	5
7.	프로그램의 내용은 나의 현재 직무와 관련 있다.					
8.	프로그램의 내용은 나의 현재 직무에 중요하다.					
9.	프로그램의 자료는 논리적으로 구성되었다.					
10.	연습과 예제는 자료를 이해하는 데 도움이 되었다.					
11.	프로그램의 내용은 새로운 정보를 제공하였다.					
12.	나는 이 프로그램에서 배운 것을 사용할 생각이다.					

프로그램에서 새롭게 습득한 지식과 기술		매우 아니다				매우 그렇다
		1	2	3	4	5
13.	나는 이 프로그램에서 새로운 지식과 기술을 배웠다.					

<table>
<tr><td>14.</td><td>나는 이 프로그램에서 배운 지식과 기술을 효과적으로 적용할 수 있다고 생각한다.</td><td></td><td></td><td></td><td></td><td></td></tr>
<tr><td colspan="2" rowspan="2">지식과 기술의 적용 기대</td><td colspan="2">매우
아니다</td><td></td><td colspan="2">매우
그렇다</td></tr>
<tr><td>1</td><td>2</td><td>3</td><td>4</td><td>5</td></tr>
<tr><td>15.</td><td>나는 이 프로그램에서 배운 것을 효과적으로 적용할 것이다.</td><td></td><td></td><td></td><td></td><td></td></tr>
<tr><td>16.</td><td colspan="6">이 프로그램에서 제공한 지식과 기술은 귀하의 전체 업무 중 몇% 정도에서 필요합니까?
□ 0% □ 10% □ 20% □ 30% □ 40% □ 50% □ 60% □ 70%
□ 80% □ 90% □ 100%</td></tr>
<tr><td>17.</td><td colspan="6">이 프로그램의 내용을 적용하는 것은 직무를 성공적으로 수행하는 데 어느 정도 중요합니까?
□ 0% □ 10% □ 20% □ 30% □ 40% □ 50% □ 60% □ 70%
□ 80% □ 90% □ 100%</td></tr>
<tr><td>18.</td><td colspan="6">이 프로그램에서 새롭게 배운 지식과 기술의 어느 정도를 귀하의 업무에 직접 적용할 수 있다고 생각하십니까?
□ 0% □ 10% □ 20% □ 30% □ 40% □ 50% □ 60% □ 70%
□ 80% □ 90% □ 100%</td></tr>
<tr><td>19.</td><td colspan="6">이 프로그램에서 배운 지식과 기술의 적용을 방해하는 잠재적 장애는 무엇입니까?</td></tr>
<tr><td>20.</td><td colspan="6">이 프로그램에서 배운 지식과 기술의 적용을 지원할 것으로 예상되는 것은 무엇입니까?</td></tr>
</table>

	프로그램에서 배운 것이 조직에 미치는 영향					
21.	이 프로그램에서 배운 지식과 기술을 적용한 결과로 다음의 지표들이 어느 정도 개선될 것이라 생각합니까?					
		전혀				완전히
		1	2	3	4	5
	생산성					
	매출					
	품질					
	비용					
	시간					
	직무 만족도					
	고객 만족도					

1수준 데이터에는 계획된 행동도 포함되기 때문에 액션플랜을 사용하여 참가자가 실행하려는 구체적인 행동에 대한 정보를 수집할 수 있다. 그러나 이 액션플랜을 사후 데이터 수집에 사용되는 계획과 혼동하지는 말아야 한다. 1수준 액션플랜에서는 참가자가 계획된 행동과 완료 일정을 나열해야 하지만, 그렇다고 사후 점검의 의도가 반드시 있는 것은 아니다. <표 3-2>에 예시가 나와 있다.

표 3-2 액션플랜

<table>
<tr><td>이름:</td><td colspan="2">날짜:</td></tr>
<tr><td>과정명:</td><td colspan="2">강사:</td></tr>
<tr><th colspan="2">계획된 행동</th><th>완료 일자</th></tr>
<tr><td colspan="2">1.</td><td></td></tr>
<tr><td colspan="2">2.</td><td></td></tr>
<tr><td colspan="2">3.</td><td></td></tr>
<tr><td colspan="2">4.</td><td></td></tr>
<tr><td colspan="2">5.</td><td></td></tr>
</table>

2수준에서는 학습이 발생했는지 확인하기 위한 데이터 수집에 다양한 방법이 사용된다. 2수준에서 답해야 하는 기본 질문은 다음과 같다.

- 새로운 지식과 기술의 습득
- 지식과 기술의 향상
- 지식과 기술을 적용할 수 있는 자신감

간혹 시험이 지식과 기술의 습득을 측정하는 유일한 방법이라고 가정하지만, 다음과 같이 이 정보를 수집하는 다른 많은 방법이 있다.

- 필기 시험 및 실습
- 규준 참조 시험
- 수행 시연

- 수행 관찰
- 사례 연구
- 시뮬레이션
- 동료 평가
- 자기 평가
- 기술 및 자신감 형성 실습

이러한 낮은 수준의 평가는 테크놀로지 활용 학습을 통해 더 쉽게 통합적인 데이터 수집이 가능해졌다. 예를 들어, 질문과 연습을 모바일 모듈에 구축함으로써 참가자는 프로그램의 일부로 원활하게 응답할 수 있다. 간단한 온라인 투표 도구는 데이터 수집을 인재개발 프로그램에 직접 통합하는 데 효과적이다. 프로그램 전체에서 콘텐츠의 유용성에 대해 질문하고 이러한 데이터를 실시간으로 수집함으로써 진행자는 문제를 해결하고 프로그램을 개선할 수 있다. 또한 게임은 실시간 이해도 확인과 수업 중 심층적인 피드백을 받을 수있는 기회를 제공한다.

사용 가능한 도구를 고려할 때 프로그램 실행 중 데이터 수집을 통합하는 것은 비교적 쉬운 일이다. 실제 데이터 수집의 어려움은 프로그램 실행 이후에 사람들이 배운 내용을 적용하고 있는지 그리고 효과 지표가 얼마나 개선되고 있는지를 알고 싶을 때에 있다.

2) 프로그램 후 데이터 수집 방법

프로그램 후 데이터는 3, 4, 5수준으로 분류된 성공 지표를 나타낸다. 3수준 후속 데이터는 참가자가 과정에서 배운 지식과 기술을 적용하는 정도를 나타낸다. 기본적으로 이 수준의 데이터는 참가자의 다음과 관련된 문제에 답한다.

- 지식과 기술을 적용하는 효과
- 지식과 기술을 적용하는 빈도
- 지식과 기술 적용에 대한 장애
- 지식과 기술의 적용을 지원하는 조력

또한, 3수준 데이터에는 특정 프로그램 참가자가 실제로 프로그램의 내용을 얼마나 사용하는지와 그러한 적용이 현재 직무에 얼마나 중요한지가 포함될 수 있다.

4수준에서 수집된 데이터는 참가자가 지식과 기술을 적용한 결과를 다루는 후속 데이터이다. 이러한 데이터는 산출물, 품질, 비용, 시간, 직무 만족도, 고객 만족도, 작업 습관 및 태도 지표를 통해 프로그램의 결과를 보고하는 데 사용된다.

이 평가 수준에서 이루어져야 할 중요한 단계는 효과 지표의 개선에 대한 프로그램의 효과를 다른 영향 요인으로부터 분리하는 것이다. 이 주제에 대해서는 4장에서 자세하게 다루었다. 5수준에서는 효과 지표 개선을 위한 금전적 가치와 프로그램의 비용이 수집되고 비교된다. 효과 지표 개선을 위한 금전적 가치는 표준값, 과거 비용, 내부 및 외부 전문가, 데이터베이스 및 수학적 모델링을 사용하여 찾을 수 있을 뿐만 아니라 신뢰할 수 있는 출처의 추정치를 사용하여 주관적인 방식으로도 찾을 수 있다. 비용 데이터는 조직 기록, 공급 업체 기록, 인재개발 직원이나 참가자로부터 파생된다. <표

3-3>은 후속 데이터 수집 기법을 요약한 것이다.

ROI 평가를 위해 가장 자주 사용되는 데이터 수집 방법은 설문지, 인터뷰, 포커스 그룹, 액션플랜 및 수행기록이다.

표 3-3 후속 데이터 수집 방법

방법	3수준	4수준	5수준
설문조사	✓		
설문지	✓	✓	
인터뷰	✓		
포커스 그룹	✓		
프로그램 과제	✓		
액션플랜	✓	✓	
수행 계약	✓	✓	
후속 프로그램 세션	✓	✓	
수행 모니터링	✓	✓	
금전적 가치			✓
비용 데이터			✓

설문지

설문지는 ROI 평가를 수행할 때 가장 자주 사용되는 데이터 수집 방법이다. 설문지는 저렴하고 관리가 쉽고, 길이에 따라 응답자의 시간을 많이 요구하지 않는다. 설문지는 우편, 사내 메일 및 이메일을 통해 보내거나 인트라넷 사이트에 게시하거나 전자 설문 조사 도구를 통해 온라인으로 배포할 수 있다.

또한, 설문지는 수집할 수 있는 데이터의 유형이 다양하다. 예를 들어, 참가자의 인구 통계, 프로그램에 대한 태도, 프로그램 중에 얻은 지식 또는 참가자가 해당 지식을 적용한 방법에 대한 데이터를 수집할 수 있다. 설문지에서 응답자에게 특정 지표가 얼마나 가치가 있는지도 물어볼 수 있다. 참가자는 설문지를 통해 지표가 얼마나 개선되었는지 알려 줄 수 있고, 주어진 지표의 개선에 영향을 준 다른 변수를 확인해 줄 수도 있으며, 해당 변수의 영향 정도도 말해 줄 수 있다.

설문은 개방형, 폐쇄형 또는 선택형일 수 있고, 참가자에게 다양한 형식에서 다중 응답 또는 하나의 응답을 선택하도록 요청할 수 있다. Likert 척도 설문은 비교 척도 및 선형 척도와 함께 빈도 척도, 서열 척도 및 쌍대비교 척도와 마찬가지로 후속 설문에서 매우 일반적이다. 참가자들에게 프로그램에 대한 태도를 강화하기 위해 간혹 설문지에서 형용사를 사용한 체크리스트를 사용하기도 한다.

설문지는 매우 길 수도 있고 여러 질문을 할 수도 있지만 가장 좋은 설문지는 간결해야 한다. 필요한 데이터를 수집할 수 있는 질문만을 반영해야 하지만, 그렇다고 간결성을 위해 철저함을 희생해서는 안 된다. 프로그램에 대해 말하고 싶은 이야기를 전개하는 데 필요한 모든 문제를 다루어야 한다. 반면에, 철저함이 모든 가능한 질문을 하는 것을 의미하지는 않는다. <표 3-4>는 코칭 프로그램 실행 후 4수준 데이터 수집에 초점을 맞춘 간단한 설문지이다. 이 간단한 설문지는 프로그램의 영향을 이해하고 참가자가 프로그램의 효과를 분리하고 데이터를 금전적 가치로 변환하기 위한 정보를 제공하는 데 사용될 때 매우 효과적이다.

표 3-4 4수준 데이터 수집을 위한 도구 예시

코칭 설문지

1. 코칭이 다음의 지표에 어느 정도 긍정적인 영향을 미쳤다고 생각하십니까?

	중대한 영향				전혀	
	1	2	3	4	5	N/A
생산성						
매출						
품질						
비용						
효율성						
시간						
직원 만족도						
고객 만족도						

2. 코칭이 긍정적인 영향을 미친 다른 지표가 있습니까?

3. 위에 제시된 지표 중 지표의 개선이 코칭의 영향과 직접적인 관련이 있는 지표는?(하나만 선택)

❑생산성 ❑직원 만족도 ❑매출 ❑품질
❑비용 ❑고객 만족도 ❑효율성 ❑시간

4. 3번에서 선택한 지표와 측정의 단위를 정의하시오.

5. 프로그램에 참가한 이후 3, 4번에서 선택한 지표가 얼마나 향상되었습니까?

코칭 설문지	
6.	이 개선에 기여한 다른 프로그램, 절차, 행사 등이 있습니까?
7.	이 개선에 다른 요인의 영향을 고려해서 코칭이 개선에 직접적으로 영향을 미친 비율을 추정하시오.
8.	이 지표의 한 단위에 대한 개선의 금전적 가치는 얼마입니까?(어렵겠지만 값을 추정하기 위해 최선을 다하십시오)
9.	위에 언급한 개선의 예상 가치에 대한 근거를 기술하시오.
10.	위에서 선택한 지표 개선의 연간 가치는 얼마입니까?
11.	이전 질문에서 제시한 추정치를 어느 정도 확신하십니까?(0%는 확신이 없는 경우이고, 100%는 완전히 확신하는 경우입니다.)

확인하기

테크놀로지를 통해 그 어느 때보다 쉬워진 방식으로 질문을 할 수 있게 되었고, 결과적으로 분석도 쉬워졌다. 예를 들어, 금전적 가치에 대한 질문을 하고 간단하게 계산할 수 있어서 응답자나 인재개발 전문가가 수학에 대해 걱정할 필요는 없어졌다. Qualtrics.com은 설문 조사 개발자와 응답자에게 향상된 설문 조사 경험을 제공하는 도구 중 하나이다.

인터뷰

인터뷰는 이슈에 대한 심층 분석을 위한 가장 이상적인 데이터 수집 방법으로 설문지, 액션플랜 또는 포커스 그룹보다 더 정확한 데이터를 얻을 수 있다. 인터뷰는 직접 또는 전화로 진행될 수도 있고, 웹 및 화상 회의 플랫폼과 같은 온라인 도구를 사용하면 접촉하기 어려운 대상이 인터뷰 프로세스에 더 쉽게 참여할 수도 있다.

대면 인터뷰(동일한 실제 공간에서 또는 가상 플랫폼을 통해 수행되는 인터뷰)는 설문지와 같은 자기보고식 도구보다 유리하다. 첫 번째 이유는 인터뷰를 진행하는 사람이 질문과 응답 옵션을 명확히 하는 데 도움이 될 수 있는 응답 항목을 보여줄 수 있기 때문이다. 또한, 인터뷰를 수행하는 사람은 응답자가 질문에 불편함, 시간 약속 때문에 불안해하거나 인터뷰 과정에 관심이 없음을 나타낼 수 있는 신체 언어를 관찰할 수 있다. 무관심한 응답자가 단순히 설문지를 버리거나 삭제 키를 누를 수 있는 종이 또는 이메일 설문의 상황과 달리, 평가자는 응답자가 참여하도록 동기를 부여하기 위해 전략을 변경할 수 있다.

인터뷰는 평가자가 복잡한 질문을 해야 하거나 응답 선택 목록이 너무 길어서 설문 조사를 하면 혼란스러울 때 사용된다. 인터뷰 과정을 통해 수집된 정보가 기밀로 간주되거나 응답자가 종이(또는 전자적) 또는 전화로 정보를 제공하는 데 불편함을 느낄 때 대면 인터뷰가 진행되고, 자세한 내용을 조사해야 할 때도 유용하다.

인터뷰는 구조화되거나 구조화되지 않을 수 있다. 구조화된 인터뷰는 평가자와 응답자 사이에 대면 관계가 있다는 점을 제외하면 설문지와 똑같이 작동한다. 응답자는 응답에 대해 자세히 설명할 기회가 있으며 평가자는 설명을 듣기 위해 후속 질문을 할 수 있다. 구조화되지 않은 인터뷰를 통해서는 평가자와 응답자 간 깊이 있는 대화를 나눌 수 있다.

온라인 플랫폼을 사용하는 가상 인터뷰는 인터뷰 장소로 이동하는 비용 없이 대면 인터뷰를 가능하게 해 준다. 이 기술에 익숙하지 않은 사람들도 있지만, 출장 비용의 절감 외에도 많은 이점이 있다. 가상 대면 인터뷰를 통해 인터뷰 대상자와 면담자는 기존 환경에서 하듯이 상호 작용할 수 있고, 면담자는 사무실이 아닌 실제 인터뷰 장소에 있을 때 접속할 수 없는 사진, 웹사이트 및 문서를 공유할 수도 있다. 객관적인 답변을 제공하기 위해 테이블에 오디오 녹음기나 휴대 기기를 두는 것은 인터뷰 대상자에게 큰 부담이 될 수 있다. 가상 플랫폼을 사용하면 인터뷰를 훨씬 쉽게 녹화할 수 있어서 인터뷰 대상자의 부담을 덜어 줄 수 있다.

전화 인터뷰는 장소를 이동하지 않아도 돼서 더 편리한 점이 있다. 일부 응답자는 전화 통화를 선호하며 인터뷰 질문은 전화 통화 전에 이메일로 보낼 수도 있다. 전화 인터뷰는 대면 인터뷰만큼 개인적 관계를 맺기가 어렵고 면담자가 문제를 명확히 하기 위해 특정 이슈들을 응답자에게 제시하거나 언급할 수 없는 단점이 있다.

인터뷰는 좋은 데이터를 제공하지만, 비용이 많이 들 수 있다. 데이터 수집 계획 시 적절한 양의 데이터를 수집하기 위해 실시해야 하는 인터뷰 수를 고려하는 것이 중요하다. 대부분의 경우 인터뷰는 참가자의 데이터를 보완하기 위해 참가자의 임원 또는 감독자와만 수행된다. 때때로 이러한 인터뷰는 참가자에게서는 얻을 수 없는 새로운 데이터를 수집할 수 있는 기회가 된다. 또한 인터뷰의 목적은 설문지와 같은 도구의 이점인 정보 수집을 넓게 하는 것이 아니라 깊이 있게 정보를 수집하는 것이다. 즉, 인터뷰할 대상의 수를 줄여야 한다.

인터뷰 일정을 정하는 것은 어려운 일이 될 수 있으며, 특히 경영진의 비서진을 통해 인터뷰 일정을 정하는 것은 훨씬 더 큰 도전이 될 수 있다. 가능하다면 프로그램의 비용과 평가에 지출하고자 하는 비용에 따라 전문 면접관을 고용하는 것도 고려해 볼 필요가 있다. 최소한 면접 기술에 대한 과정이나 훈련을 이수하는 것이 좋다. 4수준 측정, 효과 분리 및 데이터 변환과 관련된 질문과 같이 질문이 쉽지 않은 경우 인터뷰 프로세스가 상당히 어려울 수 있다.

또한, 조직 내에서 제공하는 프로그램을 평가하는 경우 인터뷰 대상은 조직 내에서 일하는 다른 사람이다. 이 경우, 면담자는 객관적인 데이터를 제시하는 것을 꺼릴 수 있다. 또한, 필요에 따라 불편한 질문을 하거나 세부적으로 깊이 있게 물어보는 것을 방해할 수도 있다. 일반적으로 외부 면접관은 이러한 방해 요소를 완화할 수 있다.

포커스 그룹

포커스 그룹은 그룹 내의 담화가 중요할 때 여러 사람으로부터 중요한 정보를 얻을 수 있는 좋은 방법이다. 포커스 그룹은 참가자가 다루어야 할 주제가 중요할 때 가장 잘 작동한다. 수준 높은 포커스 그룹과 질문을 통해 듣고 싶은 주제를 정확히 다루는 토론이 이루어진다. 그러나 성공적인 포커스 그룹의 핵심은 포커스 그룹의 논의를 해당 주제에 유지시키는 것이다. 포커스 그룹은 그룹 토론에 사용되지만, 프로토콜 설계 시 구체적인 계획이 필요하다. 포커스 그룹에서 발생하는 대화는 주요 관심사에 초점을 맞춘 대화로 구성된다. <표 3-5>는 비상 대응 지원 프로그램의 평가를 위해 3수준 데이터를 수집하는 데 사용되는 포커스 그룹 프로토콜의 예시이다.

확인하기

인터뷰 및 포커스 그룹과 같은 질적 방법을 사용하여 데이터를 수집하는 것은 훌륭한 아이디어이지만 실제 기대치에 미치지 못하는 경우가 많다. 두 가지 과제가 있다. 첫 번째 과제는 인터뷰 및 포커스 그룹 응답을 기록하는 것이고, 두 번째는 데이터에서 의미를 만드는 것이다. 외부 전문가, 머신 러닝 및 인공지능(AI)을 통해 담당자는 이전보다 두 가지 문제를 더 쉽게 해결할 수 있게 되었고, 평가자는 가치있는 질적 데이터를 활용할 수 있게 되었다.

표 3-5 비상 대응 지원 프로그램의 평가를 위한 포커스 그룹 프로토콜

포커스 그룹 퍼실리테이터 프로토콜
목적 이 포커스 그룹은 프로그램에서 습득한 지식과 기술이 어떻게 적용되었는지에 대한 이해를 돕기 위한 것이다(3수준). 포커스 그룹에서 적용의 효과, 적용의 빈도, 적용에 대한 장애 및 조력자를 확인하고자 한다.
할 일 • 여유시간을 가져라. • 토의장을 준비하기 위해 조금 일찍 도착하라. • 담당자와 인사를 나누고, 목적과 절차에 대해 재강조하라. • 토의장의 책상과 의자를 U자 형태로 배치해서 참가자가 서로 볼 수 있도록 하고, 여러분도 참가자의 일부가 되도록 하라. • 각 좌석에 참석자의 이름표를 배치하라. • 참가자가 도착하면, 자신을 소개하고, 간단한 다과를 제공하면서 가벼운 대화를 나눈다. • 여러분이 질문을 하면 동료가 응답을 받아 적을 수 있도록 하되, 모든 단어를 기록하려고 할 필요는 없다. 핵심 이슈에 집중하고 의미있는 문장을 인용하라. 중요한

포인트를 만들고 지식과 기술의 적용을 강조하라.

- 필요한 정보를 모으고 나면, 모두에게 감사를 표하고, 토의장을 정리하고 담당자에게 감사를 표한 후 마친다.
- 동료와 포커스 그룹을 요약할 수 있는 적절한 장소를 찾아서 메모된 내용을 명확히 하라. 분명히 무언가를 잊을 수 있기 때문에 즉시 하라.
- 사무실로 돌아와서 데이터를 분석하라.

가지고 갈 것

- 길 안내
- 담당자의 전화번호
- 참석자용 이름표. 이름표 구석에 번호 기재. 참석자가 이름표에 이름을 쓰도록 해서 토의 시에는 이름을 사용하고, 메모는 번호를 사용하여 기록.
- 간단하지만 정성스러운 다과-사람들은 음식에 반응하고, 긴장을 풀어준다.
- 플립차트
- 이름표와 플립차트를 위한 마커펜
- 참가자용 메모지
- 우산

복장

여러분은 편안한 분위기를 조성해야 하므로 넥타이와 정장구두는 필요하지 않지만, 전문적으로 보이도록 하라. 청바지와 운동화는 지양. 비즈니스 캐주얼.

할 말

목적은 참가자가 교육을 통해 배운 것을 어떻게 적용하고 있는지를 알아내는 것이다. 정시에 시작하고, 계획된 시간을 초과해서는 안된다.

- 모두에게 참석에 대한 감사 인사하기
- 본인과 동료 소개하기. 본인이 프로그램의 평가 연구를 수행하고 있는 팀의 일원이라고 소개. 이 연구에 참가자들의 의견이 중요하다는 점을 강조. 이 연구의 결과는 교육 프로그램을 개선하고 다른 프로그램의 개발에 활용될 것임을 설명
- 포커스 그룹의 목적을 공유
- 포커스 그룹의 절차와 참가자의 의견에 대한 철저한 비밀보호를 설명
- 참가자들에게 이름표에 이름을 쓰도록 안내. 이름표에 적힌 번호는 기록을 위한 것으로 이름은 기록되지 않는다는 점을 설명. 포커스 그룹이 끝나면 본인과 동료가 기록한 것을 모으고, 이후에 참가자들의 모든 기록이 합쳐질 것이라고 설명
  또한 포커스 그룹에서 기록된 내용은 이미 응답했을 수 있는 설문의 보충자료로 활용된다는 점을 설명
- 1번 참가자와 첫 번째 질문을 시작

질문

모든 참가자가 하나의 질문에 모두 응답한 이후에 다음 질문으로 진행하여 모든 참가자가 다른 참가자가 말하는 것을 듣고 자신의 응답에 반영할 수 있도록 한다. 각자가 생각하고 있는 것을 알아내는 것이 필요.

- 이제 비상 대응 업무에 대해 배운 내용을 적용할 기회가 생겼습니다. 이러한 업무를 얼마나 효과적으로 수행할 수 있었습니까?
- 직무를 수행하는데 방해가 되는 특정 장애는 무엇입니까?
- 여러분의 노력을 뒷받침해주는 것은 무엇입니까?

포커스 그룹 메모 양식

질문:

메모	주목할 언급

일자: 페이지 /

장소:

진행자:

액션플랜

경우에 따라서 액션플랜은 인재개발 프로그램에 통합되어 참가자들이 프로그램을 떠나가기 전에 끝내도록 한다. 액션플랜은 3수준: 적용과 실행 및 4수준: 효과 데이터를 수집하는 데 사용된다. 또한 지표값의 금전적 가치를 수집하고 보다 탄탄한 접근 방식이 불가능할 때 프로그램 효과를 분리하는 데 사용할 수도 있다.

액션플랜은 프로그램 중에 작성된다. 1수준: 반응과 계획된 행동의 관점에서 작성되면 참가자에게 학습내용을 실행에 옮기는 로드맵을 제공한다. 프로그램 후 언젠가는 행동이 실제로 발생했는지 확인하기 위해 액션플랜을 검토하여 3수준: 적용과 실행 데이터를 생성한다. 그러나 액션플랜을 도구로 사용하여 4수준: 효과 데이터를 수집하려면 더 많은 노력이 필요하다.

<표 3-6>은 3수준 및 4수준 데이터를 수집하는 데 사용되는 액션플랜이다. A영역에서 참가자는 이름, 목표, 평가 기간, 개선 지표, 현재 성과 및 목표 성과를 작성한다. 프로그램 참가 이전에 이러한 지표를 확인하는 것은 신뢰할 수 있는 후속 데이터를 확보하기 위한 중요한 단계이다. 프로그램이 진행되는 동안 참가자는 수행할 특정 단계, 해당 단계의 최종 결과 및 예상되는 무형의 혜택을 포함하여 B와 C영역을 작성한다. 참가자는 E영역의 질문 1, 2 및 3을 프로그램에 참가하기 전에 완성한다.

평가 기간이 종료된 후 참가자는 E영역의 질문 4, 5, 6, 7을 작성한다. 질문 4에서 참가자는 평가 기간의 마지막 달 동안 해당 지표값이 교육 전 평균과 비교하여 실제로 얼마나 변경되었는지 답하게 된다. 참가자는 이 변화의 근거도 설명해야 한다. 모든 개선 및 금전적 이익에 대한 주장을 뒷받침하여 참가자가 제공하는 모든 추정치의 신뢰성을 보장하는 것이 중요하다. 그런 다음 질문 5, 6, 7을 완료한다. 이러한 질문은 프로그램이 지표 개선에 기여한 것에 대한 참가자의 인식을 의미한다. 프로그램의 효과를 분리하는 이상적인 접근 방식은 아니지만 개선이 전적으로 프로그램의 효과라고 인정하는 것보다는 더 신뢰할 수 있는 스토리로 연결된다(프로그램의 효과를 분리하는 방법에 대한 자세한 내용은 4장을 참조). F영역은 스토리를 마무리하는 실제 무형 이익에 대한 정보를 제공하여 이해관계자에게 정량적, 질적, 재무적 및 비재무적 데이터를 포함한 여러 관점에서 성공에 대한 관점을 제공한다.

표 3-6 3수준 및 4수준을 위한 액션플랜 예시

PART Ⅰ. 리더십 101 훈련 프로그램에 대한 액션플랜 SAMPLE

A

성명: **교수자 서명:** **후속 조치일:**

목표: 젤 폐기물 제거 **평가 기간:**

개선 지표: 품질 **현재 수준:** 8,000kg/월 **목표 수준:** 80%수준까지 감소

B

구체적인 과정: 다음을 실행하겠다	최종 결과: 결과적으로
1. 매일 젤라틴 과정에서 보다 적극적인 역할을 수행하여 정량의 젤라틴 제조 및 처리제어를 보장한다. 2. 감독자 및 기술자에게 젤라틴의 가치를 알리고 폐기물에 대해 인식하도록 한다. 3. 젤라틴 이슈가 문제가 되기 전에 사전에 대처한다. 4. 가동 중단 시간을 줄이고 남는 배치가 없도록 하기 위해 모든 교대조에서 캡슐화 공정을 지속적으로 모니터링한다. 5. 기계 운영자를 포함하여 부서의 모든 사람에게 지속적인 피드백을 제공한다.	1. 매일 젤라틴 생산을 더 잘 제어한다. 낭비될 수 있는 과도한 젤라틴의 생성을 제거할 것이다. 2. 폐기물의 실제 가치에 대한 인식과 더 나은 이해를 제공하기 위해 폐기물의 금전적 가치가 표시된 차트와 그래프가 제공된다. 3. 캡슐화 공정을 위해 젤라틴을 만들고 양을 더 잘 결정한다. 4. 젤라틴 양의 과도한 제조와 남는 배치 가능성을 제거한다. 5. 불필요한 대량의 젤라틴 폐기물을 감소한다.

C

기대되는 무형의 혜택
젤라틴의 양은 시간이 지남에 따라 최초로 감소하여, 회사의 재정적 이익(재료 차이)에 크게 기여하고 수익을 창출할 것이다.

PART Ⅱ. 리더십 101 훈련 프로그램에 대한 액션플랜

SAMPLE

D

성명: **목표:** 젤 폐기물 제거

개선 지표: 품질 **현재 수준:** 8,000kg/월 **목표 수준:** 80%수준까지 감소

분석

1. 측정의 단위: 폐기물 감소

이 측정은 당신의 수행만을 반영합니까? YES ☐ NO ☑
그렇지 않다면 이 측정에 몇 명의 직원이 관련합니까?

E

2. 한 단위의 가치(비용): 3,600원 / 젤라틴 1kg
3. 가치를 계산한 근거: 원재료의 비용과 폐기물 처리 비용
4. 이 측정 값은 교육 프로그램 전 평균과 비교하여 평가 기간의 마지막 달 동안 얼마나 변경되었습니까?(월간 가치): 폐기량 2,000kg / 월

   이 변경의 근거와 그 원인을 여러분 또는 여러분의 팀이 수행한 작업에 대해 설명해 주십시오: 6000kg의 폐기물이 제거되었다. 기계를 19대에서 12대로 줄이면서 추가 비용이 절감되었지만 계산되지는 않았다. 캡슐화 부서의 기계 시간(효율) 증가, 젤 대량 폐기물 및 비용에 대한 더 많은 인식. 주요 기여 요인은 문제 해결 능력, 감독자 및 기술자와의 의사 소통, 그들의 대응 의지, 그리고 나의 결과 관리 능력이었습니다.
5. 위의 정보에 대해 어느 정도의 확신을 가지고 있습니까? (100%=확신함, 0%=확신 없음): 70%
6. 이 변화의 몇 퍼센트가 Leadership 101 훈련 프로그램의 기술 적용으로 인해 실제로 발생했습니까? (0~100%): 20%
7. 시간 절약을 측정하는 경우 절약된 시간의 몇 퍼센트가 실제로 생산적인 작업에 적용되었습니까? (0~100%): N/A

실제 무형의 혜택

F

젤라틴 대량 폐기물은 시작부터 우리 회사의 문제였다. 캡슐화 부서의 효율성이 낮고 젤 부서의 실수로 인해 폐기물이 통제 불가능했다. 지난 몇 개월 동안 효율성이 증가하고 젤 부서가 안정화되었다. 그 결과 폐기물이 상당히 줄었다.

기본규칙 3

ROI 계산에서는 극단적인 데이터 항목 및 근거 없는 주장을 사용해서는 안 된다.

기본규칙 4

추정치의 잠재적 오류를 고려하여 개선 추정치를 조정해야 한다.

액션플랜 프로세스는 추가 기능이나 선택적 활동이 아닌 인재개발 프로그램의 필수 부분이어야 한다. 액션플랜을 사용하여 최대한의 효과를 얻으려면 다음 단계를 고려할 필요가 있다.

인재개발 프로세스 초기에 액션플랜 요구 사항을 전달.

액션플랜 과정에 대한 가장 부정적인 반응은 참가자들에게 놀라움을 줄 때 발생한다. 프로그램에 오기 전에 참가자는 기대치를 인식하고 액션플랜 프로세스가 그 일부임을 인지해야 한다. 참가자들이 액션플랜 프로세스의 이점을 깨닫고 프로그램이 주요 효과 지표를 개선하기 위한 것임을 알게 되면 프로그램과 프로세스를 더욱 진지하게 받아들일 것이다.

프로그램 시작 시 액션플랜 과정을 설명.

액션플랜 프로세스는 참가자가 인재개발 프로그램에 참석하기 전에 제시되지만, 프로그램이 시작될 때 액션플랜을 다시 소개하는 것이 중요하다. 이를 통해 참가자는 프로그램에 참여하는 동안 개선하려는 효과 지표뿐만 아니라 액션플랜을 완료해야 할 필요성에 집중할 수 있다.

액션플랜 과정을 교수.

액션플랜이 성공하기 위한 중요한 전제 조건은 작동 방식을 이해하는 것이다. 프로그램 내용의 일부를 이 프로세스에 할당해야 한다.

액션플랜을 개발할 시간 제공.

액션플랜 프로세스가 프로그램의 일부로 통합된 경우, 액션플랜을 완료하기 위해 프로그램 기간 동안 시간을 포함해야 한다.

퍼실리테이터가 액션플랜을 승인.

액션플랜은 프로그램 목표와 관련이 있어야 하며 완료 시 조직의 중요한 성과를 나타내야 한다. 퍼실리테이터가 프로세스에 완전히 참여하고 액션플랜에 서명하여 모든 요구 사항을 반영하고 특정 프로그램에 적합한지를 확인하는 것이 필요하다. 어떤 경우에는 액션플랜에 대한 퍼실리테이터의 서명란이 제공된다.

참가자에게 개선에 대한 금전적 가치를 할당하도록 요구.

이 단계를 통해 참가자는 평가를 5수준: ROI로 이동하는 데 도움이 되는 데이터 변환 단계에 기여하게 된다. 이 단계가 효과적이려면 실제 데이터에 값을 할당하는 일반적인 방법의 예를 제공하는 것이 도움이 될 수 있다.

참가자들에게 프로그램의 효과를 분리하도록 요청.

액션플랜 자체가 효과 지표의 개선에 영향을 미치지만 다른 요소도 그 개선에 영향을 준다. 후속 기간 중에 액션플랜을 완료하는 동안 참가자는 프로그램과 관련된 4수준 지표의 개선을 추정해야 한다.

참가자들에게 추정치에 대한 신뢰 수준을 제공하도록 요청.

일부 인재개발 전문가는 이 단계를 부정하지만 그 목적은 가장 보수적인 추정치를 제공하는 것이다. 또한, 서로 다른 프로그램 평가의 결과를 비교할 수 있는 일정 수준의 신뢰성을 제공한다.

동료에게 액션플랜을 보여주도록 요구.

참가자들에게 액션플랜을 동료들에게 제시하도록 하여 프로세스가 철저하게 개발되고 직무에서 행동을 실행하도록 장려하는 데 도움이 되도록 한다.

후속 절차를 설명.

참가자는 액션플랜을 어떻게 이행할 것인지에 대해 명확하게 이해한 후에 인재개발 프로그램을 떠나야 한다. 후속 절차를 위한 몇 가지 선택사항은 다음과 같다.

- 참가자를 다시 소집하여 액션플랜에 대한 진행 상황을 논의하도록 한다.
- 참가자들이 직속 관리자와 만나 액션플랜의 성공에 대해 논의하게 한다.
- 프로그램 평가자, 참가자 및 직속 관리자가 만나 액션플랜 및 액션플랜에 포함된 모든 정보에 대해 논의한다.
- 참가자들에게 평가자에게 액션플랜을 보내고 화상회의를 통해 논의하도록 한다.

- 회의나 토론 없이 참가자가 액션플랜을 인재개발 부서에 직접 보내도록 한다.

미리 정해진 후속 기간에 액션플랜을 수집.

액션플랜 프로세스가 프로그램에 통합되어 있으면 액션플랜 응답률은 일반적으로 매우 높다.

데이터를 요약하고 ROI를 계산.

모든 액션플랜이 제출되면 개선된 지표에 대한 금전적 혜택을 포함하여 액션플랜에서 파생된 데이터를 ROI 계산식에 통합한다.

액션플랜 프로세스가 유익하기는 하지만 단점도 있다. 예를 들어, 참가자는 자신이 제공하는 정보에 대한 익명성을 보장받지 못한다. 액션플랜 프로세스는 참가자와 감독자에게 다소 많은 시간이 걸릴 수도 있지만, 이들 모두 이 프로그램이 중요하고 직무 단위의 중요한 지표를 개선하기 위한 것이라고 생각하면 액션플랜 프로세스를 지지하고 귀중한 도구로 사용할 수 있을 것이다.

수행기록

수행기록은 다양한 직무기능에 대한 수행상태를 보고할 때 조직 전체에서 중요한 표준 데이터의 기록이다. 현재 조직 내에 어떤 데이터가 저장되어 있는지, 누가 데이터에 액세스할 수 있는지, 필요한 경우 데이터에 가장 잘 접근하는 방법을 알아보는 것이 현명한 시간 투자가 될 것이다. 생각보다 더 많은 것을 찾을 수 있을 것이다.

3) 응답률

수집 중인 데이터에 관해 자주 묻는 질문은 "데이터가 유효하고 사용가능하려면 얼마나 많은 응답이 필요한가?"이다. 정확한 성공 스토리와 유효한 평가 결과에 필요한 응답률을 결정하는 일반적인 접근 방식은 먼저 모집단과 응답에 영향을 줄 수 있는 요인 측면에서 모집단의 다양성 또는 동질성을 고려하는 것이다. 다음으로 고려할 사항은 특정 오차 한계를 감안할 때 표본이 모집단과 동일하게 반응한다는 확신이다. 이러한 고려 사항을 기반으로 모집단보다 작은 표본을 대상으로 하고 결과를 더 많은 모집단으로 추론한다. 샘플링에는 간단한 계산기가 제공하는 것보다 더 많은 기술적 구성 요소가 있지만, 적절한 샘플 크기에 대한 대략적인 추정치를 얻을 수 있는 다양한 웹사이트들을 활용할 수 있다.

기억해야 할 것은 모집단이 여러분의 질문에 대한 답을 아는 사람들로 구성되어 있다는 것이다. 프로그램을 평가할 때 모집단은 프로그램을 이수한 사람들이 포함된다. 모집단은 프로그램의 대상자는 아니다. 일반적으로 ROI 평가를 수행할 때 모집단은 소그룹이며 해당 그룹에 대한 결과가 보고된다. 다른 사람들이 해당 프로그램을 이수했을 수도 있지만, 통계적으로 유의미한 추론을 할 만한 데이터를 평가그룹에서만 수집하는 것이 가능하지 않을 때도 있다. 평가에 참여하는 사람이 많을수록 평가 비용이 더 많이 들기 때문에 프로그램 평가 결과는 평가 그룹에 중점을 둔다. 이후 "결과가 전체 그룹의 결과를 얼마나 반영할 가능성이 있는가?"라는 질문에 답할 때 통계적 추론과 비교하여 논리적 추론이 작동한다.

평가 그룹의 결과에 영향을 미칠 수 있는 또 다른 문제는 해당 그룹의 응답률이다. 소규모 평가 그룹의 충분한 응답이 없으면 해당 그룹에 대한 가정을 만드는 데 문제가 발생할 수 있다. 50명으로 구성된 프로그램을 실행하고 평가할 계획이 있다고 가정해 보자. 표본 크기 계산에 따라 95%의 신뢰 수준과 5%의 오차 한계를 보장하려면 48명의 응답이 필요하다. 이는 일반적인 목표인 경향이 있다. 응답률이 더 낮아질 수도 있어서 무응답자에 대해 일정 수준의 확신을 가지고 추론하는 것은 더 어려워진다. 이 문제를 해결하기 위해 ROI 방법론은 기본 원칙 6번(2장 참조)을 따른다. 모집단이나 특정 출처에서 사용할 수 있는 개선 데이터가 없는 경우 개선이 거의 또는 전혀 발생하지 않았다고 가정한다. 이 원칙을 적용한다는 것은 데이터를 제공하지 않는 사람들에 대해 그들의 성과 또는 그들이 관찰했을 수 있는 비즈니스 지표에 대한 프로그램의 효과를 판단하지 않는다는 것을 의미한다. 이 기본 원칙을 표준으로 사용하면 더 큰 모집단에 대한 추론의 문제를 제거하고, 보수적으로 보고하고, 유사한 평가 결과와 비교할 수 있다. 그러나 이 원칙을 고려할 때 평가에 참여한 사람들로부터 최대한 많은 응답을 받는 것이 중요하다.

생각해 보기

인재개발 프로그램을 측정하고 평가하려면 적시에 적절한 대상으로부터 적절한 데이터를 수집하는 것이 중요하다. '디지털 혁신이 우리가 수집하는 데이터, 수집 방법 및 수집 대상에 어떤 영향을 미치는가?'에 대해 Talent Learning Analytics Leadership Forum의 창립자이자 학습 측정 디지털화의 리더인 Trish Uhl에게 물어보았다.

그녀는 우리에게 다음과 같이 대답했다.

조직들은 디지털 혁신의 여정을 진행하고 있으며, 이는 기존 비즈니스 경제를 유형의 가치에서 정보 흐름의 가치로 비즈니스 자산을 전환하고 있다. 실제로 많은 조직이 과거 운영 데이터, 실시간 운영 데이터, 빅 데이터 및 기존 데이터를 인공 지능 및 분석 기반 기술 생태계에 통합하는 전용 데이터 사이언스 플랫폼을 구축하고 있다. 이들은 통합된 데이터를 탐색하여 경쟁 우위를 점하기 위해 운영할 수 있는 실행 가능한 통찰력을 발견하도록 설계되었다.

학습 및 인재개발이 이 흐름의 일부가 되려면 데이터를 고려하고, 수집 및 분석하는 방법을 근본적으로 변경해야 한다. 이를 위해서는 더 큰 조직적 맥락에서 우리 자신, 제품, 프로그램 및 데이터의 위치를 극적으로 전환해야 한다. 우리는 더이상 우리의 산출물(제품, 프로그램, 데이터)이 비즈니스의 다른 부분과 분리되는 선형 가치 사슬에서 운영할 수 없다. 대신, 우리는 더 큰 조직의 데이터 교환 및 생태계에서 데이터를 얻을 뿐만 아니라 기여도 해야 한다. 상호 관련된 부서들, 고객 및 공급 업체로 구성된 이 에코 시스템에서 인재개발은 데이터 교환, 데이터 공유, 데이터 제공을 통해 가치를 제공할 뿐만 아니라 조직의 민첩성과 차별적인 경쟁력을 촉진하는 분석 기반의 통찰력을 발견하고 제공하며 조취를 취하기 위해 이를 사용해야 한다. 효과적이려면 솔루션은 데이터 제공 및 수집을 고려하여 설계되어야 한다. 우리의 제품 및 프로그램 설계는 보다 광범위한 기업의 데이터를 활용하고 에코 시스템의 데이터를 추가 및 분석하는 양방향 피드백 고리를 포함해야 한다.

지능형 에이전트 또는 챗봇과 같은 디지털 학습 테크놀로지를 고려해 보자. 교육이 끝난 후 수행지원을 제공하는 챗봇을 만들 수 있으며, 챗봇이 기업 생태계 데이터로부터 얻은 통찰력을 사용하여 수행지원을 제공하도록 훈련시킬 수 있다. 또한 챗봇과의 대화에서 얻은 데이터를 기업 생태계에 추가하고 그것으로부터 추가적인 분석을 할 수 있다. 그런 다음 결과를 평가하기 위한 역동적인 연결을 만들어 솔루션이 목표에 도달하고 있는지 확인할 수 있다. 그렇지 않은 경우 최적화, 재시도 및 재평가를 통해 원하는 결과를 얻을 때까지 프로그램을 지속적으로 개선할 수 있다.

인재개발 전문가는 우리 자신의 디지털 혁신에도 전념해야 한다. 우리 스스로가 디지털에 능숙해져야만 조직의 광범위한 디지털 전략에 대한 인식을 높일 수 있다. 그래야만 제품, 프로그램, 데이터 및 플랫폼이 기업의 생태계 내에서 공존하는 방식을 명확히 이해하여 우리가 서비스를 제공하고 있는 사람과 조직에게 의미있는 기여자로 자리매김할 수 있다.

<표 3-7>에는 적절한 응답률을 보장하기 위해 취할 수 있는 다양한 방법이 나열되어 있다. 모든 것은 평가에 대해 사전에 커뮤니케이션을 제공하는 것으로 시작된다. 예고 없이 상세한 설문 조사를 받는 것을 좋아하는 사람은 없다. 첫째, 참가자의 일상 업무에 추가될 뿐이고, 둘째, 미리 알림이 제공되지 않은 경우 일부 질문은 상당히 어려울 수 있다. 평가 이유와 설문지를 명확하게 전달해야 하고, 참가자는 평가가 자신에 대한 것이 아니라 프로그램 개선에 관한 것임을 이해해야 한다. 평가 결과를 볼 사람을 구분하고 그들이 평가 요약을 받을 수 있도록 한다. 설문지는 가능한 한 짧게 작성하도록 하고, 평가에 중요한 질문만 해야 한다. 가능하다면 제3자가 데이터를 수집하고 분석하도록 하여 참가자가 자신의 응답이 보호될 것이라는 확신을 가질 수 있도록 하는 것이 좋다.

표 3-7 설문에 대한 응답률을 높이기 위한 방법

설문 응답률 증진
• 설문에 대해 사전에 커뮤니케이션을 제공 • 설문의 이유를 명확하게 전달 • 설문의 결과가 누구에게 공유되는지 명시 • 설문 결과와 다른 데이터가 어떻게 통합될지 제시 • 설문 결과에 따라 어떤 후속 조치가 취해질지 참가자에게 공지 • 설문지는 단순하고 간단하게 개발 • 익명성을 보장하거나 최소한 보안을 유지 • 응답이 편하도록 회신용 봉투 혹은 이메일 주소를 제공 • 적절하다면, 대상자들이 세심하게 선택된 표본이라는 점을 명시 • 다양한 매체를 통해 한두 번 설문참여를 독려 • 최고 경영층 혹은 책임자가 서명한 설문 안내 메일을 포함 • 설문 응답에 대한 증정품을 포함(펜, 금전 등) • 빠른 응답에 대한 인센티브(또는 인센티브를 받을 기회)를 제공

- 대상자에게 설문 결과 요약을 제공
- 설문에 꼭 응답을 해야하는 대상에게 배포
- 이메일과 같이 설문을 배포할 수 있는 대안 마련
- 제3자에 의한 데이터 수집 및 분석
- 응답 제출 기한을 안내
- 마지막 공식 세션에서 설문지 검토
- 일상적인 업무시간 중에 설문을 마칠 수 있도록 배려
- 감정적 호소를 추가
- 주의를 끌 수 있도록 설문지를 전문적으로 디자인
- 다양한 방식으로 응답할 수 있도록 준비(인쇄물, 이메일, 웹사이트)
- 설문지의 배포와 수거를 위한 현장 진행자 활용
- 참가자가 적절하고 정확하게 응답할 수 있도록 설문을 구성

출처: Phillips and Phillips(2016)

생각해 보기

상세한 후속 설문의 관리 방법을 고려해 보라. 다음은 세 영역으로 구성된 데이터 수집 관리 계획이다. 첫 번째 영역은 설문지를 배포하기 전에 취할 수 있는 조치이다. 두 번째 영역은 평가 프로세스 중에 취할 수 있는 조치이다. 세 번째 영역은 평가 프로세스 후에 취할 수 있는 조치를 나타낸다. 데이터 수집 노력에 대한 성공적인 응답률을 얻는 데 도움이 될 수 있는 일을 생각해 보고 이 목록에 추가해 보라.

평가가 시작되기 전에 할 일:

✓ 고위 경영진에게 평가의 중요성을 알리는 메일을 요청한다.

✓ ______________________________

평가 중에 할 일:

✓ 설문지를 보내고 일주일 후에 재알림을 보낸다.

✓ ______________________________

평가가 완료된 후에 할 일:

✓ 모든 응답자에게 결과 요약본을 보낸다.

✓ ______________________________

4) 방법 선정 시 고려 사항

데이터 수집 방법을 선택할 때 가장 먼저 고려해야 할 사항은 조직 문화이다. 이전에 다른 유형의 데이터 수집은 어떻게 수행되었는가? 일부 조직은 설문지를 싫어한다. 이 경우 평가를 위해 설문지를 돌려받는 데 어려움을 겪을 수 있다. 일부 조직은 설문지를 통한 데이터 수집을 지원하고 자동화되어 있기도 하다. 문화를 고려하고 가장 적합한 방법을 사용해야 한다.

조직 문화와 함께 데이터 수집 방법을 선택할 때 타당도 및 신뢰도, 시간 및 비용, 유용성과 같은 추가 문제를 고려해야 한다.

타당도와 신뢰도

데이터 수집 방법을 선택할 때 가장 타당하고 신뢰할 수 있는 결과를 제공하는 기법을 고려해야 한다. 정확성과 데이터 수집 비용의 균형도 맞춰야 한다. ROI 평가에는 프로그램 전체 비용의 5~10%만 지출하는 것이 적절하다. 평가가 프로그램 자체보다 비용이 많이 들어서는 안된다. 모든 평가 비용은 ROI 공식의 분모에 포함되기 때문에 ROI 비율이 더욱 낮아진다. 그래도 여러분은 최상의 데이터를 얻을 수 있는 기법을 사용하고 싶을 것이다.

생각해 보기

대규모의 역량 강화 프로그램에 대한 연구에서 평가자는 프로그램 참가자가 의도한 목표를 달성하고 있다고 믿었는지 확인하기 위한 설문지 설계를 요청받았다. 평가자들은 이 프로그램에 자금을 지원한 본사에 소수의 참가자를 샘플링하여 설문이 측정해야 하는 내용을 측정하고 있는지와 참가자가 질문을 이해했는지를 확인하도록 요청했다. 참가자들에게 설문지를 테스트하는 대신, 본사는 설문지를 관리자에게 물었다. 프로그램과 관련된 모든 관리자는"예, 질문은 올바르게 측정하고 있습니다."라고 말했다. 그러나 설문지를 참가자들에게 배포했을 때 참가자들은 그 질문이 프로그램이 의도한 바를 대변하지 않는다고 지적했다.

참가자가 프로그램의 의도를 인식하고 내용 전문가가 프로그램의 실제 적용을 인식할 수 있도록 설문지 개발에 주의를 기울여야 한다.

타당성을 확인하는 기본적인 방법은 "측정하려는 것을 측정하고 있습니까?"라고 자문하는 것이다. 타당성 평가는 정교한 모델링 접근 방식을 사용하여 판단할 수도 있지만 가장 기본적인 접근 방식은 문헌 검토 및 이전 사례 연구와 같은 추가 자료와 함께 내용 전문가 및 참가자를 활용하는 것이다. 유사한 유형의 프로그램을 측정할 때 사용한 질문과 여러분의 질문이 일치합니까? 내용 전문가는 사용된 질문이 프로그램이 의도한 목표를 나타내고 있다고 동의합니까? 한편, 안면 타당도는 "참가자들에게 질문이 이해가 되는가?"라는 질문에 답하는 것을 의미한다. 설문지를 검토하기 위한 잠재적인 참가자를 샘플링하여 질문이 적합한지를 확인할 수 있다.

타당성은 올바른 척도를 측정하고 있는지 여부와 관련이 있지만, 신뢰성은 응답자의 답변에서 일관성이 있는지와 관련이 있다. 가장 기본적인 신뢰성 테스트는 반복성이다. 이것은 동일한 방식으로 수행된 여러 측정에서 동일한 데이터를 얻을 수 있는 능력이다. 반복성의 기본 예는 일정 기간 동일한 사람에게 설문지를 반복적으로 시행하는 것이다. 매번 질문에 같은 방식으로 대답하면 오류가 최소화되어 신뢰성이 높지만 참가자가 무작위로 답변을 선택하면 오류가 높아 신뢰성이 낮아진다.

시간과 비용

데이터 수집 방법을 선택할 때 시간 및 비용과 관련하여 몇 가지 이슈를 고려해야 한다. 참가자가 설문을 완료하는데 필요한 시간을 고려해야 한다. 또한 참가자의 감독자가 설문을 완료하거나 데이터 수집 과정 중 참가자를 안내하는 데 필요한 시간도 고려해야 한다. 데이터 수집 도구를 완료하는 데 걸리는 시간을 포함하여 데이터 수집에 소요되는 모든 것은 프로그램 비용이다. 설문지 또는 사용하려는 데이터 수집 도구를 개발하고 테스트하는 데 드는 인쇄 비용과 시간을 포함하는 데이터 수집의 전체 비용을 고려할 필요가 있다. 데이터 수집으로 인해 발생할 수 있는 직원의 업무 공백 정도도 고려해야 한다. 일반적으로 인터뷰와 포커스 그룹은 가장 많은 업무 공백이 생기지만 최고의 데이터도 제공한다. 프로그램에 대한 결정을 내리는 데 필요한 데이터의 정확성과 데이터 수집 비용의 균형을 맞출 필요가 있다.

유용성

데이터 수집 방법을 선택할 때 마지막으로 고려해야 할 사항은 유용성이다. 데이터 수집 프로세스를 통해 수집할 데이터의 유형을 고려할 때 데이터가 얼마나 유용한가?에 답해야 한다. 설문지를 통해 수집된 데이터는 쉽게 코딩하여 데이터베이스에 저장하고 분석할 수 있다. 자동화된 설문을 통해 생성된 데이터는 빠르게 요약하고 성공 사례를 쉽게 전달할 수 있다. 그러나 포커스 그룹과 인터뷰를 통해 수집된 데이터는 분석 시 더 어려운 접근 방식을 요구한다. 응답자와의 대화를 통해 수집한 이야기를 보고서에 요약하는 경우가 많지만, 응답자가 말하는 내용에 대한 더 나은 분석을 수행할 수도 있다. 이를 위해서는 수집된 데이터에 대한 주제를 도출하고 통계 분석을 위해 해당 주제를 코딩해야 한다. 이러한 유형의 분석은 시간이 많이 소요될 수 있으며, 인터뷰 또는 포커스 그룹이 끝나자마자 바로 데이터를 분석하지 않으면 좋은 결과를 얻을 수 없는 경우도 있다. 이러한 유형의 데이터 수집 중에 기억에 의존하여 메모를 하는 경우가 많지만, 체계적인 방식으로 기록하지 않으면 데이터를 잃게 된다.

유용성과 관련된 또 다른 문제는 데이터로 무엇을 할 수 있는가?이다. 질문이 프로그램의 목표와 매핑되지 않는 경우 질문을 다시 고려해야 한다. 또한 프로그램이 기업, 정부, 비영리 단체, 커뮤니티 또는 신앙 기반 환경을 통해 제공되는지 여부에 관계없이 결과는 일종의 사업적인 결정에 영향을 미치게 된다. 이 목적으로 데이터를 사용할 수 없다면 질문하지 말아야 한다.

2. 데이터 출처 정의

데이터의 출처를 선택하는 것은 데이터의 정확성을 보장하는 데 중요한 역할을 한다. 때때로 여러 데이터 출처를 살펴봐야 한다. 출처를 결정할 때는 현재 수행 중인 지표에 대해 누가(또는 어떤 시스템) 가장 잘 알고 있는가?와 같은 근본적인 질문에 답해야 한다.

주요 데이터 출처는 참가자이다. 프로그램에 대한 인식, 배운 내용 및 배운 내용을 적용하는 방법에 대해 참가자 자신보다 더 잘 아는 사람은 없다. 참가자는 또한 4수준 데이터, 금전적 가치 및 효과 분리 방법에 대한 좋은 출처이다. 3, 4 및 5수준의 일반적인 출처로는 수행 기록, 참가자, 참가자의 감독자 및 관리자, 참가자의 동료 및 보고서, 고위 관리자 및 임원, 고객이 포함된다.

1) 수행 기록

데이터의 다양한 출처를 고려할 때 가장 신뢰할 수 있는 것은 조직 또는 내부의 수행 기록이다. 이러한 기록은 개인, 감독자 및 HR 부서에 보관되는 개인의 수행 기록이 아니다. 오히려 직무 단위, 부서, 부문, 지역 또는 조직의 수행을 반영한다. 수행 기록에는 일반적으로 조직 전체에서 쉽게 사용할 수 있는 모든 유형의 지표가 포함될 수 있다. 이는 일반적으로 비즈니스 효과 데이터를 반영하기 때문에 4수준 평가를 위해 선호되는 데이터 수집 방법이다.

2) 참가자

참가자는 ROI 분석을 위해 가장 널리 사용되는 주요 데이터 출처이다. 그들은 항상 프로그램에 대한 반응에 대해 질문을 받고 학습이 이루어졌는지를 결정하기 위해 평가하는 대상이다. 그들은 업무로 복귀했을 때 배운 것을 가지고 무엇을 해야 하는지 알고 있으며, 배운 것을 업무에 적용하는 데 방해가 되는 것이 무엇인지도 알고 있다. 또한, 참가자들은 자신의 행동이 업무에 미치는 영향을 깨달은 사람들이다.

많은 사람들이 참가자를 가장 편향된 출처로 인식하지만, 사람들은 일반적으로 정직하다는 점을 명심해야 한다. 참가자들에게 평가가 자신에 대한 것이 아니라 프로그램에 관한 것이라고 설명하고 강조하면 응답에서 여러분의 의도가 모호한 경우보다 개인적인 감정을 배제하고 더 객관적인 데이터를 제공할 가능성이 높다.

3) 참가자의 감독자 및 관리자

참가자의 감독자와 관리자는 또 다른 중요한 출처이다. 많은 상황에서 그들은 지식과 기술을 사용하려고 시도하는 참가자를 관찰할 것이다. 학습 과정에 적극적으로 참여하는 관리자는 종종 새로 습득한 지식과 통찰력을 적용할 수 있도록 코치 역할을 한다. 감독자로부터 데이터를 수집할 때 여전히 잠재적인 편견이 남아 있을 수 있다는 점을 고려해야 한다.

4) 참가자의 동료 및 보고서

3수준 평가에서 참가자의 동료와 보고서는 특히 360도 피드백 평가를 구현할 때 좋은 데이터 출처이다. 동료의 의견을 수집하면 평가 비용이 증가할 수 있지만 그들의 관점은 평가 과정에 객관성을 더할 수 있다. 고위 관리자, 임원, 경영진은 특히 4수준 데이터를 수집할 때 중요한 데이터를 제공할 수 있다. 그러나 사실 그들은 지식과 기술의 실제 적용과는 관련이 적기 때문에 그들의 의견은 다소 제한적이다. 고위 관리자와 경영진은 잘 알려진 고비용의 리더십 개발 프로그램 또는 직접 관여하는 주요 프로그램을 실행할 때 좋은 데이터 출처이다.

5) 고객

개선 조치가 고객과 관련된 경우 고객이 최고의 데이터 출처이다. 간단한 예로 계산원이 고객이 계산하기 위해 걸어왔을 때 친절한 어조로 고객을 응대했는지를 알고자 하는 경우가 있다. 또는 서비스에 대한 고객의 인식이 향상되었는지 알고 싶다면 설문 조사나 문자를 보내 응답하도록 할 수 있다. 고객 데이터는 일상적으로 다양한 방식으로 수집된다. 고객의 목소리는 비즈니스의 방향을 결정할 때 듣고 싶은 최고의 자료이다. 그러나 교육 평가 관점에서는 고객의 목소리에 쉽게 접근할 수 없다. 따라서 고객의 의견을 반영하기 위해서는 다른 출처에 의존해야 할 수도 있다.

6) 기타 출처

내부 및 외부 전문가 및 외부 데이터베이스는 일부 지표에 대한 좋은 데이터를 제공한다. 기업정보 부서 또는 인적자원 분석팀과 같은 전문가는 여러분에게는 가능하지 않았던 지표 개선에 대한 통찰력을 제공할 수 있다. 전문가와 데이터베이스는 필요할 때 지표값의 금전적 가치에 대한 자료가 될 수도 있다. 앞서 언급했듯이 성공적으로 데이터 출처를 선택하는 열쇠는 측정되는 지표에 대해 누가 가장 잘 아는지와 누구로부터 가장 쉽게 데이터를 얻을 수 있는지를를 고려하는 것이다.

3. 데이터 수집 시기 결정

데이터 수집 과정에서 마지막으로 고려해야 할 사항은 데이터 수집 시기이다. 일반적으로 3수준 데이터 수집은 프로그램에 따라 프로그램 종료 후 3개월 이내에 이루어진다. 프로그램 종료 즉시 배운 기술을 적용해야 하는 일부 프로그램은 프로그램 종료 후 30일에서 2개월까지 더 일찍 측정해야 한다. 때로는 3수준 데이터가 여러 시점에서 수집되는 경우도 있고, 4수준: 효과 데이터는 3개월을 넘어서 수집되는 경우도 있다.

ROI 계산은 프로그램의 연간 혜택을 고려하지만, 지표에서 개선이 이루어졌는지 확인하기 위해 1년을 기다리는 것은 바람직하지 않다. 고위 경영진은 기다리지 않을 것이기 때문이다. 문제가 사라지거나 경영진과 고위 관리자가 잊어버리거나 데이터없이 결정이 내려질 수 있다. 3수준 데이터 수집 시 또는 효과가 발생한 직후에 4수준 지표값을 수집해야 한다. 그런 다음 지표의 개선을 연간으로 계산하고 금전적 이익으로 전환하고 ROI 계산에 값을 포함하면 된다.

확인하기

후속 데이터에 대한 데이터 수집 시기를 결정하는 것은 까다로울 수 있으므로 프로그램 목표를 설정할 때 수집 시기를 결정하는 것이 중요하다. 시기를 결정할 때 지표값과 함께 현재 상태, 참가자가 학습한 내용을 일상적으로 사용하는 데 걸리는 시간, 데이터의 가용성, 수집의 편리성과 제약을 고려해야 한다.

4. 마무리

이전 장에서는 목표 개발에 대해 읽고 프로그램의 지표를 정의하는 절차를 진행했다. 이제 데이터 수집 계획을 완료할 때이다. 다양한 수준에서 데이터를 수집하는데 사용할 데이터 수집 방법, 데이터 출처, 데이터 수집 시기 및 데이터 수집을 담당할 사람 또는 팀을 결정하여 2장(<표 2-15>)의 데이터 수집 계획을 완성해야 한다.

다음 장에서는 비즈니스 효과에 기여했을 수 있는 다른 영향으로부터 프로그램의 효과를 분리하여 결과를 신뢰할 수 있게 만드는 방법을 다룬다.

CHAPTER

04

프로그램 효과 분리하기

이 장의 내용

1. 효과 분리가 중요한 문제인 이유 이해하기
2. 프로그램 효과 분리 기법
3. 신뢰성을 구축하는 프로세스
4. 마무리

CHAPTER 04

프로그램 효과 분리하기

이 장의 내용

ROI 방법론에서 이 단계는 인재개발 프로그램으로 인한 직접적인 기여를 설명하고 다른 영향으로부터 직접적인 효과를 분리하려는 노력이다. 이 장에서는 다음의 세 가지 중요한 영역을 다룬다.

- 효과 분리가 중요한 문제인 이유 이해하기
- 이를 수행하는 방법 확인하기
- 프로세스에 대한 신뢰성 구축하기

1. 효과 분리가 중요한 문제인 이유 이해하기

프로그램이 비즈니스 효과 데이터에 미치는 영향을 분리하는 것은 ROI 방법론에서 가장 어렵지만 필요한 단계 중 하나이다. 신뢰할 수 있다면, 이 단계는 학습을 핵심 성과 지표의 개선과 직접 연결한다.

1) 다른 요인은 항상 존재

거의 모든 상황에서 다양한 요소가 조직 성과에 영향을 준다. 직원들이 인재개발 프로그램에 참여할 때 세상은 멈추어 있지 않다. 조직의 많은 기능이 인재개발 기능과 동일한 지표를 개선하려고 시도하고 있다. 다른 요인이 프로세스에 관여하지 않는 상황은 드물다는 점이 이 단계를 수행할 필요성을 뒷받침하는 중요한 주장이다.

2) 효과를 분리하지 않으면 정렬도 없다: 증거 대 입증

기여도를 보여주기 위한 노력을 하지 않으면 프로그램과 조직의 지표 개선 간에 정렬이 존재할 수 없다. 프로그램이 차이를 만들었을 수 있다는 증거는 있을 수 있지만 개선에 기여한 다른 요인에 대한 설명은 할 수가 없다. 프로그램과 수행 개선 간의 연결을 증명하는 것이 프로세스에서 이 단계인 '프로그램의 효과 분리'의 모든 것이다.

3) 다른 요인 및 영향은 방어적인 소유자가 존재

결과에 영향을 미치는 다른 프로세스의 소유자는 자신의 프로세스가 그 차이를 만들었다고 확신한다. 매출이 증가할 때 마케팅과 광고는 각자 자신의 노력이 원인이라고 믿고 경영진에게 설득력 있는 사례를 제시하고 성과를 강조한다. 또한, IT 부서는 테크놀로지가 차이를 만들었다고 믿는다. 마찬가지로 그들은 매력적인 사례를 제시할 수 있다. 실제 상황에서 성과 향상, 보상 시스템 및 작업 재설계와 같은 다른 프로세스에는 방어적인 소유자가 있으며 이러한 소유자는 종종 자신이 차이를 만들었다고 확신할 수 있다.

효과 데이터에 대한 프로그램의 효과를 분리하는 문제는 매우 중요하고, 실행될 수 있다. 그러나 매우 복잡한 프로그램, 특히 강한 의지를 가진 소유자가 관련된 다른 프로세스가 연관된 경우에는 쉽지 않다. ROI 연구가 수행될 때마다 이 상황을 해결하기 위해서는 판단이 필요한데, 다행히도 다양한 접근 방식들이 있다.

생각해 보기

고객 관리 팀장의 영업 역량을 향상시키기 위해 영업 교육 프로그램을 수행했다. 이 프로그램은 팀장이 역량을 사용하여 매출을 높이도록 하기 위해 개발되었다. 교육 3개월 후 매출이 증가했다. 그러나 평가 기간에 제품 마케팅 및 프로모션도 증가했다. 또한, 두 가지 주요 제품 라인에서 가격이 인하되었고 새로운 테크놀로지를 통해 영업 담당자가 더 빨리 견적을 얻을 수 있어 효율성이 향상되고 매출이 증가했다. 이러한 모든 요소가 판매에 영향을 미친다. 영업 교육 기능의 관점에서의 문제는 교육으로 인한 매출 증가의 정도를 결정하는 것이다. 기여도를 보여주는 방법을 실행하지 않고 인재개발이 지표 개선에 대해 전적인 인정을 요구하면 오히려 인재개발 직원의 신뢰도를 잃게 된다.

4) 효과 분리 없이 평가는 유효하지 않다.

거의 항상 다른 요소가 혼재되어 있고 학습과의 직접적인 연결이 명확하지 않기 때문에 이 문제를 해결하지 않으면 평가 결과가 유효하지 않다.

무엇보다도 먼저 효과를 분리하지 않고서는 안되는 두 가지 사항이 있다.

1. 문제를 해결하지 않고 개선에 대한 모든 공로를 인정받으려 한다.

2. 문제를 완전히 무시하면서 아무것도 하지 않는다.

이들 중 어느 것도 인재개발 팀이 자신의 노력을 경영에 연결하는 데 도움이 되지 않는다.

5) 프로그램 효과 분리에 대한 오해

프로그램의 효과를 분리하는 것에 대한 몇 가지 오해는 인재개발 기능에 스며들어 있고, 이 프로세스에 대한 우려, 혼란 및 방해를 야기한다. 일부 연구자, 인재개발 전문가 및 컨설턴트는 효과를 분리할 필요가 없다고 제안하여 이 문제에 불을 지핀다. 다음은 가장 일반적인 오해들이다.

인재개발은 다른 프로세스와 상호 보완적이다. 따라서 수행 향상에 미치는 효과를 분리하려고 시도해서는 안된다.

맞는 말이다. 인재개발 프로그램은 결과를 끌어내는 다른 요소를 보완한다. 그러나 프로젝트 후원자가 인재개발의 상대적 기여도를 이해해야 하는 경우 효과를 분리해야 한다. 제대로 수행되면 개선을 유도하기 위해 어떻게 모든 보완 요소가 함께 작동하는지를 보여준다.

조직의 다른 기능들은 효과를 분리하려 하지 않는다.

일부 부서는 개선이 자신들의 프로세스와 관련이 있다는 설득력있는 주장을 하기 때문에 이 문제를 해결하지 않지만, 다른 부서는 그 효과를 분리하려 한다. 이 문제를 해결하려면 신뢰할 수 있는 접근 방식이 필요하다. 구매를 하거나 새 계정을 개설한 후 고객 설문 조사에서 고객에게 구매한 이유를 묻는가? 그들은 여러 변수의 결과를 분리하려고 노력하는 것이다.

집단비교 분석(연구 기반 통제집단)을 사용할 수 없는 경우 이 단계를 시도하지 마라.

집단비교 분석이 가장 신뢰할 수 있는 접근 방식이지만, 이를 사용하는 것이 모든 상황에서 실현 가능한 것은 아니다. 결과적으로 효과를 분리하기 위해 다른 방법을 사용해야 한다. 원하거나 좋아하는 방법을 사용할 수 없다고 해서 문제가 해결되는 것은 아니다. 과제는 집단비교 방법만큼 신뢰할 수는 없더라도 효과적이고 언제든지 가용한 다른 방법을 찾는 것이다.

이해관계자는 관련성을 본능적으로 이해한다. 따라서 효과 지표에 대한 학습 효과를 분리하려고 시도할 필요가 없다.

불행히도 이해관계자는 자신에게 제공되는 내용을 보고 이해한다. 관련성이 보이지 않으면 관련이 없다고 가정할 가능성이 크다. 실제로 2009년에 ATD와 ROI Institute는 CEO가 인재개발에 대한 투자에 대해 어떻게 생각하는지 알아보기 위해 연구를 수행했다. 조사 결과 중 하나는 CEO의 74%가 인재개발과 효과 지표 개선 간의 직접적인 연관성을 보고 싶어했지만 4%만이 이를 보고 있었다(Phillips and Phillips 2009). Harvard Business Review Analytic Services(2017)의 또 다른 연구에 따르면 최고 경영진 중 24%만이 직원 측정 항목과 비즈니스 측정 항목을 연결하는 데이터를 제공받고 있었다. 적절한 정보가 없으면 이해관계자는 특히 다른 사람들이 개선에 대한 전적인 공로를 주장할 때 연관성을 이해하는 데 어려움을 겪을 것이다.

개선 추정치가 가치를 제공하지 않는다.

최후의 수단은 프로세스를 가장 잘 이해하는 개인의 추정치를 사용하여 효과를 분리하는 것이다. 이것이 마지막 선택이 되어야 하지만, 특히 추정치의 오류에 대해 추정치를 조정할 때 가치를 제공하고 신뢰할 수 있는 프로세스가 될 수 있다. 추정치는 다른 부서에서도 일상적으로 사용된다.

문제를 무시하라. 아마도 그들은 그것에 대해 생각하지 않을 것이다.

안타깝게도 경영층은 효과 분리에 대해 더욱 정교해지고 있으며 다양한 영향을 인식하고 있다. 학습의 효과를 분리하려는 시도가 없으면 경영층은 다른 요소가 엄청난 효과, 아마도 모든 효과를 냈다고 가정할 것이다. 결과적으로 신뢰도는 더 나빠진다.

이러한 오해는 이 문제를 해결하는 것이 엄청 중요하다는 것을 강조하고 있다. 여러분이 이 문제를 해결하지 않으면 다른 사람들이 해결할 것이고, 그들이 원하는 예산, 자원 및 존중을 빼고 인재개발을 방치할 것이다. 이는 인재개발이 다른 프로세스와 조화롭게 작동하지 않는다는 것을 의미하지는 않는다. 모든 부서가 협력하여 조직을 올바른 방향으로 움직여야 한다. 그러나 자원이 다른 프로세스 소유자와 함께 조직의 여러 부서에 분배될 때 항상 그들이 하는 일과 결과 사이의 연결을 보여주거나 때로는 심지어 이해하는 데 어려움이 있다.

2. 프로그램 효과 분리 기법

특정 기법을 논의하기 전에 두 가지 중요한 원칙을 검토하는 것이 좋다.

첫째, 효과의 연쇄를 재검토해야 한다. 분리 단계는 3수준: 적용 및 실행 데이터(실제 행동 변화에 대한 다른 요소의 영향 분리)에서 실행할 수도 있지만, 일반적으로는 우려가 가장 많이 제기되는 4수준: 효과 데이터에 적용된다. 프로그램과 관련된 효과의 정도가 핵심 이슈이다. 효과 데이터를 수집한 후 분석의 다음 단계는 프로그램의 효과를 분리하는 것이다. 이것은 인재개발이 변화를 가져 왔다는 증거에 해당된다.

둘째, 사업 실적 지표의 개선에 기여한 다른 요인을 파악하기 위한 시도가 필요하다. 이 단계는 다른 요소가 거의 항상 존재하고 개선에 대한 인정이 조직의 다른 부서와 공유된다는 것을 인식하는 것이다. 이 단계를 밟는 것만으로도 경영진으로부터 존중받을 수 있다.

기본규칙 5

프로젝트의 효과를 분리하기 위해 최소한 하나 이상의 방법을 사용하라.

몇 가지 잠재적인 정보원으로부터 이러한 영향 요인을 확인하는 데 도움을 받을 수 있다. 프로젝트의 후원자도 요인을 식별할 수 있을 것이다. 내용 전문가, 프로세스 소유자 및 상황에 가장 익숙한 사람들은 결과에 영향을 미치는 변경된 사항을 찾을 수 있다. 많은 상황에서 참가자는 자신의 수행에 영향을 미치는 다른 요인들을 알고 있고, 궁극적으로 측정되고 모니터링되는 것은 그들의 직접적인 수행이다.

이 이슈를 재고함으로써 개선에 기여한 모든 요소가 드러나고 이슈의 심각성을 드러내고 프로그램의 효과를 분리하는 것이 얼마나 어려운지 강조할 수 있다.

인재개발 프로그램의 효과를 분리하는 데 가장 자주 사용되는 네 가지 기법은 통제집단 방식, 추세선 분석, 수학적 모델링 및 전문가 추정이다.

1) 통제집단 방식

인재개발 프로그램의 효과를 분리하는 가장 정확하고 신뢰할 수 있는 접근 방식은 통제집단 방식 또는 실험 설계이다. 이 접근법은 프로그램에 참여하는 실험 집단과 참여하지 않는 대조군을 사용한다. 두 집단의 구성은 가능한 한 비슷해야 하며, 가능하다면 각 집단의 참가자 선택은 무작위로 이루어져야 한다. 이것이 가능하고 두 집단이 동일한 환경적 영향을 받는 경우 두 집단의 성과 차이는 교육 프로그램 때문이라고 할 수 있다.

실험 설계에는 다양한 접근 방식이 있다. 하나는 프로그램 전에 사전 프로그램 지표 값을 수집한 다음 각 집단의 수행 변화를 비교하는 전통적인 설계이다. 프로그램이 끝난 후에 시행되는 사후 실험 설계도 있다([그림 4-1]). 이 경우 대조군과 실험군은 정확히 같은 시기에 수행하게 되고, 사전 프로그램 측정이 없이 프로그램이 실행된 후 측정이 진행된다. 두 집단의 프로그램 후 성과의 차이는 훈련 프로그램과 직접 관련된 개선 정도를 보여준다.

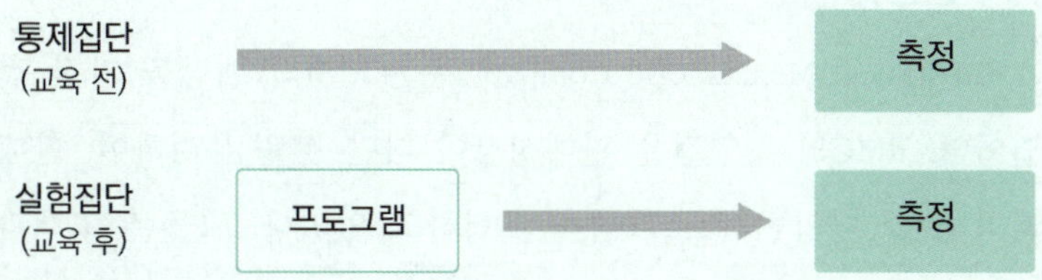

[그림 4-1] **사후 실험 통제집단 설계**

통제집단 방식을 사용하려면 다음 6가지 조건이 충족되어야 한다.

1. 프로그램의 결과를 나타내는 하나 또는 두 개의 지표를 확인해야 한다. 이것은 통제집단과 실험집단을 비교하는 데 사용된다.
2. 인재개발 프로그램과 함께 성과 지표에 영향을 미치는 요인을 파악하고 그에 따라 두 집단을 선정한다.
3. 두 집단을 구성할 수 있는 충분한 참가자가 있어야 한다.
4. 통제집단은 운영상의 문제 없이 교육 프로그램에서 배제되어야 한다.
5. 동일한 환경적 영향이 실험 중에 두 집단 모두에 영향을 미치며, 인재개발 프로그램이 유일한 차이점이어야 한다.
6. 실험집단은 오염으로부터 보호되어야 한다. 즉, 프로그램 실행을 위한 시스템은 통제집단의 구성원이 프로그램의 요소를 선택하여 적용하는 것을 방지해야 한다.

이러한 조건이 충족되면 통제집단 방식을 사용할 수 있다.

사례 연구

RMC(Retail Merchandise Company)는 420개의 매장을 가진 전국 체인이다. RMC의 경영진은 판매성장이 더딘 것을 우려하여, 판매를 늘리기 위한 다양한 프로그램을 실험하고 있었다. 그들은 고객과의 상호작용에 초점을 맞추었다. 판매 사원은 판매 과정에 적극적으로 개입하지 않았으며 일반적으로 고객이 구매 결정을 내릴 때까지 기다린 다음 판매 처리를 진행했다. 여러 매장 관리자들은 고객과의 의사소통을 강화해야 매출을 높일 수 있는지를 판단하기 위해 상황을 분석했다. 분석 결과, 고객을 파악하고 구매하도록 안내하는 간단한 기법이 각 매장의 판매를 촉진한다는 점을 알게 되었다.

고위 경영진은 인재개발 담당자에게 소규모 판매 사원 집단을 위한 고객 대화 기술 프로그램을 실험해 보도록 요청했다. 인재개발 담당자는 특히 프로그램이 효과적이지 않았을 경우의 개발 비용을 피하고자 외부 업체가 제작한 프로그램을 선호할 것이다. 관리팀의 구체적인 책임은 세 개의 매장에 대해 프로그램을 실행하고 결과를 모니터링하고 시사점을 만드는 것이었다.

인재개발 직원은 기술 연습을 많이 포함하는 상호작용적인 판매 기술 프로그램을 선택했다. 이 프로그램에는 참가자가 동료들과 각 기술을 연습할 기회가 제공되는 이틀간의 교육과 3주간의 현장 적용이 포함된다. 그런 다음 해당 기술의 사용과 관련한 문제, 이슈, 장애 및 우려 사항에 관한 토론이 포함된 마지막 날 교육이 있었다. 이 마지막 세션에서는 추가적인 연습과 세부적으로 피드백하는 과정이 실행되었다. RMC에서 이 프로그램은 3개 매장의 전자 제품 영역에서 시도되었으며, 각 매장에서 16명이 교육을 받았다.

이 평가에서 가장 중요한 부분 중 하나는 교육 프로그램의 효과를 분리하는 것이다. 이것은 계획 단계에서 중요한 문제이다. 핵심 질문은 "프로그램이 시행된 지 3개월 후에 판매 데이터를 수집할 때 판매 증가 중 어느 정도가 프로그램과 직접 관련이 있는가?"이다. 매출 향상은 인재개발 프로그램과 관련이 있을 수 있지만 다른 비교육적인 요인도 향상에 기여한다. 교육과 성과 향상 사이의 인과 관계는 매우 복잡하고 증명하기 어려울 수 있지만 용인되는 수준에서의 정확도로 성취할 수 있다. 계획 과정에서의 과제는 교육의 효과를 분리하는 하나 이상의 구체적인 전략을 개발하고 이를 ROI 분석계획에 포함하는 것이다.

이 사례 연구에서 이슈는 상대적으로 해결하기 쉬웠다. 고위 경영진은 인재개발 직원에게 자유롭게 파일럿 프로그램을 실행하는 매장을 선택할 수 있도록 했다. 프로그램을 위해 선정된 세 매장의 성과는 가능한 모든 면에서 동일했던 다른 세 매장의 성과와 비교되었다. 이 접근 방식은 프로그램의 효과를 분리하는 가장 정확한 방법이다. 추세선 분석 및 추정과 같은 다른 전략도 가능했지만, 상황의 적절성과 분석의 신뢰성 때문에 통제집단 분석을 선택했다. 통제집단과 실험집단을 사용하는 데 있어 문제는 두 집단의 매장을 적절하게 선택하는 것이다.

생각해 보기

이 사례 연구에서 여러분은 통제집단과 실험집단을 일치시키는 기준을 개발하는 임무를 맡았습니다. 두 집단을 일치시키는 기준은 무엇일까요?

-
-
-
-

연구에 포함되는 매장은 가능한 한 같아야 해서 인재개발 직원은 판매에 영향을 미칠 수 있는 몇 가지 기준을 개발했다. 이 목록은 상당히 광범위해졌고 시장 데이터, 매장 수준 데이터, 관리 및 리더십 데이터, 개인차가 포함되었다. 지역 관리자와의 전화 회의에서 이 목록은 가장 가능성이 큰 네 가지 요인으로 압축되었다. 경영진은 직원당 주간 매장 매출 차이의 최소 80%를 차지할 요인을 선택했다. 이러한 기준은 다음과 같았다.

- **매장 규모**, 대형 매장은 더 높은 성과 수준을 요구한다.
- **매장 위치**, 시장 변수로 고객이 거주하는 지역의 가계 소득 중간값 사용
- **고객 규모 수준**, 원래 보안을 목적으로 개발된 매장에 들어오는 고객의 규모를 측정
- **이전 매장 실적**, 미래 실적에 대한 좋은 예측치; 인재개발 직원은 두 집단을 확인하기 위해 직원당 주간 판매에 대해 6개월치의 데이터를 수집했다.

다른 요인이 판매에 영향을 미칠 수 있지만, 이 네 가지 기준을 사용하여 파일럿 프로그램을 위한 세 개의 매장을 선택하고 세개의 타 매장과 비교할 것이라는 사전 합의가 있었다. 통제집단 방식이 작동하지 않을 수 있는 만약을 위한 대비책으로 참가자 추정이 계획되었다.

단점과 장점

통제집단 방식은 인과 관계를 입증하는 최적의 표준이기는 하지만, 적용하기 어려울 수 있는 몇 가지 고유한 문제가 있다. 첫 번째는 이 방식이 많은 상황에 적합하지 않다는 것이다. 일부 유형의 인재개발 프로그램의 경우 특정 집단을 프로그램에서 배제하고 다른 집단을 참여시키는 것은 적절하지 않다. 이는 직무에서 즉시 필요한 필수적인 기술에는 특히 그렇다. 예를 들어, 초급 교육에서 직원은 업무를 수행하기 위한 기본 기술이 필요하다. 신입 사원 집단에 대한 교육에서 일부를 배제하여 교육을 받은 집단과 비교하는 것은 부적절하다. 이 방식은 초급 훈련의 효과를 드러내기는 하겠지만, 필요한 기술을 배우고 직무 상황에 대처하기 위해 고군분투하는 사람들을 더욱 곤란하게 만들 것이다. 개선된 매장 판매를 입증하기 위한 통제집단의 활용을 설명하는 이전 사례 연구와 같은 상황은 가능하다. 제공된 교육이 업무에 반드시 필요한 것은 아니었고 조직은 이것이 실제 판매에 가치를 더할 것이라고 완전히 확신하지 못했기 때문이다.

이 장벽으로 인해 통제집단 방식이 많이 실행되지는 않는다. 경영진은 한 영역에서 프로그램이 어떻게 작동하는지 확인하기 위해 다른 영역에서 프로그램을 보류하지 않는다. 그러나 실제로는 조직 전체에 프로그램이 실행되는 상황에서 자연적으로 발생하는 통제집단이 생길 수 있는 많은 기회가 있다. 모든 사람이 프로그램에 참여하는 데 몇 달이 걸릴 경우 초기 집단과 마지막 집단을 병렬로 비교하기에 충분한 시간이 있을 수 있다. 이러한 자연 발생적인 통제집단은 종종 주요 인재개발 프로그램 실행 시에 존재한다.

두 번째 문제는 유사한 집단이 비교에 포함될 수 있도록 진행 일정을 편성하기 위해 통제집단을 조기에 선정해야 한다는 것이다. 수십 가지 요인이 직원 성과에 영향을 미칠 수 있으며, 그중 일부는 개별적이고 일부 요인은 상황에 따라 다르다. 실질적으로 문제를 해결하려면 수행에 가장 큰 영향을 미칠 변수를 3~5개 내외로 선택하는 것이 가장 좋다.

통제집단 방식의 세 번째 문제는 오염인데, 이는 프로그램 참여자가 통제집단의 다른 사람들에게 영향을 미칠 때 발생할 수 있다. 통제집단의 구성원이 훈련된 집단의 행동을 모델링할 때 때때로 반대 상황이 발생하기도 한다.

두 경우 모두 프로그램이 통제군에 미치는 영향으로 인해 실험이 오염되는 경우이다. 이것은 통제집단과 실험집단이 다른 위치에 있는지, 다른 근무시간이 있는지 또는 같은 건물의 다른 층에 있는지 확인하여 최소화할 수 있다. 이것이 가능하지 않은 경우, 한 집단은 지금 교육을 받고 다른 집단은 나중에 교육을 받을 것이라고 두 집단에 설명하는 것이 도움이 될 수 있다. 또한, 교육받은 사람들의 책임감에 호소하고 다른 사람들과 정보를 공유하지 않도록 요청하는 것이 도움이 될 수 있다.

확인하기

문제는 통제집단이 실험집단을 능가하는 경우이다. 어떤 경우에는 프로그램이 실제로 문제에 대한 잘못된 해결책이었을 수 있다. 그러나 통제집단이 실험집단을 능가하는 경우 연구 설계의 문제일 수 있다. 따라서 프로그램으로 인해 얼마나 많은 개선이 필요한지 결정하기 위해 쉽게 사용할 수 있는 대체 접근 방식을 갖는 것이 중요하다.

넷째, 이전 문제와 밀접한 관련이 있는 시간문제이다. 통제집단과 실험집단의 비교가 길어질수록 다른 영향이 결과에 영향을 미칠 가능성이 커진다. 더 많은 변수가 상황에 포함되어 결과를 오염시키게 된다. 척도의 다른 측면에서는 두 집단 간에 명확한 패턴이 나타날 수 있도록 충분한 시간이 있어야 한다. 따라서 통제집단 방식의 적절한 기간은 수행 차이가 나타날 때까지 충분히 오래 기다리되 결과가 심각하게 오염될 정도로 오래 기다리지 않는 미묘한 균형을 유지해야 한다.

다섯 번째 문제는 서로 다른 집단이 서로 다른 위치에 있을 수 있어서 서로 다른 환경 영향 아래에서 기능할 때 발생한다. 때때로 집단 선택을 통해 이 문제가 발생하는 것을 방지할 수 있다. 또한, 필요 이상으로 많은 집단을 포함하여 환경적 차이가 있는 집단을 제외하는 것도 방법이다.

통제집단 사용의 여섯 번째 문제는 조직에 대해 너무 연구 지향적인 것처럼 보일 수 있다는 것이다. 예를 들어, 경영진은 프로그램을 진행하기 전에 실험에 시간을 할애하지 않거나 실험 프로그램의 효과를 측정하기 위해 프로그램에서 집단을 배제하고 싶지 않을 수 있다. 이러한 우려 때문에 일부 전문가는 통제집단을 사용하는 아이디어를 좋아하지 않는다. 그러나 이 방법이 사용될 때 일부 조직에서는 파일럿 참가자를 실험집단으로, 비 참가자를 통제집단으로 지정하여 실행한다. 이 방식 아래에서 통제집단은 자신들이 통제 상태에 있다는 정보를 받지는 않는다.

통제집단과 실험집단을 사용할 때의 주요 이점은 원인과 결과를 입증하는 데 있어 표준이라는 것이다. 이러한 수준의 신뢰성은 주요 인재개발 프로그램의 결과를 보고할 때 중요하다. 실험집단과 통제집단이 균등하게 일치하고 프로그램이 유일한 다른 요인이면 누군가가 결과를 반박하기는 어렵다. 오늘날의 민첩성과 분석학의 시대에서 실험은 과거보다 더 수용 가능해지고 있다. 고위 경영진은 프로그램이 작동하지 않는 경우 신속하게 되돌려야 할 필요성을 인식할 수 있다. 결과적으로 프로그램의 완전한 실행에 투자하는 대신 소규모의 집단을 대상으로 테스트하면 향후 잘못된 투자 결정을 피할 수 있게 된다.

2) 추세선 분석

인재개발 프로그램의 효과를 분리하는데 사용되는 또 다른 기법은 예측 및 추세선 분석방법이다. 이 접근법은 실행 가능하다면 신뢰할 수 있고, 적절한 경우 통제집단 방법의 대안이 될 수 있다.

프로그램 실행 이전의 수행을 기반으로 추세선을 그려 향후 추세를 예측하고, 프로그램이 실행된 후 실제 수행을 예상치인 추세선과 비교한다. 추세선으로 예측한 것보다 수행이 향상되면 합리적으로 프로그램에서 기인했다고 할 수 있다. 이런 해석이 가능하려면 다음의 네 가지 조건을 충족해야 한다.

① **프로그램 이전의 데이터가 가용해야 한다.**

이는 프로그램이 제안한 결과인 효과 데이터를 나타낸다. 추세를 만드는 데 필요한 데이터 포인트의 수는 데이터에 따라 다르지만, 최소 6개의 데이터 포인트가 필요하다.

② **프로그램 이전의 데이터는 불안정하지 않고 안정적이어야 한다.**

③ **만약 추세를 변경하는 프로그램이 실행되지 않는다면, 프로그램 이전에 개발된 추세는 지속될 것으로 예상된다.**

④ **프로그램이 수행된 후에는 다른 새로운 변수가 과정에 포함되면 안 된다.**

핵심 단어는 "새로운"으로, 추세선을 개발할 때 이미 기존의 변수들은 포함되어졌기 때문에, 인재개발 프로그램 외에는 과정에 추가 변수가 포함되어서는 안된다는 점을 확실히 이해해야 한다.

사례 연구

고객의 주문을 처리하기 위한 배송 창고에서는 배송 생산성이 지속적으로 모니터링된다. 일부 팀의 배송 생산성은 조직이 원하는 수준보다 훨씬 낮게 나타났다. 이상적인 생산성 수준은 100%로 실제 배송이 예정된 배송과 같아야 한다.

[그림 4-2]는 팀 훈련 프로그램 전후의 데이터를 보여주고 있다. 그림에서 볼 수 있듯이 교육을 수행하기 전부터 데이터는 상승하는 경향이 있었다. 프로그램이 배송 생산성에 극적인 영향을 미쳤

지만, 추세선은 이전에 설정된 추세를 기반으로 어쨌든 개선이 계속 되었음을 보여준다. 프로그램 실행 6개월 전의 평균 생산성(87.3%)과 프로그램 실행 6개월 후의 평균 생산성(94.4%)을 비교하여 7.1% 포인트 차이가 개선된 지표라고 하고 싶을 것이다. 그러나 보다 정확한 비교는 프로그램 종료 후 6개월 시점에서의 실제 평균(94.4%)과 추세선(92.3%)을 비교한 것이다. 즉, 차이는 2.1% 포인트이다. 이 비교는 추세(및 추세에 영향을 미치는 모든 요소)와 프로그램의 효과를 반영한다.

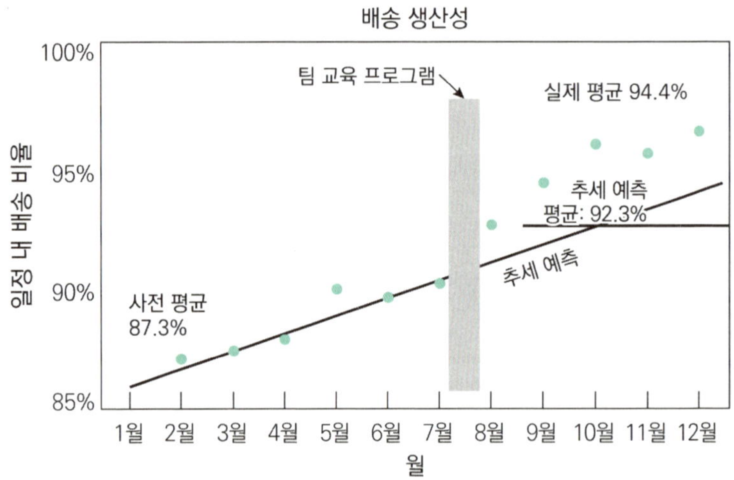

[그림 4-2] **생산성 추세선 분석**

데이터의 분산이 크면 추세선의 안정성이 문제가 된다. 직선 그래프로 데이터의 안정성을 평가할 수 없고 안정성이 심각한 이슈인 경우, 더 세밀한 통계 분석을 사용하여 데이터가 예측을 수행할 수 있을 만큼 안정적인지 확인할 수 있다. 추세선은 많은 계산기와 소프트웨어 패키지에서 사용할 수 있는 간단한 공식으로 예측할 수 있다.

단점과 장점

추세선 접근 방식의 주요 단점은 항상 정확하지는 않다는 것이다. 이 접근법의 사용은 교육 프로그램의 실행을 제외하고 프로그램 이전에 수행 지표에 영향을 미친 이벤트가 프로그램 이후에도 여전히 존재한다고 가정한다. 또한, 교육이 실시된 시점에 새로운 변인이 영향을 미치지 않았다고 가정한다. 이런 상황은 드문 경우이다.

이 접근 방식의 가장 큰 장점은 간단하고 저렴하다는 것이다. 과거 데이터를 사용할 수 있는 경우 추세선을 빠르게 그려서 차이를 추정할 수 있다. 정확하지는 않지만 인재개발 프로그램의 잠재적인 결과에 대한 빠른 평가를 제공한다.

3) 수학적 모델링

프로그램 효과를 분리하는 보다 분석적인 접근 방식은 수학적 모델링을 사용하는 것이다. 상관관계는 인과관계와 같지 않다. 이것은 이미 증명되었다. 그러나 과학자들은 특정 상황에서는 상관분석이 인과적 결과를 나타낸다는 방법을 지속해서 보여주고 있다(Mooij et al. 2016). 확고한 통계 분석을 사용한 모델 개발을 통해 평가자는 수행 변수 간의 상대적으로 신뢰할 수 있는 연결을 입증할 수 있다. 이 접근 방식은 프로그램이 실행되는 시점에 여러 변수가 상황에 포함될 때 추세선 분석의 수학적 해석을 의미한다.

기본 전제는 인재개발과 관련된 실제 수행 지표를 다른 요인과 관련된 지표의 변화와 비교한다는 것이다. 지표의 어느 정도 개선이 인재개발 프로그램으로 설명될 수 있는지 확인할 수 있는 중요한 경로가 만들어진다. 이러한 형태의 분석은 데이터 양과 현재 사용가능한 기술을 감안할 때 더욱 대중화되고 있다. 그러나 다른 영역처럼 인재개발 평가자가 여전히 이 방법을 사용하기는 쉽지 않다.

사례 연구

수학적 모델링 분석이 어떻게 사용될 수 있는지에 대한 기본적인 예는 판매를 늘리기 위해 광고와 교육이라는 두 가지 투자가 이루어진 판매 환경을 들 수 있다. 마케팅 및 광고 팀은 시간이 지남에 따라 광고 및 판매에 대한 투자를 추적했다. 최소 자승법을 사용하여 광고와 판매 간에 수학적 관계가 Y = 140 + 40X임을 확인했다. 여기서 Y는 직원 1인당 일일 판매량을, X는 광고 투자를 1,000으로 나눈 값을 나타낸다. 프로그램이 실행되기 이전 한 달 평균을 사용한 평균 일일 판매액은 1,100달러였고, 광고 투자는 24,000달러였다. 공식에 대입하면, $1,100 = 140 + 40(24).

프로그램 시작 6개월 후 월 평균 매출액은 1,500달러였고, 광고 투자는 3만 달러였다. 추가로 그 6개월 동안 교육 프로그램이 실행되었다. 고위 경영진과 인재개발 팀이 영향 요인에 대해 논의하면서 영업에 영향을 미칠 수 있는 유일한 "중요한" 요소는 교육 프로그램이라는 데 동의했다. 매출액 증가를 설명하기 위해 첫 번째 단계는 수학적 공식인 Y = 140 + 40(30)을 사용하여 광고 기여도를 해결하는 것이었다. 결과에 따르면 광고로 인한 평균 매출은 1,340달러이다. 즉, 실제 매출액 1,500달러와 계산된 매출액 1,340달러의 차이는 160달러였다. 이 차이는 교육 프로그램 때문이라고 할 수 있다.

단점과 장점

수학적 모델링의 주요 단점은 여러 변수가 과정에 포함될 때 나타난다. 분석의 복잡성이 배가되고 다중 변수 분석을 위한 정교한 통계 패키지의 사용이 필요하고, 그렇게 해도 데이터를 모델에 잘 맞추는 것이 불가능할 수 있다. 불행히도 일부 조직은 하나 또는 그 이상의 변수가 포함된 함수로서 성과에 대한 수학적 관계를 만들어 내지도 못했다. 수학적 관계를 만들지 못하면 이 접근법은 사용할 수가 없다.

이러한 유형의 분석이 제공하는 주요 이점은 더 많은 조직이 분석 역량 개발에 투자를 늘리고 있다는 점이다. 이러한 기능과 충실한 분석을 사용하면 인재개발 프로그램을 사용했을 때와 사용하지 않았을 때의 조직 수행 지표를 보다 정확하게 예측할 수 있다.

4) 전문가 추정

학습의 효과를 분리하기 위해 쉽게 실행할 수 있는 방법은 비즈니스 수행 지표를 이해하는 전문가로부터 직접 정보를 얻는 것이다. 전문가는 참가자, 감독자, 관리자, 후원자, 내용 전문가, 프로세스 소유자, 외부 전문가와 고객을 포함하여 여러 사람이 될 수 있다. 많은 프로그램에서 참가자는 전문가이다. 결국, 지표는 개별 수행을 반영한다. 그들은 다른 어떤 개인보다 학습을 포함하여 다양한 요인 간의 관계에 대해 더 많이 알고 있다.

프로그램 참가자들의 추정치가 중요하기 때문에 이 부분에서 논의하는 대부분은 참가자로부터 직접 이 정보를 수집하는 방법과 관련된다. 다른 사람으로부터 데이터를 수집하는 데에도 같은 방법이 사용된다. 이 방식의 효과는 참가자가 교육 프로그램과 관련된 수행 향상 정도를 결정할 수 있다는 가정에 달려 있다. 그들의 행동이 개선을 가져 왔기 때문에 참가자들은 이 이슈에 대해 매우 정확하게 답할 수 있다. 추정치이지만 참가자가 변화 또는 개선의 중심에 있으므로, 이 값은 일반적으로 경영진으로부터도 신뢰받을 수 있다.

이 기법을 사용할 때 다음과 같은 네 가지 가정이 이루어진다.

1. 인재개발 프로그램은 수행 향상에 초점을 맞춘 다양한 활동, 연습 및 학습 기회로 실행되었다.
2. 비즈니스 지표는 프로그램 이전에 확인되었으며 프로그램 이후에도 모니터링되었다. 데이터 모니터링을 통해 비즈니스 지표의 개선이 나타났다(분석은 이 단계에서 시작된다).
3. 인재개발 프로그램을 특정 수행 향상의 정도에 연결하고 개선의 금전적 효과를 개발할 필요가 있다. 이 정보는 실제 ROI를 계산하기 위한 기초를 제공한다.
4. 참가자는 학습 및 성과 지표를 포함하여 서로 다른 요인 간의 인과관계에 관해 잘 알고 있는 정보를 제공할 수 있다.

이러한 가정을 통해 참가자는 프로그램에 연결된 결과를 정확히 찾아내고 ROI 개발에 필요한 데이터를 제공할 수 있다. 전문가 추정은 포커스 그룹 또는 설문지를 사용하여 실행할 수 있다.

포커스 그룹 방식

포커스 그룹 접근 방식은 그룹 규모가 8~12명 범위에서 비교적 작은 경우의 전문가 추정에 매우 적합하다. 그룹이 더 큰 경우 그룹을 여러 개로 나누어야 한다. 포커스 그룹은 구성원이 정보를 동등하게 공유할 기회를 제공하여서 한 개인이 독점하는 것은 지양해야 한다. 이 과정은 전체 그룹의 의견, 창의성 및 반응을 활용한다.

포커스 그룹 세션은 약 1시간(결과에 영향을 미치는 여러 요인이 있거나 여러 비즈니스 지표가 있는 경우 약간 더)이 소요된다. 진행자는 이 과정에 대해 중립적이어야 한다(즉, 프로그램을 실행한 동일한 직원이 이 포커스 그룹을 진행해서는 안 됨).

이 과정의 과제는 인재개발 프로그램을 비즈니스 성과에 연결하는 것이다. 그룹은 개선 사항을 제시하고 프로그램으로 인한 개선 정도에 대한 의견을 제공한다. 학습 효과에 대한 가장 신뢰할 수 있는 값에 도달하려면 12단계가 필요하다.

1. 과제를 설명하라.

첫 번째 단계는 포커스 그룹의 구성원에게 과제를 설명하는 것이다. 참가자는 수행이 향상되었음을 분명히 해야 한다. 많은 요소가 성과에 기여했을 수 있지만, 이 그룹의 과업은 개선이 특정 프로그램과 얼마나 관련이 있는지 확인하는 것이다.

2. 규칙에 대해 논의하라.

특정 문제에 대해 의견을 각 참가자당 2분으로 제한하여 의견을 제공하도록 권장해야 한다. 비평은 무기명으로 특정 개인에게 연결되지 않도록 한다.

3. 과정의 중요성을 설명하라.

이 과정에서 참가자의 역할은 매우 중요하다. 그들의 직무와 관련된 지표에서 성과 향상을 가져온 것은 새로운 조치, 행동 또는 프로세스이기 때문에 이러한 향상의 원인을 표시하는 데 가장 좋은 위치에 있다. 참가자들은 이 과정의 전문가이다. 양질의 정보가 없으면 프로그램(또는 다른 프로세스)의 기여도를 알 수 없다.

4. 첫 번째 지표 값을 선택하고 개선 사항을 제시하라.

실제 데이터를 사용하여 프로그램 전후의 성과 수준을 보여줘라. 본질적으로 비즈니스 결과의 변화가 제시되어야 한다. 참가자별로 데이터가 있는 경우 개별적인 개선 사항을 사용해야 한다.

5. 성과에 기여한 여러 요소를 확인하라.

개선 사항에 대해 잘 알고 있는 전문가 및 프로세스 소유자의 의견을 사용하여 개선에 영향을 준 요인을 확인한다(예 작업량 변경, 새로운 시스템 구현 또는 테크놀로지 향상). 확인된 경우, 수행 향상에 기여했을 수 있는 요인을 나열한다.

6. 성과에 기여한 다른 요소를 확인한다.

일부 상황에서는 참가자만 다른 영향 요인을 알고 있으며 이러한 요인은 이때 드러난다.

7. 관계에 대해 논의하라.

참가자들은 한 번에 하나씩 각 요소를 사용하여 2분의 시간 제한을 사용하여 해당 요소와 결과 간의 연관성을 개별적으로 설명한다. 예를 들어, 프로그램 효과에 대해 참가자는 예제, 일화 및 기타 근거가 되는 증거를 제시하여 프로그램이 실제 개선을 어떻게 주도했는지 설명한다. 참가자에게 의견을 제시하도록 유도할 수 있는데, 해당 요인에 대해 참가자의 의견이 없다면 그 요인은 영향을 미치지 않았을 가능성이 크다.

8. 각 요인에 대해 이 과정을 반복하라.

지표의 성과에 영향을 미칠 수 있는 각 요인은 모든 참가자가 모든 요인과 비즈니스 성과 개선 사이의 연관성을 논의할 때까지 탐색된다. 이 연관성을 논의한 후 참가자는 다양한 요인과 비즈니스 개선 사이의 인과관계에 대한 명확한 이해를 가져야 한다.

9. 개선치를 배분하라.

참가자는 논의된 각 요소에 대한 개선 비율을 할당해야 한다. 참가자에게 해당 지표에 대한 총 개선 정도를 나타내는 원형 차트가 제공되고 원형을 나눠서 총 100%로 다른 개선 사항에 백분율을 할당하도록 요청한다. 일부 참가자는 이 프로세스에 대해 불확실하다고 느낄 수 있지만, 최선의 추정치를 사용하여 완료하도록 유도해야 한다. 불확실성은 나중에 해결될 것이다.

10. 신뢰 추정치를 제시하라.

그런 다음 참가자는 할당 비율을 검토하고 각 할당 추정치에 대한 신뢰 수준을 추정해야 한다. 0~100%의 척도를 사용하여 0%는 신뢰할 수가 없고 100%는 완전한 확실성을 나타내며 참가자는 이전 단계의 추정치로 신뢰도 수준을 표현한다. 참가자는 일부 요인에 더 익숙할 수 있으므로 신뢰 추정치는 모두 다를 수 있다. 이 신뢰 추정치는 결과를 보정하는 도구로서 역할을 한다.

11. 참가자들에게 두 백분율을 곱하도록 요청하라.

예를 들어, 향상의 35%를 학습에 배분하고 80% 확신한다면 35%에 80%를 곱한 28%이다. 실질적으로 참가자는 비즈니스 개선의 최소 28%가 인재개발 프로그램과 관련이 있다고 제시하는 것이다. 신뢰 추정치는 추정의 오류를 조정하는 보수적인 고려 요소로 역할을 한다. 계산 결과가 포함된 원형 차트는 무기명으로 수집되고 계산 결과를 확인한다. 또 다른 방법은 원형 차트를 수집하고 계산은 직접하는 것이다.

12. 결과를 보고하라.

가능하면 조정된 값의 평균을 계산하여 그룹에 전달한다. 또한 모든 정보의 요약은 가능한 한 빨리 참가자에게 전달되어야 한다. 정보를 제공하지 않은 참가자는 분석에서 제외한다.

<표 4-1>은 한 참가자의 추정치를 예로 들어 포커스 그룹 추정 방식을 보여주고 있다. 이 참가자는 개선의 50%를 인재개발 프로그램에 할당했다. 신뢰도 백분율은 추정치의 가능한 오류를 반영한다. 70% 신뢰 수준은 ±30%(100% × 70% = 30%)의 잠재적 오류 범위와 같다. 프로그램에 대해 할당된 50%에 대해서는 ±15%(50% × 30% = 15%)의 오류 범위를 나타낸다. 따라서 기여도는 65%(50% + 15% = 65%) 또는 35%(50% – 15% = 35%) 또는 그 중간 정도가 될 수 있다.

참가자가 할당한 양은 35~65%이다. 실질적으로 신뢰 추정치는 이 오차 범위를 구성하고, 보수적으로 범위의 아래쪽인 35%가 사용된다.

이 접근 방식은 사용 가능한 학습 요인 값 35%를 만들기 위해 요인 추정치에 신뢰 백분율을 곱하는 것과 같다. 그런 다음 수정된 비율에 실제 향상된 가치(프로그램 이후 지표에서 프로그램 이전 지표 값을 뺀 값)를 곱하여 프로그램이 기여한 부분을 분리한다. 보정된 개선을 이제 금전적 가치로 전환하면 궁극적으로 투자 수익을 개발하는 데 사용할 준비가 된 것이다.

표 4-1 참가자 추정의 예시

향상에 영향을 준 요인		향상에 영향을 준 비율	신뢰수준	수정된 향상 비율
1. 인재개발 프로그램		50%	70%	35%
2. 절차의 변화		10%	80%	8%
3. 표준 조정		10%	50%	5%
4. 인센티브 계획 수정		20%	90%	18%
5. 관리자의 관심 증가		10%	50%	5%
	Total	**100%**		

이 접근 방식은 다른 방법이 작동하지 않을 때 프로그램의 효과를 분리하는 신뢰할 수 있는 방법이다. 이 결론에 도달하는 데 몇 개의 포커스 그룹과 그렇게 길지 않은 시간이 소요되기 때문에 저비용 솔루션으로 간주되는 경우가 많다. 이 방식에서 대부분의 경우 실제 금전적 가치로의 전환은 포커스 그룹에 의해 수행되지 않고 다른 방

식으로 진행된다. 대부분의 데이터에서 금전적 가치는 이미 허용 가능한 표준 값으로 존재할 수 있다. 그러나 참가자가 데이터의 값에 대한 정보를 직접 제공해야 하는 경우 참가자가 동일한 포커스 그룹 회의에서 실제 금전적 가치에 대한 정보를 제시하도록 다음 단계에서 진행할 수 있다. 허용되는 값에 도달하기 위한 단계는 효과 분리 단계와 매우 유사하다.

기본규칙 6

잠재적인 추정 오류를 반영해서 개선 추정치를 보정하라.

설문조사 방식

때로는 데이터 수집에 포커스 그룹을 사용할 수 없거나 사용할 수 없는 방법으로 간주되곤 한다. 참가자가 포커스 그룹 회의에 참석하지 못하거나 이 방식을 사용하는 데 비용이 너무 많이 들 수도 있다. 이러한 상황에서는 설문지를 통해 유사한 정보를 수집하는 것이 도움이 될 수 있다. 이 접근 방식을 통해 참가자는 포커스 그룹에서 다루었던 것과 동일한 이슈를 다루지만, 후속 설문지에 포함된 일련의 효과에 관한 질문을 다루게 된다.

설문지는 이전 예에서 자세히 설명한 대로 인재개발의 효과를 분리하는 데만 초점을 맞출 수도 있고, 수집된 데이터의 일부인 분리 이슈와 함께 프로그램에서 파생된 금전적 가치에 초점을 맞출 수도 있다. 설문지는 참가자가 효과 데이터를 제공하는 방법이 확실하지 않은 경우, 보다 다양한 용도로 사용할 수 있다. 일부 프로그램에서는 프로그램의 영향을 받는 지표를 정확히 모르는 경우도 있다. 리더십, 팀 빌딩, 커뮤니케이션, 협상, 문제 해결, 혁신 및 기타 유형의 인재개발 이니셔티브와 관련된 프로그램의 경우가 종종 있다. 이러한 상황에서 참가자로부터 일련의 효과 질문에 대한 답, 즉 학습한 내용을 어떻게 사용했는지, 직무 단위가 어떻게 영향을 받았는지를 보여주는 정보를 얻는 것이 도움이 된다. 참가자가 설문지를 받기 전에 이러한 질문에 대해 알도록 하는 것이 중요하다. 그렇지 않으면 응답하지 않거나 응답에 어려움을 겪을 수 있다.

다음은 프로그램으로 인한 효과 지표의 개선과 그 개선의 가치를 결정하는 일련의 질문이다. 질문 8, 9, 10은 수행 향상에 대한 프로그램의 효과를 분리하는 데 필요한 질문이다.

1. 이 프로그램(지식 및 기술 적용)에 참여한 결과 귀하와 귀하의 직무가 어떻게 바뀌었습니까?
2. 이러한 변화가 직무 또는 직무 단위에 어떤 영향을 미칩니까?
3. 이 효과는 어떻게 측정됩니까(특정 지표)?
4. 프로그램에 참여한 후 이 지표값이 얼마나 변경되었습니까(월간, 주간 또는 일일 금액)?
5. 이 지표의 단위당 가치는 얼마입니까?
6. 이 단위당 가치의 근거는 무엇입니까? 이 값을 도출하기 위한 가정과 구체적인 계산을 표시하십시오.
7. 직무 단위에서 이 변경 또는 개선의 연간 가치는 얼마입니까(첫해)?
8. 프로그램 외에도 다른 많은 요인이 결과에 영향을 미친다는

것을 인식하고 이 성과에 기여할 수 있는 다른 요인을 확인하십시오.

9. 프로그램에서 얻은 기술과 지식의 적용이 이 향상의 몇 퍼센트에 직접적으로 기여했다고 할 수 있습니까(0~100%)?
10. 백분율로 표시된 위의 추정치와 데이터에 대해 어느 정도 확신하십니까(0% = 신뢰 없음, 100% = 완전히 확신함)?
11. 이 비율을 추정하거나 금액을 결정할 수 있는 다른 직원 또는 그룹이 있습니까?

사례 연구

다음의 예시는 이 방법의 효과성과 수용가능성을 보여준다. 대규모 글로벌 조직에서 새로운 관리자를 위한 리더십 프로그램의 효과를 평가했다. 프로그램이 실행된 후 프로그램의 효과를 계산하기로 결정해서 교육의 효과를 분리하는 방법으로 통제집단 방법은 불가능했다. 또한, 프로그램이 실행되기 전에는 프로그램과 직접 연결된 것으로 확인된 효과 데이터가 확인되지 않았다. 참가자는 하나 또는 그 이상의 비즈니스 성과 지표를 고려할 수 있다. 결과적으로 추세선 분석을 사용하는 것도 적절하지 않았다. 성과 향상에 대한 프로그램의 효과를 평가하는 가장 유용한 방법은 참가자들의 추정치가 적합했다. 상세한 후속 설문에서 참가자는 프로그램에서 배운 내용의 적용에 관한 다양한 질문을 받았다. 구체적인 후속 계획을 필요로 하지는 않았지만, 프로그램의 일환으로 개인별로 액션플랜을 개발하고 실행하도록 요청받았다.

다음의 질문들은 답하기 쉽지 않지만 적절하게 구성하고 참가자에게 적절한 방식으로 제시하면 효과 데이터를 수집하는 데 매우 효과적일 수 있다. <표 4-2>는 이 특정 프로그램에 대한 설문지 질문으로부터 도출된 계산 샘플을 보여준다.

추정치이긴 하지만 접근 방식 자체는 신뢰할 수 있다. 이 접근 방식은 보수적으로 산출하기 위해 4가지의 조정이 효과적으로 적용된다.

- 설문에 응답하지 않거나 설문에 사용 가능한 데이터를 제공하지 않은 개인은 개선되지 않은 것으로 간주한다. 일부 직원은 개선이 있어도 설문지에 응답하지 않을 수 있어서 아마도 결과가 과소 평가될 수도 있다.
- 극단적인 데이터와 불완전하고 비현실적이며 뒷받침되지 않는 주장은 무형의 혜택에 포함될 수는 있지만 분석에서는 생략한다.
- 연간 값만 사용되기 때문에 실행 첫해에는 프로그램의 혜택이 없다고 가정한다. 실제로 리더십 개발은 프로그램이 실행된 후 몇 년 동안 가치를 더할 것으로 예상해야 한다.
- 백분율로 표시되는 신뢰 수준에 개선 값을 곱하여 잠재적 오류로 인한 개선 정도를 줄인다.

기본규칙 7

모집단 또는 특정 출처에서 개선 데이터가 가용하지 않은 경우, 개선이 거의 없거나 개선되지 않은 것으로 간주한다.

고위 경영진에게 제출했을 때 이 연구 결과는 프로그램의 성공에 대해 과소 평가한 것으로 받아들여졌다. 데이터와 절차는 신뢰할 수 있고 정확한 것으로 간주되었다.

표 4-2 신임 관리자를 위한 리더십 프로그램 참가자의 의견 예시

참가자 번호	연간 개선 가치(천원)	가치의 근거 (천원)	신뢰 수준	분리 비율	조정된 가치 (천원)
11	36,000	그룹의 효율성 향상 3,000/월 × 12개월(그룹 추정)	85%	50%	15,300
42	90,000	퇴사 감소. 퇴사 통계(2명/년) 기본 연봉 × 1.5 = 45,000	90%	40%	32,400
74	24,000	고객 응답시간 개선(6~8시간) 추정값 2,000/월	60%	55%	7,920
55	2,000	개인 효율성 5% 향상 (40,500 × 5%)	75%	50%	750
96	10,000	결근 감소 (년 50회 결근 × 200)	85%	75%	6,375
117	8,090	팀 프로젝트 기간 단축(10일) 연봉 210,500 = 809/일 × 10일	90%	45%	3,276
118	159,000	예산 대비 절감액	100%	30%	47,700
					합계: 113,721

이 과정에서 효과에 관한 질문에서 질 높은 적절한 양의 데이터를 수집하는 것은 중요한 과제이다. 참가자는 데이터를 제공할 의향이 있어야 하고, 다음의 6가지 방법으로 이를 유도할 수 있다.

- 참가자는 정보가 필요한 이유 및 사용 방법에 대한 설명과 함께 이러한 유형의 데이터를 제공해야 함을 미리 알아야 한다.
- 이상적으로는 참가자가 프로그램에 참여하는 동안 이 설문지를 보고 토론하도록 해야 한다. 가능하다면 데이터를 제공하겠다는 구두 약속을 받아 두어야 한다.
- 데이터를 수집하기 전에 참가자에게 요구 사항을 상기시킬 수 있다. 알림은 직속 상사를 포함하여 프로세스에 관련된 다른 사람이 제공해야 한다.
- 참가자들에게 가능한 시나리오와 데이터 유형을 사용하여 설문지 작성 방법에 대한 예를 제공할 수 있다.
- 직속 상사는 설문 과정을 통해 참가자를 코칭할 수 있다.
- 직속 상사는 데이터를 검토하고 승인할 수 있다.

기본규칙 8

ROI를 계산할 때 극단적인 데이터 및 근거 없는 주장은 사용하지 마라.

이러한 단계는 참가자가 당황하지 않고 효과 질문에 맞춰 데이터 수집 프로세스가 진행되도록 도와준다. 또한, 세 가지 중요한 과제가 달성될 것이다.

- **응답률의 신장:** 참가자는 세션 중에 데이터를 제공하기로 약속했기 때문에 더 많은 비율로 응답할 것이다.
- **데이터의 양 증가:** 참가자는 효과의 사슬을 이해하고 데이터가

어떻게 사용되는지 이해할 것이고, 더 많은 질문에 응답할 것이다.

- **데이터의 품질 향상**: 사전 기대치를 통해 필요한 데이터 유형을 더 잘 이해하고 제공하는 데이터에 대한 신뢰도를 높일 수 있다. 아마도 무의식적으로 참가자들은 교육의 결과와 특정 성과 지표를 통해 생각하기 시작한다.

기본규칙 9

단기 솔루션의 ROI 분석에서는 첫해의 연간 이익만 사용하라.

단점과 장점

참가자 추정은 인재개발의 효과를 파악하는 데 유용한 기법이다. 그러나 이 기법에는 몇 가지 단점이 있다. 이는 추정치이며 결과적으로 일부 인재개발 관리자가 원하는 정확도를 갖지 못한다. 또한, 일부 참가자는 이러한 유형의 추정치를 제공할 수 없기 때문에 수집된 데이터를 신뢰할 수 없을 수 있다. 결과에 어떤 요인이 기여했는지 정확히 알지 못하거나 데이터 제공을 꺼릴 수 있다. 설문이 갑작스럽게 제시되면 응답이 부족할 것이다.

그럼에도 불구하고 이 전략을 매력적으로 만드는 몇 가지 장점이 있다. 이 방식은 대부분의 참가자와 평가 데이터를 검토하는 다른 사람들이 쉽게 이해할 수 있는 간단한 과정이다. 저렴하고 분석에 시간이 많이 걸리지 않으므로 평가 프로세스에 효율적으로 추가할 수 있다. 추정치는 신뢰할 수 있는 출처(개선을 만든 직원)에서 비롯된다.

이러한 장점은 단점을 상쇄할 수 있다. 인재개발의 효과를 분리하는 것은 결코 정확하지 않겠지만, 이 추정치는 대부분의 고객 및 관리 그룹에게는 충분히 정확할 수 있다. 참가자가 관리자, 감독자, 팀 리더, 영업 사원, 엔지니어 및 기타 전문 및 기술 직원인 경우 적절한 방법이다.

이 기법은 다른 방법이 가능하지 않을 때 사용하는 대안적인 분리 전략이다. 학습 효과를 분리해야 하고 다른 기법을 사용할 수 없는 경우에 대한 대안적 접근 방식이다. 트레이너, 교육 관리자, 학습 전문가 및 수행 향상 전문가는 종종 절대적인 정확도가 부족한 기법을 사용하기를 꺼린다. 그러나 데이터의 주요 대상(스폰서 또는 고위 관리자)은 이 접근 방식을 쉽게 받아들일 것이다. 때때로 결정을 내려야 할 때 모호함을 받아들이고, 그들은 추정치를 이해하고 이 방식이 프로그램을 성과 지표와 연결하는 유일한 방법일 수 있음을 이해한다. 그들은 어려움을 이해하고 보수적인 접근 방식을 인정하며 종종 실제 가치가 제시된 가치보다 클 것이라고 말할 것이다. 조직에서 이를 일상적으로 사용하기 시작하면 때로는 효과 분리를 위한 선택지 중 하나가 될 것이다.

다른 전문가로부터의 데이터 수집

이전 접근 방식은 프로그램 참가자로부터 데이터를 수집하는 방법을 설명했다. 포커스 그룹 접근 방식과 설문 접근 방식 모두 다른 사람으로부터 데이터를 수집하는 데에도 도움이 될 수 있다. 때로는 프로그램 참가자의 감독자가 성과 향상에서 인재개발의 역할에 대한 의견을 제공할 수 있다. 일부에서는 참가자의 감독자가 성과에 영향을 미치는 다른 요소에 더 익숙할 수 있다. 결과적으로 그들은 효과 추정치를 제공하기 위해 더 잘 준비되어 있을 수 있다. 주의 사항: 감독자가 실제 직무 환경에서 물리적으로 동떨어져 있다면 인재개발의 효과를 이해하기 어려울 수 있다.

관리자는 정보를 제공하도록 요청받을 수 있지만 이러한 요인의 인과관계에 대해 신뢰할 수 있는 통찰력이 있는 경우에만 가능하다. 그들이 직무 상황에서 물리적으로 동떨어져 있다면 그들은 그다지 신뢰할 수 없다. 기타 데이터 제공이 가능한 출처로는 고객, 외부 전문가, 프로그램 후원자 및 이러한 관계에 대해 잘 알고 있는 다른 개인 또는 그룹의 의견이 포함된다.

3. 신뢰성을 구축하는 프로세스

프로그램의 효과를 분리하는 것은 ROI 방법론에서 신뢰성에 가장 중요한 단계이다. 방법의 선정 및 방법의 신뢰성 증진과 관련된 문제를 더 자세히 살펴보는 것이 중요하다.

1) 방법 선정

<표 4-3>은 5년 이상 ROI 방법론을 적용해 온 200개 이상의 모범적인 조직에서 각 방법을 적용한 빈도를 보여준다. 비교집단 분석이 높은 비율을 차지하고 있다. 모든 효과 연구에서 이 방법의 평균적인 사용은 이보다는 훨씬 적다. 즉, 이들은 모범적인 사례이며 가장 신뢰할 수 있는 분석을 사용하기 위해 부지런히 노력했다는 의미이다. "기타"를 나타내는 20%는 사용 가능성이 낮은 다양한 방법이다.

표 4-3 모범 사례의 사용 방법

인재개발프로그램의 효과 분리 방법

방법	모범 사례 사용
1. 통제 집단 방법	35%
2. 추세선 분석	20%
3. 전문가 추정	50%
4. 기타	20%

1. 신뢰도 순으로 기재
2. 백분율의 합이 100% 초과(중복 사용)

학습의 효과를 분리하는 데 사용할 수 있는 몇 가지 방법 중 특정 프로그램에 가장 적합한 방법을 선택하는 것은 어려울 수 있다. 추정치는 간단하고 저비용이지만 다른 것들은 더 많은 시간과 비용이 소요된다. 방법을 선택할 때에는 다음과 같은 몇 가지 요소를 고려해야 한다.

- 방법의 타당성
- 필요한 정확도와 비교할 때 해당 방법이 제공하는 정확도
- 대상 청중과 관련된 방법의 신뢰성
- 방법 실행을 위한 구체적인 비용
- 방법이 실행됨에 따라 정상적인 작업 활동의 중단 정도
- 특정 방법에 필요한 참가자, 직원 및 관리 시간

2) 여러 방법의 사용

일반적으로 두 정보원이 하나보다 낫기 때문에 여러 방법 또는 데이터 입력 정보원을 고려해야 한다. 여러 정보원을 사용하는 경우 데이터를 결합하는 데 보수적인 방법이 권장된다. 보수적인 접근 방식은 수용성과 신뢰도를 구축한다. 대상 청중에게는 항상 프로세스에 대한 설명과 다양하게 관련된 주관적 요인을 제공해야 한다. 여러 출처를 통해 조직은 다양한 방법을 실험하고 특정 방법에 대한 자신감을 쌓을 수 있다. 예를 들어, 경영진이 참가자 추정치의 정확성에 대해 우려하는 경우, 추정 프로세스의 정확성을 확인하기 위해 통제 집단과 참가자의 추정치를 조합하여 시도할 수 있다.

3) 신뢰도 강화

인재개발의 ROI가 높은 것은 드문 일이 아니다. 개선의 일부가 다른 요인에 할당된 경우에도 그 수치는 많은 상황에서 여전히 인상적이다. 보고를 받는 사람들은 효과를 분리하기 위해 모든 노력을 기울였지만, 여전히 정확하지 않고 오류를 포함할 수 있는 수치임을 이해해야 한다. 제약 사항, 조건 및 가용한 자원하에서 효과에 대한 최상의 추정치라 할 수 있다.

ROI의 신뢰성을 강화하는 한 가지 방법은 데이터의 신뢰성에 영향을 미치는 다양한 요인을 고려하는 것이다. <표 4-4>는 특정 집단에 제공되는 데이터의 신뢰성에 영향을 미치는 일반적인 요소 목록이다. 인재개발 프로그램의 효과를 분리하는 문제는 이러한 몇 가지의 신뢰성 요인의 영향을 받는다.

데이터 출처의 평판도 고려해야 한다. 가장 지식이 풍부한 전문가가 의견을 제공하고 분석에 참여해야 한다. 또한, 연구자의 동기는 지각된 신뢰성에 큰 영향을 미칠 수 있다. 제3자가 실행되는 모든 포커스 그룹을 진행해야 하며 데이터는 객관적으로 수집되어야 한다. 또한, 분석의 가정과 연구 방법론을 명확하게 정의하여 청중이 신뢰성을 높이기 위해 취한 조치를 이해할 수 있도록 해야 한다. 데이터 유형은 효과 데이터에 직접 초점을 맞추고, 데이터는 변했으며 해당 변화에 대한 효과를 분리하는 것이 과제이다. 관리자는 일반적으로 대부분의 프로그램 결과에서 수집된 하드 데이터를 처리하는 것을 선호한다. 마지막으로 하나의 프로그램의 효과를 분리하여 분석 범위를 좁혀 신뢰성을 높일 수 있다.

표 4-4 데이터의 신뢰도에 영향을 미치는 요소

• 데이터 출처의 평판	• 청중의 개인적 편견	• 결과 데이터의 현실성
• 연구 출처에 대한 평판	• 연구 방법론	• 데이터 유형
• 연구자의 동기	• 분석에 포함된 가정	• 분석 범위

4. 마무리

2장에서는 데이터 수집 계획과 ROI 분석 계획을 소개했다. 3장에서 여러분은 ROI를 평가할 프로그램에 대한 데이터 수집 계획을 완성했다. 여러분은 이제 ROI 분석 계획을 작성하기 시작해야 한다.

<표 4-5>는 ROI 분석 계획 양식이다. 데이터 수집 계획에서 ROI 분석 계획의 첫 번째 열로 4수준 지표 값을 옮겨 적는다. 다음으로 프로그램의 효과를 다른 영향으로부터 분리하는 데 사용할 방

법을 확인하고 각 4수준 지표 값에 맞춰 두 번째 열에 방법을 작성한다. 이 단계를 반드시 수행해야 하므로 각 목표에 대한 방법이 포함되어야 한다는 점을 기억해야 한다.

다음 장에서도 ROI 분석 계획을 이어서 완성해 갈 것이다.

표 4-5 ROI 분석 계획

프로그램: 책임자: 일자:

데이터 항목 (4수준 관련)	프로그램 효과 분리 방법	데이터를 금전적 가치로 전환하는 방법	비용 범주	무형의 혜택	최종 보고서의 청중	적용 과정에서의 다른 영향 요소 또는 이슈	비고

CHAPTER

05

ROI 계산하기

이 장의 내용

1. 데이터를 금전적 가치로 변환하기
2. 모든 비용을 포함해서 비용표 작성하기
3. ROI 계산하기
4. 마무리

CHAPTER

05 ROI 계산하기

이 장의 내용

인재개발 프로그램에 대한 신뢰도를 지속적으로 높여가려면 조직에 기여하는 경제적 가치를 입증해야 한다. 특히 이 장에서는 다음과 같은 방법으로 4수준에서 5수준으로 이동하는 기본 단계를 다루고자 한다.

- 데이터를 금전적 가치로 변환하기
- 모든 비용이 포함된 비용표 작성하기
- ROI 계산하기

1. 데이터를 금전적 가치로 변환하기

4수준과 5수준의 근본적인 차이는 프로그램(4수준)의 혜택을 금전적 가치로 변환하는 것에서 시작된다. 어떤 이들에게는 이것이 두려운 일이겠지만, 다른 사람들은 지표의 기준 가치를 사용할 수 없는 경우라도 지표 값을 금전적 가치로 변환하는 방법이 있다는 것을 알고 있다.

4수준 측정은 프로그램에서 배운 지식과 기술(3수준)을 적용한 결과로 정의된다. 이러한 결과는 하드 데이터와 소프트 데이터로 분류되는 지표값으로 귀결된다. 그러나 이러한 범주는 실제로 무엇을 의미하는가?

1) 하드 데이터와 소프트 데이터

하드 데이터에는 수집 및 측정이 쉽고, 정량화할 수 있고, 금전적 가치로 쉽게 변환되고, 객관적이며, 조직 성과에 대한 공통 지표가 있으며, 경영진이 즉시 신뢰할 수 있는 지표가 포함된다. 이 데이터는 합리적이고 확실한 사실로 제시된 개선의 주요 지표이다. 하드 데이터에는 생산, 품질, 비용 및 시간 지표가 포함된다.

개인, 공공, 사회 또는 학교 등의 모든 조직에는 이러한 지표가 있다. 하드 데이터를 나타내는 지표의 예는 <표 5-1>에 제시되어 있다. 모든 것이 포함되어 있지는 않지만, 이 목록에는 여러분의 조직에서 관리하는 일부 지표가 포함되어 있어야 한다.

반면에 소프트 데이터는 측정하기 어렵고, 정량화하기 어렵고, 주관적이며, 성과지표로서 신뢰하기 어렵고, 행동지향적인 지표를 나타낸다. 이 지표들은 중요하기는 하지만 내재된 주관성 수준으로 인해 성과를 측정할 때 신뢰성이 떨어지는 것으로 인식되는 경우가 많다. 소프트 데이터에는 작업 습관, 새로운 기술, 분위기, 역량 개발, 만족도 및 이니셔티브와 같은 지표가 포함된다.

모든 조직에는 소프트 데이터로 분류할 수 있는 몇 가지 지표가 있다. <표 5-2>에는 각 범주의 예가 나와 있다.

표 5-1 하드 데이터

생산	품질
생산량	오류
제조된 양	폐기물
조립된 수량	불합격
처리된 보고서	재작업
졸업생 수	부족
연구보조금	결함
완료된 과제	실패
배송 건수	유해 침입(트래픽)
신규 계정 건수	사고
비용	**시간**
예산 차이	주기 시간
단가	응답 시간
가변 비용	장비 중단 시간
간접비	초과근무
운영 비용	처리 시간
위약금/벌금	감독 시간
프로젝트 비용 절감	회의 시간
사고 비용	작업 중단
판매 경비	주문 응답 시간

표 5-2 소프트 데이터

근무 습관	새로운 기술
결근	결정
지각	문제해결
응급 처치	고충 해결
안전 위반	갈등 관리
의사소통	직원과의 교류

분위기	개발
고충 건수 직원 불만 직원 참여 조직 헌신 직원 이직	승진 건수 급여 인상 건수 전근 요청 업무평가 등급 직무 효과성
만족도	**이니셔티브**
직무 만족도 고객 만족도 직원 충성도 자신감 증진	새로운 아이디어 구현 혁신 목표 달성 프로젝트 완료

생각해 보기

지표가 하드 데이터 또는 소프트 데이터 중 어디에 해당하는지 선택하세요. 향상된 지표값은 무엇입니까?

목표	하드	소프트
보고서의 오류율을 20% 감소	❑	❑
프로젝트 완료에 필요한 시간 감소	❑	❑
3개월 안에 고객 만족도 지수를 25% 향상	❑	❑
소송 비용을 24% 감소	❑	❑
팀워크 향상	❑	❑
창의성 증진	❑	❑
신규 특허 건수 증가	❑	❑
결근 감소	❑	❑

2) 유형 데이터와 무형 데이터

많은 사람들은 고객 만족도, 팀워크, 창의성, 결근과 같은 지표를 소프트 데이터로 간주한다. 여러분은 어떤가? 다음에 대해 생각해 보자.

- 고객 만족도가 소프트 지표인 경우, 고객 만족도 지수를 생성하기 위해 정량적 가치를 어떻게 지정합니까? 고객 만족도에 숫자를 부여(또는 정량화)합니까?
- 경영진이 새로 습득한 리더십 기술을 적용하고, 여러분은 팀워크가 증가한다는 것을 알게 되었다면, 왜 관심을 기울입니까? 여러분은 결과적으로 생산성이 향상되어 매출이 증가하고 비용이 절감되기를 바라고 있습니다.
- 직원이 더 창의적인 것이 왜 중요합니까? 창의적 사고를 사용하면 제품 개발 회의가 더 효율적입니다.
- 결근이 소프트 지표인 경우 어떻게 추적합니까? 직원이 출근하지 못한 날을 관리하는 사람이 있습니까?

많은 사람은 하드 데이터가 유형의 지표를 나타낸다고 제안하고, 소프트 데이터가 무형의 지표를 나타낸다고 말한다. 그러나 회계사가 제품 판매를 유형으로 서비스를 무형으로 분류할 수 있는 것처럼, 하드 또는 소프트와 관계없이 지표의 개선은 정량화된 결과로 이어져 경제적 부가가치로 이어질 수 있다. 결국, 제품과 서비스는 모두 조직의 수입(그리고 바라건대 이익)에 직접 연결된다. 유형 및 무형 지표에 대한 더 나은 설명은 객관적 기반(하드 데이터) 또는 주관적 기반(소프트 데이터)이 아니라, 금전적으로 전환되는지 여부이다.

확인하기

다섯 가지 수준의 데이터가 있다. 무형의 혜택은 금전적으로 변환되지 않는 효과 데이터이다. 조직에 미치는 중요성을 고려해서 ROI를 보고할 때 무형의 혜택은 여섯 번째 유형의 데이터에 해당한다.

모든 데이터는 금전적 가치로 변환될 수 있다. [그림 5-1]에서 볼 수 있듯이 이는 지표를 비용 절감 및 방지 또는 수익으로 전환된 수입과 연결하여 이루어진다.

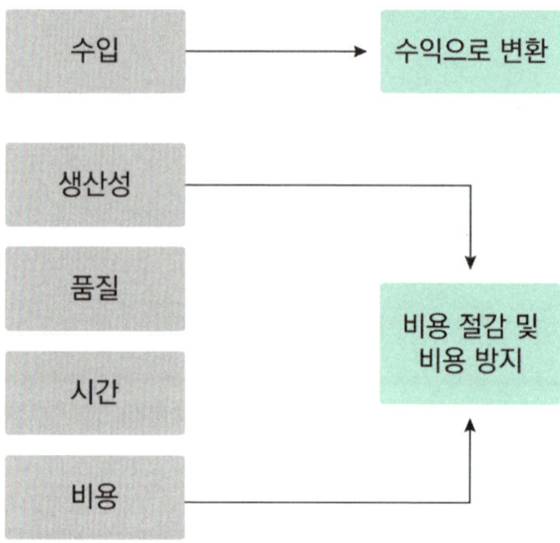

[그림 5-1] **데이터 변환**

모든 지표를 금전적으로 전환할 수 있지만 몇 가지 요소를 고려해야 한다. 한 가지 요인은 지표를 변환하는 비용이다. 평가 자체보다 데이터 변환에 더 큰 비용을 투자해서는 안 된다. 지표의 중요성은 또 다른 고려 사항이다. 고객 만족도 및 직원 만족도와 같은 일부 지표에서 매우 잘 나타나는데, 이 경우 지표를 금전적으로 변환하기 전에 숙고해 보아야 한다. 세 번째 고려 사항은 신뢰성이다. 대부분의 비즈니스 의사결정은 다소 주관적인 데이터로 이루어지지만, 데이터의 출처, 데이터 이면에 있는 인지된 편견, 결과를 제시하는 동기 등은 데이터가 다소 의심스러울 때 모두 문제가 된다. ROI를 계산하기 위해 신뢰성을 위험에 빠뜨려서는 안된다. 무형의 성공 지표가 당신이 멈추어야 하는 곳일 수 있다.

생각해 보기

신뢰도의 정의에 따라 신뢰도 순으로 다음 연구 결과의 순위를 정해보세요. 동료도 해보게 하세요. 순위를 비교하고 항목의 순위를 지정한 이유를 논의해 보세요. 이는 다른 사람들이 여러분의 평가 프로젝트에 제공하는 것과 동일한 우선 순위일 것입니다. 순위: 1=가장 신뢰할 수 있고 4=가장 신뢰할 수 없음.

연구	순위
피로한 근로자는 고용주에게 연간 1,360억 달러의 비용을 들게 한다 출처: Fareed Zakaria, CNN Global Public Square, June 9, 2019.	
Vulcan Materials Company는 2018년에 1억 9,500만 톤의 쇄석을 생산했다. 출처: 연례 보고서	

연구	순위
IAMGOLD는 1급 관리자가 참여하는 리더십 프로그램에서 345%의 ROI를 보여주었다. 출처: Parker, L., and C. Hubble. 2015. "Measuring ROI in a Supervisory Leadership Development Program." In Measuring the Success of Leadership Development, by P.P. Phillips, J.J. Phillips, and R.L. Ray. Alexandria, VA: ATD Press.	
St. Mary-Corwin의 Farm Stand Prescription Pantry는 조직의 비용을 절감하고 직원의 의료 비용을 크게 줄여 650%의 ROI를 달성했다. 출처: Phillips, P.P., J.J. Phillips, G. Paone, and C.H. Gaudet. 2019. Value for Money: How to Show the Value for Money for All Types of Projects and Programs. Hoboken, NJ: John Wiley & Sons.	

3) 데이터 변환 방법

지표를 금전적 가치로 변환하는 데 사용할 수 있는 다양한 기법이 있다(신뢰성 순으로 <표 5-3>에 나열됨). 데이터를 금전적 가치로 변환하는 데 성공하기 위해서는 현재 사용 가능한 가치를 알아야 한다. 가치를 사용할 수 없는 경우 어떻게 제대로 개발할 수 있겠는가? 처음 세 가지 기법은 표준 가치를 나타낸다. 이들은 조직에서 인정한 데이터이기 때문에 가장 신뢰할 수 있다. 다음은 중요한 지표에 대해 신뢰할 수 있는 가치로 이어질 수 있는 대안들이다.

표 5-3 데이터 변환을 위한 기법

• 표준 가치	• 과거 비용	• 추정
》 기여하는 산출물	• 내부 및 외부 전문가	》 참가자 추정
》 품질 비용	• 외부 데이터베이스	》 감독자 및 관리자 추정
》 직원의 시간	• 타 지표와 연계	》 인재개발부서 직원 추정

표준 가치

많은 조직이 이직률, 생산성 및 품질 지표에 대한 표준 가치를 가지고 있다. 6시그마를 사용하는 조직은 과도할 정도의 많은 지표와 그 지표의 금전적 가치를 가지고 있다. 조직을 살펴보라. 사람들과 대화하고 조직의 다른 부분에서 무엇이 측정되고 있는지 확인해야 한다. 다른 부서의 지표를 차용할 수도 있다. 지표에 대한 금전적 가치가 개발되었고 조직 내에서 수용된 경우 이를 재개발할 필요는 없고, 그들이 한 작업을 활용하면 된다.

기본규칙 10

데이터를 수집하고 분석할 때는 가장 신뢰할 수 있는 출처만 사용하라.

표준 가치는 기여하는 산출물, 품질 비용 및 직원 시간의 세 가지 범주로 분류된다. 기여도에 대한 산출물을 고려할 때 추가 산출물의 가치를 살펴보라. 예를 들어, 이익을 기준으로 작업하는 조직은 추가 매출로 수익을 창출할 때 한계 이익 기여도를 고려해야 한다. 스타벅스를 생각해 보자. 스타벅스를 찾는 고객의 주요 동인은 커피이다. 그러나 알다시피, 비스코티, 초콜릿, 생수, 주스 및 우유는 말할 것도 없고 컵, 머그, 여행용 머그, 커피 그라인더 및 세련된 커피 포트도 있다. 매장 관리자로서 이러한 다른 품목이 예상만큼 빨리 팔리지 않는다는 사실을 발견하면 어떻게 해야 할까? 다른 매장 관리자와 함께 일주일 프로그램에 참석하여 이러한 제품에 대해 배우고 커피와 함께 더 많은 제품을 판매하는 데 도움이 되는 기술을 개발하고, 프로그램 종료 6개월 후 종합평가가 시행되어 커피 외 제품의 매출이 증가한 것을 알게 되었다. 이 상황에서 산출물은 판매 증가이다. 그러나 회사에 대한 기여는 판매로 인한 이익이다. 대부분 조직은 쉽게 사용할 수 있는 판매 대비 총 이윤을 알고 있다.

산출물 데이터를 기여도로 변환하는 또 다른 예는 생산성 지표이다. 이익이 아닌 성과를 추구하는 조직은 생산성을 나타내는 다양한 데이터를 가지고 있다. 여기서 아이디어는 추가 비용 없이 하나 이상의 상품의 생산 또는 처리를 증가시켜 해당 상품을 처리하거나 생산하는 데 드는 단위 비용에 해당하는 회사 비용을 절약하는 것이다.

여러분이 여권 사무소에서 일하고 있고, 전체 업무가 여권을 처리하는 것이라고 가정해 보자. 사용 가능한 자원과 시간을 고려하여 여권을 하나 더 처리할 수 있는 경우 해당 여권의 가치는 하나의 여권 처리 비용과 동일하다. 이 추가 산출물(여권)에 여권 처리 비용을 곱한 것이 조직의 생산성을 증가시키는 금전적 기여이다.

이제 조직, 특히 제조 및 서비스 회사의 또 다른 표준 가치인 품질 비용을 살펴보자. 일부 품질 지표에 금전적 가치를 부여하는 것은 매우 쉽다. 예를 들어, 폐기물, 불량률 및 결함은 주로 모니터링되며 이미 금전적 가치로 변환되어 있다. 재작업과 같은 다른 지표는 작업 비용을 확인하여 금전적 가치로 변환할 수 있다. 예를 들어, 직원이 보고에서 실수와 오류를 범할 때 이러한 실수의 비용(또는 가치)은 보고서를 재작업하는 데 발생한 비용이다.

생각해 보기

급여와 복리 후생을 기준으로 모든 직책에 대해 가치를 부여하면 여러분의 접근 방식을 표준화할 수 있다. 이 접근 방식의 한 가지 주의 사항은 수수료를 받는 영업 사원과 작업할 때이다. 그들의 업무의 가치는 궁극적으로 그들이 만드는 판매에 대한 이익이다. 그러나 이익이 추가되지 않는 서비스 또는 제품(예: 미끼 상품)을 판매하는 경우 해당 특정 제품 또는 서비스를 판매하여 직접 부가되는 가치는 없다. 시간을 돈으로 취급할 때 평균 수수료를 사용해라. 이를 통해 모든 수수료를 받는 판매 포지션에서 표준화될 수 있는 방식으로 시간에 대한 가치를 확보할 수 있다. 기본 및 수수료를 받는 경우 급여와 혜택 및 수수료를 시간 가치의 기준으로 사용해라.

표준 가치의 세 번째 범주는 직원 시간으로, 아마도 데이터 변환에 대한 가장 간단하고 기본적인 접근 방식일 것이다. 프로그램으로 시간이 절약된다면 가장 먼저 묻는 질문은 “누구의 시간이죠?”이다. 그런 다음 시간당 급여에 직원 복리 후생에 대한 추가 가치 비율을 곱하여 시간을 금전적 가치로 변환한다(인사 부서에서 복리 후생 요소를 제공할 수 있음). 주의 사항: 직원의 시간을 이익으로 고려할 때 절약된 시간이 실제로 생산적인 작업에 사용될 때만 시간 절약이 실현된다. 따라서 관리자가 참석하는 비효율적인 회의 수를 줄여 시간을 절약한다면 절약된 시간을 더 생산적인 작업에 활용해야 한다.

과거 비용

표준 가치가 없다면 과거 비용을 찾아보자. 말하자면 영수증이 있는 비용이다. 이 기법을 사용하려면 종종 예상보다 더 많은 시간과 노력이 필요할 수도 있지만, 결과적으로는 해당 지표에 대해 신뢰할 수 있는 값을 찾을 수 있다.

과거 비용을 사용하는 예는 대규모 의료 기관에서 시행된 성희롱 예방 프로그램의 경우이다. 조사한 지표는 공식적인 내부 고충처리였다. 고충처리의 가치는 고충처리를 위한 과거의 비용을 살펴봄으로써 결정되었다. 이러한 과거의 비용에는 소송 비용, 법적 수수료 및 비용, 합의 손실, 조직의 조사 및 방어 비용이 포함되었다. 이들 각각의 비용은 각 고충처리 건에 대해 조직에서 발생한 이전 비용을 기반으로 개발되었다. 예방 프로그램에 이어 평가 기간이 끝날 무렵 조직은 프로그램으로 인해 14.8건의 고충을 예방한 것으로 나타났다(이는 다른 변수를 분리한 후이다). 과거의 비용을 기준으로 한 고충 사항에 대한 금전적 가치에 프로그램으로 인해 해당 연도에 감소된 고충 신고 건수를 곱했다.

내부 및 외부 전문가

표준 가치를 사용할 수 없고 과거 비용을 통해 금전적 가치를 개발할 수 없는 경우, 다음 옵션은 내부 또는 외부 전문가에게 문의하는 것이다. 이 접근 방식을 사용하여 전문가에게 조사 중인 지표에 대한 개선 단위의 가치에 대한 비용을 요청할 수 있다. 내부 전문가는 상황에 대한 이해가 있고 경영진의 존중을 받고 있다. 외부 전문가는 해당 분야에서 유명하고 더 큰 공동체로부터 존중을 받고 있다. 두 경우 모두 이 전문가들은 가치를 개발할 수 있는 고유한 방법이 있음을 명심하라. 따라서 전문가가 여러분의 의도와 금전적 가치를 개발하려는 지표를 이해하도록 하는 것이 중요하다.

지표에 대한 금전적 가치를 제공하기 위해 내부 전문가를 사용하는 예로 전력공급 산업을 살펴보자. 모든 전력 회사는 요금 개발 전문가를 직원으로 두고 있다. 회사가 요율을 인상하거나 인하하는 방식으로 요율을 조정할 때 그 조정의 금전적 효과를 고려해야 한다. 이것은 종종 경제전문가의 몫이기도 하다. 요율이 조종된 경우 임원진은 전문가에게 전화를 걸어 요율 조정의 경제적 효과에 대한 추정치를 요청한다.

외부 데이터베이스

때로는 표준 가치, 영수증, 전문가가 없을 수도 있다. 이 경우 데이터베이스를 찾아보라. 요즘 들어 과거 어느 때보다 인재개발 전문가들의 손끝에서 좋은 연구가 수행된다. 외부 데이터베이스는 일련의 지표에 대한 금전적 가치를 포함하여 다양한 정보를 제공한다. 매출액 지표를 금전적 가치로 변환하기 위해 외부 데이터베이스를 사용해 보자. 한 기업은 관료적이고 부진한 조직을 시장에서 경쟁력 있는 조직으로 바꾸는 과정에서 스트레스로 인한 과도한 이직을 방지하기 위해 스트레스 관리 프로그램을 실행했다. 스트레스 관리 프로그램을 시행한 후 이직률이 감소하고 생산성 및 직무 만족도 등 다른 지표가 개선되었다. ROI를 계산할 때 평가자는 조직을 떠나는 특정 직원의 이직 가치를 결정하기 위해 다양한 데이터베이스를 찾아보았다. 조사에 사용된 이직률 연구에 따르면 연간 기본 급여의

85%가 이 직종에 속한 사람들의 퇴사에 따른 비용이다. 고위 관리자들은 데이터베이스를 사용한 비용이 약간 과장되었다고 생각했지만, 이 지표의 가치를 결정할 수 있는 근거를 제공했다.

타 지표와 연계

표준 가치, 과거 비용 및 내부 또는 외부 전문가를 사용할 수 없고 외부의 데이터베이스에서 필요한 정보를 찾을 수 없는 경우, 지표를 금전적 가치로 변환하는 또 다른 기술은 해당 지표를 금전적 가치로 이미 변환된 다른 지표와 연결하는 것이다. 이 접근 방식에는 조사 중인 지표와 표준 가치가 적용된 다른 지표 간의 상관관계를 보여주는 기존의 관계를 확인하는 것이 포함된다. 때에 따라 두 개 이상의 지표 간의 관계가 연결되기도 한다. 궁극적으로 이 일련의 지표들은 주로 이익을 기반으로 하는 금전적 가치로 추적된다. 실제 금전적 가치에서 멀어질수록 내재된 가정이 많아지고 정보의 신뢰성이 낮아진다는 점을 명심해야 한다. 그렇지만, 지표를 금전적 가치로 변환된 다른 지표와 연결하는 방법론을 사용하는 것은 인재 개발 프로그램의 ROI를 계산할 때 지표를 금전적 가치로 변환하는 데 충분할 때도 자주 있다.

생각해 보기

효과적인 데이터베이스 조사에는 시간이 걸린다. 시간을 줄이고 검색의 효율성을 높이려면 다음의 단계를 고려해라.

1. 금전적으로 변환하려는 지표와 일치하는 데이터베이스를 선택
2. 특정 연구 문제 혹은 목적을 진술
3. 연구 문제의 핵심 단어를 정의

4. 주제에 대한 포괄적인 범위를 포함하기 위해 핵심 단어의 동의어를 확인
5. 데이터베이스를 검색

검색 결과를 추적해야 한다. 나중에 쉽게 참조할 수 있도록 소프트웨어 어플리케이션 데이터베이스에 문서화하는 것도 도움이 될 수 있다. 검색할 시간이 없다면 사서에게 도움을 요청하라!

추정

앞에서 제시한 방법이 부적합하고, 여전히 지표를 금전적 가치로 변환하고자 하는 경우 조직의 경영진 관점에서 보수적이고 신뢰할 수 있다고 입증된 추정 프로세스를 사용하라. 금전적 가치의 추정치는 참가자, 감독자, 관리자 및 인재개발 직원에게서 나올 수 있다. 지표를 금전적 가치로 변환하기 위해 추정을 사용하는 프로세스는 매우 간단하다. 데이터는 포커스 그룹, 인터뷰 또는 설문지를 통해 수집할 수 있다(3장에서 논의됨). 핵심은 추정치를 제공하도록 요청받은 사람들이 해당 지표를 정확하게 이해할 수 있도록 지표를 명확하게 정의하는 것이다.

추정 방식의 첫 번째 단계는 누가 가장 신뢰할 수 있는 데이터 출처인지 확인하는 것이다. 일반적으로 참가자는 인재개발 프로그램에 참가한 후 조직에 기여하고 있다고 인식한다. 그러나 해당 참가자가 일하는 작업 집단에 따라 감독자 또는 관리자에게 가면 더 신뢰할 수 있는 데이터를 찾을 수도 있다. 금전적 가치를 제시해야 하지만 다른 옵션이 없는 경우에만 인재개발 직원에게서 데이터를 구해야 한다. 인재개발 직원을 활용하는 것은 해당 프로그램에 대한 소유권이 편견을 증가시키고 특히 매우 높은 ROI를 보고할 때 종종 신뢰성을 잃는 결과를 초래한다는 우려가 있다.

결근에 관한 지표를 금전적 가치로 변환하기 위해 추정을 사용하는 예를 살펴보자. 조직에서 결근과 관련된 문제가 있고 해결책을 실행한 결과, 결근에 관한 문제가 해결되었다고 가정해 보자. 이제 결근의 금전적 가치를 산정하려고 하는데, 표준 가치는 없다. 과거 비용을 사용하여 가치를 산정하기 위해 시간을 투자하고 싶지는 않다. 여러분에게 결근의 가치를 알려줄 내부 또는 외부 전문가도 없고, 외부 데이터베이스를 찾는 데도 실패했다. 결근을 연결할 수 있는 금전적 가치로 변환된 다른 지표도 없다. 이 특정 프로그램에 대한 ROI를 생각해 내야 하기 때문에, 여러분은 추정을 하기로 한다.

첫 번째 단계는 예기치 않은 결근이 발생했을 때 어떤 일이 일어났는지 가장 잘 아는 사람을 결정하는 것이다. 따라서 지표를 금전적 가치로 변환하려면 유사한 작업 단위에서 결근의 가치를 산정하는 데 도움을 줄 5명의 감독자를 불러 문제를 논의한다. 구조화된 포커스 그룹 접근 방식을 사용하여 시나리오는 다음과 같이 진행된다.

포커스 그룹 세션을 시작할 때 5명의 감독자와 함께 문제를 논의하고 그들이 모인 이유와 예기치 않은 결근의 금전적 가치를 산정하려고 시도하고 있음을 설명한다. 프로세스를 계속하기 전에 문제에 대해 몇 분간 대화를 나누는 것이 필요하다. 그런 다음 감독자 1에게 "누군가 출근하지 않으면 어떻게 되나요?"라고 질문한다. 감독자 1은 잠시 질문을 숙고하며 "누군가가 일하러 나오지 않으면 대체 직원을 요청해야 합니다. 가장 시급한 문제를 다른 직원에게 전달하게 되고, 결근한 직원의 긴급한 업무를 처리하느라 원래의 업무가 지연됩니다." 그런 다음 감독자 2, 3, 4 및 5에게도 질문한다. 각 감독자는 누군가가 출근하지 않을 때 어떻게 되는지 2분 정도 이야기한다.

다음으로 각 감독자가 금전적 가치 또는 예상치 못한 결근 및 관련된 일이 발생할 때 조직에 발생하는 비용을 추정하게 한다. 감독자 1에게 질문한다. "누군가 출근하지 않을 때 발생하는 일에 대해 저희에게 말한 내용을 바탕으로, 한 번의 결근으로 인해 하루에 조직에 드는 비용이 얼마나 될까요?" 감독자 1은 관련된 문제와 예상치 못한 결근과 관련하여 발생하는 모든 일을 고려한 후 "누군가 출근하지 않을 때 내 사무실에서 일어나는 일을 고려해 보면 결근당 하루에 약 100만 원의 비용이 든다고 생각합니다."라고 말한다. 플립차트에 적는다. 감독자 2에게 동일한 질문을 한다. 감독자 2는 감독자 1이 말한 것을 고려하지만 그는 자신의 상황에 대해 생각한다. 그는 다음과 같이 대답한다. "저는 감독자 1이 왜 그렇게 추정을 했는지 이해합니다. 하지만 제 부서에서 일어나는 일을 감안할 때 더 많은 비용이 든다고 생각합니다. 예상치 못한 결근으로 인해 하루에 약 150만 원의 비용이 드는 것으로 추정합니다." 플립차트에 적는다. 감독자 3, 4, 5에게 동일한 질문을 한다. 이제 오류를 조정할 차례이다.

추정치는 주관적이다. 따라서 추정치의 오류를 줄이려면 감독자의 신뢰도를 조정해야 한다. 감독자 1부터 시작해서 다음과 같이 묻는다. "누군가 출근하지 않을 때 발생하는 일을 설명했습니다. 당신은 예상치 못한 결근으로 하루에 100만 원의 비용이 들 것으로 예상했습니다. 다른 감독자의 부서에서는 어떤 일이 발생하는지 그리고 누군가가 출근하지 않을 때 비용이 얼마나 든다고 생각하는지도 들었습니다. 이제 당신의 부서에서 일어나는 일과 당신의 예상 비용, 그리고 다른 사람들로부터 들은 내용을 고려할 때, 당신의 예상치가 어느 정도 정확하다고 확신하십니까?" 감독자 1은 한참을 생각한 후

"음, 그것은 추정치이지만, 사람들이 일하러 나오지 않을 때 어떤 일이 일어나는지 알고 있으며, 시간적 관점에서 우리에게 어떤 비용이 드는지 꽤 확신할 수 있습니다. 추정치이고 완전히 확신할 수는 없지만, 내 추정치에 대해 70% 정도 확신합니다."

이 숫자도 감독자 1의 추정치 옆에 적는다. 감독자 2, 3, 4 및 5에 대해 이 과정을 반복한다. <표 5-4>는 5명의 감독자의 추정치와 해당 오류 조정을 보여준다. 각 추정치에 오류 조정을 곱한 다음 조정된 값을 합산하고 평균화한다. 결과는 결근에 대한 일일 평균 조정 비용이 106만 천원이 된다.

표 5-4 감독자 추정을 통한 결근 비용 변환

감독자	결근당 추정 비용(천원)	신뢰 비율	결근당 조정 비용(천원)
1	1,000	70%	700
2	1,500	65%	975
3	2,300	50%	1,150
4	2,000	60%	1,200
5	1,600	80%	1,280
			5,305
	결근당 조정된 평균 비용		1,061

[그림 5-2]는 신뢰 수준을 고려하여 원래 추정치를 조정할 때 발생하는 상황을 보여준다. 윗줄은 각 감독자의 원래 추정치를 나타내고 아랫줄은 조정된 값을 보여준다. 오류를 조정하고 추정하는 추가 단계는 추정치의 변동성을 줄이고, 보다 보수적인 값을 제공하므로 결근에 대한 추정치의 신뢰성이 향상된다.

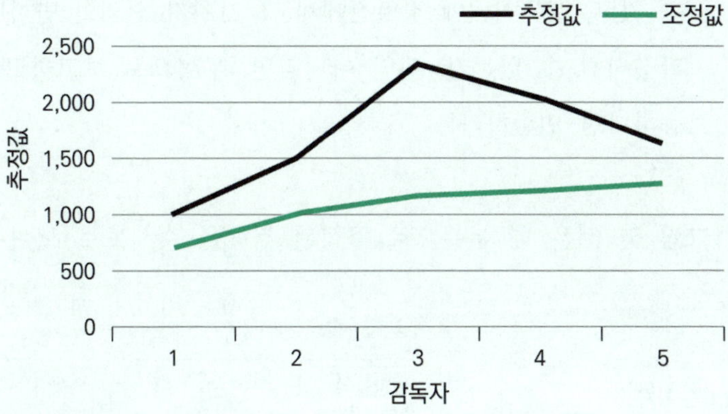

[그림 5-2] **결근에 대한 추정 비용**

4) 데이터 변환에 대한 4가지 검증

지표 값을 신뢰할 수 있는 금전적 가치로 변환할 수 있는지를 판단할 수 없는 경우 다음 네 부분으로 구성된 질문으로 검증해 볼 수 있다.

1. 변환하려는 지표 값에 표준 가치가 있으면 이를 금전적 가치로 변환하라.
2. 표준 가치가 없는 경우 다른 방법이 있는가? 방법이 없는 경우 지표값을 무형으로 보고하라.
3. 지표값을 변환하는 방법이 있다면 최소한의 자원으로 그렇게 할 수 있는가?
   아니라면 무형으로 보고하라(평가 자체보다 데이터 변환에 더 많은 비용을 지출할 필요는 없다).
4. 최소한의 자원을 사용하여 지표값을 금전적 가치로 변환할

수 있고, 2분 이내에 경영진에게 그 가치가 신뢰할 만하다고 확신시킬 수 있는가? 만약 아니라면, 무형으로 보고하고, 가능하다면 변환하라!

[그림 5-3]은 네 부분으로 구성된 검증을 순서도로 보여주고 있다.

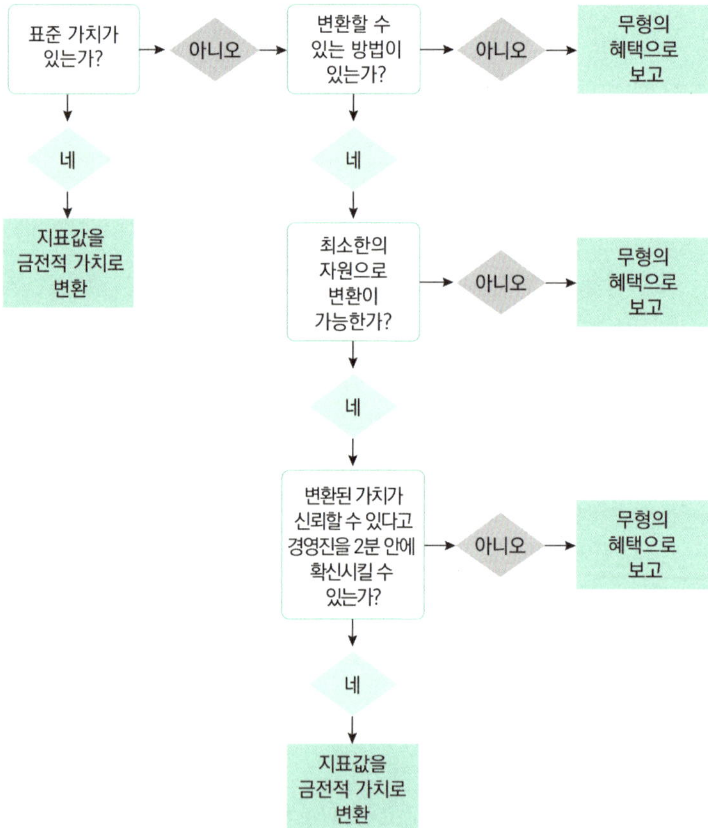

[그림 5-3] **데이터 변환 4가지 검증 순서도**

5) 금전적 가치를 계산하는 5단계

지표값을 금전적 가치로 변환하기로 하고 금전적 가치를 계산하는 데 사용할 기법을 선택한 후, 다음 5단계에 따라 ROI 공식의 분자, 즉 프로그램의 혜택을 계산한다.

1. 지표의 단위에 초점
2. 각 단위의 가치를 결정
3. 지표에 대한 수행의 변화를 계산
4. 지표의 연간 개선을 결정
5. 개선의 총 금전적 가치를 계산

기본규칙 11

데이터를 금전적 가치로 변환할 때 의심스러우면 생략하라!

1단계: 지표의 단위에 초점

첫 번째 단계는 목표를 구체적인 지표의 단위로 단순화하는 것이다. 생산성 지표를 평가하고 결과물이 신용카드 계정일 때 측정 단위는 한 개의 신용카드 계정이다.

2단계: 각 단위의 가치 결정

각 단위의 값을 결정할 때 표준 가치 또는 다른 기법 중 하나를 사용하라. 신용카드 계정 예에서 새 계정 하나의 가치가 100만 원이라는 것을 찾을 수 있다. 이 수치는 이익 기여도를 사용한 표준 가치를 기반으로 한다. 따라서 가치는 100만 원의 이익이다.

3단계: 지표에 대한 수행의 변화를 계산

3단계는 지표 개선에 대한 프로그램의 효과를 분리한 4수준 분석의 결과이다. 프로그램으로 인해 몇 개의 새로운 신용카드 계좌가 개설되었는가? 은행이 평균적으로 한 달에 5개의 새로운 신용카드 계좌가 증가했다고 가정해 보자.

4단계: 지표의 연간 개선을 결정

지표의 개선을 연간으로 계산하라. 기본 원칙 9(2장 참고)에 따르면 단기 프로그램의 경우 연간 효과를 결정하기 위해 1년을 기다리지 않고, 첫해 혜택만 보고할 것이다. 프로그램 목표에 따라 해당 날짜까지의 평균 개선을 얻을 수 있는 시점을 선택한 다음 해당 수치를 연간으로 계산한다. 단 여러 해가 아니라 1년만 가능하다. 첫해에만 적용할 경우 보수적인 접근 방식을 유지해야 한다. 신용카드 계정 예에서 측정 단위는 하나의 계정이고 기준값은 100만 원이다. 프로그램으로 인한 지표 수행의 변화(프로그램 분리 후)는 매월 5개의 새 계정이다. 지표값의 연간 개선을 확인하려면 수행 변화에 12개월을 곱하면 된다. 따라서 프로그램으로 인한 새 계정은 월 5개 × 12개월로 60개와 같다.

5단계: 개선의 총 금전적 가치를 계산

4단계에서 측정한 연간 개선 수치(예시에서는 60)에서 표준 가치(예시에서는 100만 원)를 곱한다. 개선의 총 금전적 가치는 6천만 원이 된다. 이 값이 공식의 분자에 들어가는 값이다. <표 5-5>는 이 계산과정을 단계별로 보여주고 있다.

$$편익\ 비용비(BCR) = \frac{프로그램\ 이익\ (6천만\ 원)}{프로그램\ 비용}$$

$$투자수익률(ROI) = \frac{\{프로그램\ 이익(6천만\ 원) - 프로그램\ 비용\}}{프로그램\ 비용} \times 100$$

표 5-5 프로그램 이익 계산 5단계

1. 지표 단위에 초점
   : 신용카드 계정 1개
2. 각 단위의 가치 결정
   : 연간 신용카드 계정 1개당 100만 원의 이익
3. 지표에 대한 수행의 변화를 계산
   : 매월 5개의 새로운 신용카드 계정(다른 변수를 분리한 후)
4. 지표의 연간 개선 결정
   : 월별 5개 계정 × 12개월 = 연간 60개의 새로운 신용카드 계정
5. 개선의 총 금전적 가치 계산
   : 연간 60 × 계정당 100만 원 = 개선의 연간 가치 6천만 원

이제, 여러분이 할 차례이다. [연습 5-1]에 제시된 각 단계에 대한 정보를 사용하여 4단계와 5단계를 완료하면 된다. 이 연습에 대한 답은 이 장의 끝에 있다.

연습

5-1 데이터를 금전적 가치로 전환하기

상황: 고충 감소에 대한 금전적 가치 부여하기

1단계 **지표 단위에 초점**
지표의 단위는 1 고충이다.

2단계 **각 단위의 가치 결정**
내부 전문가가 결정한 각 단위의 가치는 650만 원이다.

3단계 **지표에 대한 수행의 변화를 계산**
고충 건수 월 10건 감소; 프로그램의 효과를 분리한 후 불만 감소 10개 중 7개가 프로그램으로 인한 효과였다.

4단계 **지표의 연간 개선 결정**
연간 수행 변화는 ______건이다.

5단계 **개선의 총 금전적 가치 계산**
수행의 연간 변화에 기준값을 곱한 값은 ________이다.

5단계에서 입력한 값이 공식의 분자에 들어가는 값이다.

$$\text{편익 비용비(BCR)} = \frac{\text{프로그램 이익(5단계의 값)}}{\text{프로그램 비용}}$$

$$\text{투자수익률(ROI)} = \frac{\{\text{프로그램 이익(5단계의 값)} - \text{프로그램 비용}\}}{\text{프로그램 비용}} \times 100$$

2. 모든 비용을 포함해서 비용표 작성하기

4수준에서 5수준으로 진행하는 다음 단계는 프로그램 비용을 표로 작성하는 것이다. 최종 비용 수치는 ROI 공식에 두 번 삽입된다. 먼저 최종 이익 수치에서 차감하여 프로그램의 순이익을 계산한다. 두 번째는 프로그램 순이익을 나누는 분모가 된다. 평가를 4수준으로만 수행하는 경우에는 이 단계는 필요없다. 프로그램을 평가하는 방법과 관계없이 인재개발 기능과 다양한 프로그램의 전체 비용을 아는 것은 일반적이어야 한다.

모든 비용이란 무엇을 의미하는가? 모든 것을 의미한다. <표 5-6>은 네 가지 범주의 비용을 보여준다. 프로그램의 전체 비용을 차지하는 범주는 무엇이라고 생각하는가?

표 5-6 비용의 범주

ROI를 위해서는 어떤 범주가 적절한가?

A	B
• 운영비 • 지원비	• 관리비 • 참가자 보상 • 시설 사용료 • 강의장 비용
C	**D**
• 프로그램 개발 비용 • 관리비 • 강의장 비용 • 참가자 비용	• 분석 비용 • 개발 비용 • 실행 비용 • 전달 비용 • 평가 비용 • 간접비 및 관리비

D 범주가 적절한 대답이다. 분석 및 개발 비용은 프로그램의 수명에 비례해서 배분돼야 해서 하나의 ROI 연구가 분석 및 개발의 전체 비용을 부담하지는 않는다. 그러나 그 비용의 일정 부분이 포함되어야 한다. 프로그램의 수명은 주요 프로그램 변경이 발생할 때까지의 기간으로 간주한다. 1년 동안 변경되지 않는 프로그램을 평가하고 있으며 해당 프로그램을 해당 연도에 10차수를 제공한다고 가정해 보자. 해당 프로그램의 한 차수에 관한 ROI 연구를 수행할 때 분석 비용과 개발 비용은 총 분석 및 개발 비용의 1/10 비율로만 포함된다. 다른 차수도 분석 및 개발에 대한 투자로부터 혜택을 받을 것이기 때문이다. 프로그램 자료, 강사 및 진행자 비용, 시설 비용, 출장비, 숙박, 식사, 참가자 급여 및 보상, 평가 비용은 직접비이다.

그러나 간접비와 관리비는 참가자가 프로그램에 참여하는 데 필요한 일수 또는 시간에 따라 할당된다. <표 5-7>에 제시된 예에서 볼 수 있듯이, 이 예에서 할당되지 않은 예산은 548,061천 원이다. 총참가자 일수를 계산하려면 프로그램의 일수에 프로그램이 제공되는 횟수와 참자가 수를 곱하면 된다(연간 10회 제공되는 5일 프로그램은 50참가자-일). 이 예에는 7,400참가자-일이 제시되었다. 다음 단계는 할당되지 않은 예산의 일일 비용을 결정하는 것이다. 할당되지 않은 예산을 참가자 일수로 나누면 하루 비용은 74,000원(548,061,000 ÷ 7,400 = 74,000원)이다. 1일 비용은 평가 중인 프로그램과 관련된 일 수에 할당된다. 프로그램이 3일 교육 프로그램인 경우 간접비 및 관리 비용에 222,000원을 할당한다.

기본규칙 12

분모(프로그램 비용)를 계산할 때, 의심스러워도, 그대로 두어라.

표 5-7 간접비와 관리비 할당

할당되지 않은 비용	548,061,000원
총 참가자-일 (5일 프로그램 × 10회/년 = 50참가자-일)	7,400참가자-일
할당되지 않은 인당 1일 비용 (548,061,000 ÷ 7,400)	74,000원
3일 프로그램에 대한 간접비 및 관리비 인당 할당 비용 (3일 × 74,000원)	222,000원

<표 5-8>은 여러분이 프로그램의 총 비용을 계산할 때 사용할 수 있는 양식이다.

표 5-8 비용 추정 워크시트

분석비	계
급여 및 복리후생비 - 인재개발부서 직원 (인원 × 평균 급여 × 복리후생 계수 × 프로젝트 소요 시간)	________
식사, 출장 및 부대 비용	________
사무용품 및 경비	________
인쇄 및 복사	________
외부 서비스	________
장비비	________
수수료	________

기타 부대 비용	______
분석비 소계	______
개발비	**계**
급여 및 복리후생비	______
(인원 × 평균 급여 × 복리후생 계수 × 프로젝트 소요 시간)	
식사, 출장 및 부대비용	______
사무용품 및 소모품	______
프로그램 자료 및 용품	______
필름 ______	
비디오테이프 ______	
오디오테이프 ______	
삽화 ______	
메뉴얼 및 자료 ______	
기타 ______	
인쇄 및 복사	______
외부 서비스	______
장비비	______
기타 부대 비용	______
개발비 소계	______
운영비	**계**
참가자 비용	______
급여 및 복리후생비 ______	
(참가인원 × 평균 급여 × 복리후생 계수 × 교육 시간)	
식사, 출장, 숙박비 ______	
(참가인원 × 평균 일일 경비 × 교육 일수)	
프로그램 교보재	______
참가자 대체 비용(해당되는 경우)	______
생산 중단(근거 상술)	______
강사 비용	______
급여 및 혜택 ______	
식사, 출장 및 부수적 비용 ______	
외부 서비스 ______	
시설비	______
시설 대여비	______

시설 비용 배분	______
장비비	______
기타 부대 비용	______
운영비 소계	______
평가비	**계**
급여 및 복리후생비 - 인재개발부서	______
(인원 × 평균 급여 × 복리후생 계수 × 프로젝트 소요 시간)	
식사, 출장 및 부대 비용	______
참가자 비용	______
사무용품 및 경비	______
인쇄 및 복사	______
외부 서비스	______
장비비	______
기타 부대 비용	______
평가비 소계	______
일반관리비 배분	
프로그램 총 비용	______

3. ROI 계산하기

1장에서 설명한 바와 같이, 조직과 개별 투자의 경제적 성공을 나타내는 지표는 얼마든지 있지만, 모든 유형의 프로그램에는 두 가지 지표, 즉 편익-비용비(BCR) 또는 ROI 비율이 적용된다. 간단히 말해서 BCR은 프로그램의 경제적 이점을 프로그램 비용과 비교한다. BCR이 2:1이면 1천 원을 투자할 때마다 총이익으로 2천 원을 돌려받는다는 것을 의미한다.

ROI 공식은 백분율로 보고된다. ROI는 순 프로그램 혜택을 프로그램 비용으로 나눈 값에 100을 곱하여 계산한다. BCR이 2:1이면

ROI가 100%가 된다. 즉, 지출한 1천 원마다 비용을 뺀 1천 원을 돌려받는다는 것을 의미한다. 순이익으로 계산하고 ROI는 백분율로 보고된다는 점을 기억하자. 여기에 사용된 ROI 공식은 연간 수입을 투자로 나눈 다른 유형의 투자에서 사용되는 표준 방정식과 본질적으로 동일하다.

확인하기

BCR에 100을 곱하여 ROI로 보고하는 것은 맞지 않다.

혜택 중 무형의 혜택은 금전적 가치로 전환하지 않기로 선택했지만 때로는 실제 ROI 계산보다 더 중요할 수도 있다. 금전적 가치로 전환되지 않는 일반적인 무형의 혜택은 직무 만족도, 조직 몰입도, 팀워크 및 고객 만족도 등이다. 이러한 지표값도 금전적 가치로 변환할 수는 있다. 그러나 일반적으로 직무 만족도, 조직 몰입도, 팀워크 및 고객 만족도가 향상되면 이러한 지표의 개선에 충분히 만족하여 해당 개선에 따른 금전적 가치는 상관이 없게 된다.

4. 마무리

ROI 방법론의 거의 모든 단계를 완료했다. 이제 ROI 분석계획 중 다음의 세 개 열을 완료할 때이다. 4장에서 4수준 지표값을 ROI 분석계획으로 옮겼다. 지표에 대한 프로그램의 효과를 분리하는 방법을 선택했다. 이제 이러한 지표값을 금전적 가치로 변환하는 방법을 결정해야 한다. 만약 지표가 앞서 설명한 네 부분으로 구성된 테스트를 통과하지 못한 경우 해당 지표를 무형의 혜택 칸으로 옮겨야 한다. 고려하려고 계획 중인 프로그램의 비용과 무형의 혜택으로 분류하려는 혜택을 구분해야 한다.

다음 장에서는 ROI 방법론 중 마지막 단계인 결과 최적화를 다룰 것이다. 이 단계에서는 인재개발 예산을 늘리기 위해 결과를 주요 이해 관계자에게 전달하고 블랙박스 사고를 활용할 필요가 있다.

연습 5-1 답 데이터를 금전적 가치로 전환하기

상황: 고충 감소에 대한 금전적 가치 부여하기

1단계 **지표 단위에 초점**
지표의 단위는 1 고충이다.

2단계 **각 단위의 가치 결정**
내부 전문가가 결정한 각 단위의 가치는 650만 원이다.

3단계 **지표에 대한 수행의 변화를 계산**
고충 건수 월 10건 감소; 프로그램의 효과를 분리한 후 불만 감소 10개 중 7개가 프로그램으로 인한 효과였다.

4단계 **지표의 연간 개선 결정**
연간 수행 변화는 84건이다.

5단계 **개선의 총 금전적 가치 계산**
수행의 연간 변화에 기준값을 곱한 값은 546백만 원이다.

5단계에서 입력한 값이 공식의 분자에 들어가는 값이다.

$$\text{편익 비용비(BCR)} = \frac{\text{프로그램 이익(546백만 원)}}{\text{프로그램 비용}}$$

$$\text{투자수익률(ROI)} = \frac{\{\text{프로그램 이익(546백만 원) - 프로그램 비용}\}}{\text{프로그램 비용}} \times 100$$

CHAPTER

06

결과 최적화

이 장의 내용

1. 스토리 활용
2. 보고서 개발
3. 데이터 시각화
4. 수행 향상을 위한 블랙박스 사고 사용
5. 마무리

CHAPTER 06

결과 최적화

이 장의 내용

이 장은 ROI 방법론의 마지막 단계인 '결과를 최적화하기'의 기본 사항을 설명한다.

구체적으로 이 장에서는 다음의 내용을 다룬다.

- 스토리 활용
- 보고서 개발
- 블랙박스 사고 사용

1. 스토리 활용

평가결과가 이해관계자의 행동을 요구하는 방식으로 전달되지 않는다면 측정 및 평가는 의미 없는 노력이 된다. 측정 및 평가의 궁극적인 목적을 달성할 수 있는 것은 행동을 통해서이다. 여기서 목적은 조직의 중요한 지표의 개선이다.

조직에서 분석 기능을 평가할 때 가장 자주 인용되는 부족한 기술 중 하나는 흥미롭게도 커뮤니케이션의 결과와 스토리텔링이다. 2018년 기업 생산성 연구소(i4cp, Institute for Corporate Productivity) /

ROI 연구소의 '인력 분석학(people analytics) 실무를 발전시키는 네 가지 방법'이라는 제목의 연구에 따르면 가장 중요한(하지만 인력 분석학 실무에서는 부족한) 역량이 스토리텔링이었고, 이는 정량적 분석 방법이 가장 중요하고, 두 번째로 중요하다고 응답한 정성적 분석방법과 같은 것으로 나타났다. 이 설문 조사의 결과는 [그림 6-1]에 요약되어 있다.

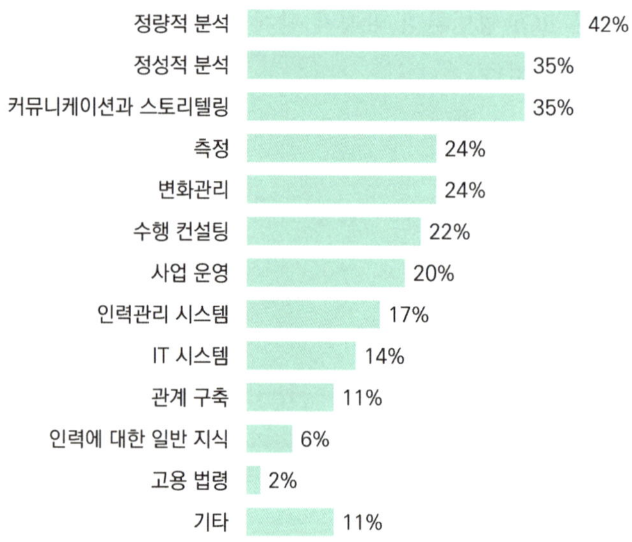

[그림 6-1] 인력 분석학 역량 중 중요하지만 부족한 역량

출처: i4cp and ROI institute(2018)

학회나 출판의 측면에서도 이러한 부족한 역량을 간과하고 있지는 않고 있다. 과거의 그 어느 때보다도 학술대회에서는 다양한 방식으로 이 용어를 퍼트리고 있고, 출판사들은 이 주제에 대한 다양한 콘텐츠와 책을 내놓고 있다. 테크놀로지 개발 업체들은 이해관계자가 단순히 관련된 정보가 아닌 적절한 데이터를 볼 수 있는 가장 좋은 방법을 서로 먼저 찾기 위해 바쁘게 노력하고 있다. 스토리텔링의 필요성 외에도 이해관계자가 데이터에 근거한 조치를 취하도록 유도해야 한다. 즉, 프로그램과 프로세스를 개선하기 위해 정보를 최적화해야 한다.

프로그램과 마찬가지로 커뮤니케이션은 결과를 얻기 위해 설계되어야 한다. 이를 위해서는 커뮤니케이션이 일어나는 맥락을 이해해야 하고, 이해관계자가 경청하고 행동할 수 있도록 촉진하는 대상자, 방식, 양식 및 기법을 정의하고, 설득력 있고 논리적으로 전달하고, 커뮤니케이션의 효과성을 보장하기 위해 평가하는 것이 요구된다. 따라서 인재개발 프로그램과 마찬가지로 커뮤니케이션 및 스토리텔링도 사람들이 성과를 달성하기 위해 행동할 수 있는 통찰력과 정보를 제공하도록 설계되어야 한다.

평가 결과의 커뮤니케이션을 설계하는 기본 접근 방식은 다음 세 가지의 질문을 고려하는 것이다.

- 여러분은 무엇이 필요한가?
- 누가 제공할 수 있는가?
- 어떻게 요청할 것인가?

1) 여러분은 무엇이 필요한가?

좋은 커뮤니케이션은 프로그램 승인에서부터 인재개발 기능에 관한 관심 충족에 이르기까지 다양한 요구 사항을 해결할 수 있다.

때로는 여러분의 노력에 대한 추가 지원 및 확인 또는 프로그램의 수정에 대한 동의를 구하기도 한다. 어떤 경우에는 프로그램에 대한 신뢰도를 높이기 위해 연구 결과를 일반 대중에게 공개하기도 한다. 종종 학습 전이를 촉진하기 위한 시스템 개선의 필요성을 강조하려고도 한다. 또는 평가결과를 전달하여 인재개발 직원이 조직의 변화에 대비하도록 하거나, 더 나은 방법으로, 직원이 스스로 기술 개발을 할 기회라는 점을 알려줄 수 있다.

커뮤니케이션은 종종 전체 프로세스를 향상시키고 조직에 대한 특정 프로그램의 중요성을 강조하기 위해 수행된다. 커뮤니케이션 프로세스는 진행 상황, 발생하거나 발생하지 않았을 수 있는 이유, 부정적인 ROI가 발생할 때 프로그램을 개선하기 위한 목표를 설명하는 데 사용된다. 커뮤니케이션 프로세스를 사용하여 향후 프로그램에 대한 고위 경영진이나 감독자뿐만 아니라 인재개발 직원에게 활력을 불어넣을 수 있다. 마지막으로 도구, 기술 또는 새로운 지식을 조직에 적용하는 방법을 보여줄 수도 있다.

기본규칙 13

ROI 방법론의 결과를 모든 주요 이해 관계자에게 전달하라.

파일럿 프로그램이 인상적인 결과를 보여주면 프로그램 지속에 대한 이해 관계자들의 관심과 직원들의 참여에 관한 관심을 자극하기 위해 이 기회를 활용해야 한다. <표 6-1>은 프로세스 및 결과를 전달하려는 이유를 결정할 때 고려할 수 있는 목적 목록이다.

표 6-1 결과 전달 요구 체크리스트

1. 인재개발 프로그램 관련 요구

- ❑ 의뢰자의 지출에 대한 책임 입증
- ❑ 프로그램 승인 확보
- ❑ 모든 프로그램에 대한 지원 확보
- ❑ 프로그램의 강화를 증진
- ❑ 향후 프로그램의 성과 증진
- ❑ 프로그램의 최종 성과 제시
- ❑ 프로그램의 부정적인 ROI 설명
- ❑ 프로그램의 수정에 대한 동의 요청
- ❑ 향후 프로그램에 대한 관심 자극
- ❑ 프로그램 참여 권장
- ❑ 향후 프로그램 홍보

2. 인재개발 직원 관련 요구

- ❑ 직원에 대한 신뢰 구축
- ❑ 변화에 대한 직원 준비
- ❑ 직원들이 기술을 개발할 수 있는 기회 제공

3. 조직 전체 관련 요구

- ❑ 학습 전이를 지원하기 위한 시스템 변경의 필요성 강조
- ❑ 도구, 기술, 지식이 조직에 가치를 추가하는 방법 제시
- ❑ 현재 프로세스 설명

2) 누가 제공할 수 있는가?

요구 사항을 파악한 후 다음 단계는 필요한 것을 가장 잘 제공할 수 있는 대상에게 메시지가 향하도록 해야 한다. 새로운 프로그램에 대한 승인을 확보하기 위해 결과를 전달하는 경우 고객 또는 최고 경영진을 대상으로 삼아야 한다. 프로그램에 대한 지원을 얻으려는 경우에는 대상이 되는 그룹의 직속 상사 또는 팀 리더를 고려할 필요가 있다. 학습 환경을 포함해서 즉각적인 인재개발 프로세스를 개선하는 데 관심이 있는 경우 인재개발 직원을 대상으로 지정해야 한다. 모든 인재개발 프로그램에 대한 책임을 입증하려면 조직의 모든 직원을 대상으로 해야 한다. 커뮤니케이션 요구 사항을 해결하

고 대응하는 데 누가 도움을 줄 수 있는지 생각하는 것이 중요하다. 가장 적합한 대상을 결정할 때 물을 수 있는 몇 가지 주요 질문은 다음과 같다.

- 잠재 대상이 프로그램에 관심이 있는가?
- 잠재 대상이 실제로 이 정보를 받기를 원하거나 받아야 하는가?
- 누군가 이미 이 대상에게 커뮤니케이션을 위한 약속을 정했는가?
- 이 메시지가 이 대상에게 전달될 시기가 적절한가?
- 잠재 대상이 프로그램에 대해 잘 알고 있는가?
- 이 대상은 결과가 그들에게 어떻게 전달되기를 선호하는가?
- 이 대상이 결과가 위협적이라고 생각할 가능성이 있는가?
- 이 대상에게 가장 편리한 매체는 무엇인가?

ROI 연구의 결과를 전달할 때에는 인재개발 팀, 참가자, 참가자의 감독자 및 의뢰자 등 네 그룹의 주요 대상을 고려해야 한다.

인재개발 팀

인재개발 팀은 모든 수준의 평가 결과에 대해 지속해서 공유되어야 한다. 1수준 및 2수준 데이터는 프로그램 직후 인재개발 팀에 보고되어야 한다. 이를 통해 다음 시행 전에 프로그램을 조정할 수 있다. 또한, 자신들의 전문성 개발 계획을 수립할 때 고려할 수 있는 정보를 준다. 3, 4, 5수준의 결과는 사용 가능한 즉시 알려야 한다. 팀은 프로그램을 설계할 때의 목표를 이행하도록 할 책임이 있어서 목표가 달성되었는지를 가장 먼저 알아야 한다.

참가자

참가자는 중요한 데이터 출처이다. 참가자가 없으면 데이터도 없다. 1수준 및 2수준 데이터는 데이터가 분석된 직후 참가자에게 공유되어야 한다. 최종 ROI 연구의 요약본도 참가자에게 제공되어야 한다. 이를 통해 참가자는 자신이 제공하는 데이터가 실제로 프로그램을 개선하는 데 사용되고 있음을 알게 된다. 이는 향후 평가에서 더 좋은 데이터를 얻을 수 있는 잠재력을 향상시킨다.

한 가지 주의할 점은 4수준(효과) 및 5수준(투자수익률)이 참가자의 부정적인 반응으로 이어질 수 있다는 것이다. 이런 상황이라면 이 커뮤니케이션을 각별히 주의하여 관리해야 한다. 프로그램 및 프로세스에 예산을 지원하는 사람들에게는 효과와 ROI 결과가 중요하지만 때때로 참가자 및 다른 직원에게 잘못된 메시지를 전달할 수 있다. 또한, 프로그램을 조정한 후 참가자에게 알려주면, 자신들이 얘기한 내용이 프로그램의 성공에 중요하고 조직 전체에 가치를 기여한다는 사실을 강조할 수 있다.

참가자의 감독자

참가자의 감독자는 프로그램의 성공에 매우 중요하다. 프로그램에 대한 감독자의 지원이 없으면 참가자는 참여하는 데 어려움을 겪게 되며, 이는 참가자가 현업으로 복귀해서 성공적으로 업무에 전이시키는 것을 어렵게 만든다. ROI 연구 결과를 감독자와 공유하면 프로그램에 참여하는 직원이 성과 향상을 가져온다는 것을 감독자에게 분명히 보여줄 수 있다. 감독자는 프로그램 참여에서 적용에 이르기까지 전 학습 과정을 지원하는 데 있어 자신의 역할의 중요성을 알게 될 것이다.

의뢰자

ROI 연구 결과를 항상 전달해야 하는 네 번째 그룹은 의뢰자, 즉 프로그램의 예산을 지원하는 사람이다. 여기에서는 성공의 전체 범위를 보고하는 것이 중요한다. 의뢰인은 프로그램이 비즈니스에 미치는 효과와 실제 ROI를 확인하려고 한다. 1수준 및 2수준 데이터는 의뢰인의 입장에서는 그다지 중요하지 않을 수 있어서, 프로그램 직후에 이 데이터를 의뢰자에게 보고할 필요가 없을 수 있다. 반면에 의뢰자의 가장 큰 관심은 4수준 및 5수준 데이터이고, 의뢰인에게 포괄적인 평가에 대한 요약 보고서를 제공하면 의뢰인은 프로그램이 성공적임을 확인하거나, 프로그램이 실패했을 경우 개선 조치를 취할 계획이 있는지 확인할 수 있다.

생각해 보기

ROI 방법론에 대한 지침이 있는 것처럼 ROI 연구 결과를 전달하기 위한 원칙도 있다. 다음 목록은 이러한 원칙에 대한 광범위한 예시이다.

- 적시에 커뮤니케이션한다.
- 특정 대상과 커뮤니케이션한다.
- 커뮤니케이션 매체를 신중하게 선택한다.
- 과거와 일관된 방식으로 커뮤니케이션한다.
- 영향력 있는 사람의 평가를 통합한다.
- 전체 전략을 수립할 때 인재개발 기능의 평판을 고려한다.

3) 어떻게 요청하는가?

필요한 것을 요청하는 가장 좋은 방법을 살펴보자. ROI 방법론의 다른 단계와 마찬가지로 회의, 내부 간행물, 전자 미디어, 프로그램 브로슈어, 사례 연구 및 공식 보고서 등 정보를 소통할 수 있는 많은 옵션이 있다. 특히 ROI 방법론을 구현하는 초기 단계에서 커뮤니케이션 매체를 선택하는 것이 중요하다. 커뮤니케이션에 대한 특정 요구와 대상 청중에 적합한 매체를 선택해야 한다.

회의

이야기 전달을 위한 수단으로 회의를 고려할 때 참고해야 할 몇 가지 기준이 있다. 첫째, 조직은 끝없는 회의로 가득 차 있다. 정기적으로 예정된 회의가 진행되는 시기를 검토하고 회의 중에 커뮤니케이션을 계획하면 대상의 일정을 방해하지 않을 수 있다. 그러나 의제에 추가될 수 있는 향후 회의까지 보고서 발표를 연기해야 하는 위험이 있다. 주요 참가자는 ROI 연구에 관심이 많아서 가능한 가장 빠른 회의 일정을 잡는 것을 선호할 것이다.

직원 또는 경영진 회의가 아닌 경우 인재개발 담당자, 참가자 및 참가자의 감독자가 패널을 만들어 특정 프로그램을 논의하는 토론을 진행할 수 있다. 패널 토론은 정기적으로 예정된 회의 또는 프로그램에 초점을 맞춘 비정기 회의에서도 진행할 수 있다.

업무 회의는 프로그램에 대한 정보를 제공할 기회이다. 조직 내 각 기능이 결과를 공유하는 Best Practice 회의는 프로그램 결과를 발표할 수 있는 또 다른 기회이다. 또는, 다양한 조직의 인재개발 전문가와 관리자를 포함하는 패널 토론의 대규모 콘퍼런스에서 ROI

연구를 제시할 수도 있다.

내부 간행물

내부 간행물은 직원과 소통할 수 있는 또 다른 방법이다. 이러한 내부 간행물(뉴스 레터, 메모, 휴게실 게시판)을 사용하여 프로그램 진행 상황 및 결과를 공유하고 현재 및 향후 프로그램에 대한 관심을 유도할 수 있다. 내부 인쇄물을 통한 커뮤니케이션은 데이터를 제공했거나 설문지에 즉시 응답한 프로그램 참가자를 확인할 완벽한 기회이다. 프로그램 참여 또는 설문지에 대한 즉각적인 응답에 대한 인센티브를 제공한 경우 이 간행물에 이를 언급해야 한다. 내부 간행물을 사용하여 직원의 관심사를 전달하고 프로그램 중 또는 프로그램 결과로 발생하는 활동, 행동 및 교류를 강조하라. 긍정적인 부분을 강조하고 칭찬과 축하를 아낌없이 전할 수 있다.

전자 매체

디지털화는 정보의 전파를 지원하는 새로운 유형의 전자 매체로 이어지고 있다. 웹 사이트, 인트라넷 및 그룹 전자 메일은 기본 접근 방식으로 유지되는 경향이 있으며 종종 조직에서 실행되는 프로그램 및 프로세스를 홍보하는 데 사용된다. 소셜 미디어 플랫폼은 유용하지만 이러한 수단을 통해 ROI 연구의 세부 사항을 전파하지는 않는다. 그러나 프로그램 성공을 촉진하는 정보 또는 연구 결과로 인한 변경 사항을 공유하는 데는 유용할 수 있다. 이러한 기회를 활용하여 인재개발 부서의 활동과 성공에 대한 소식을 전파하라.

브로슈어

프로그램 브로슈어는 인재개발 활동과 제안을 홍보하는 또 다른 방법이다. 결과를 보고하면 프로그램의 과정을 설명하고 프로그램의 성공을 강조하는 브로슈어가 현재 프로그램에 대한 관심을 불러 일으키고 향후 프로그램에 대한 관심을 자극하며 인재개발 기능과 직원에 대한 존중과 배려를 높일 수 있다.

어떤 사람들은 브로슈어가 오늘날의 디지털 커뮤니케이션 세계에서 쓸모없어졌다고 주장하지만, 디지털 및 종이 기반 브로슈어는 특히 내부 및 외부 청중에게 성공적인 프로그램을 홍보할 때 중요한 커뮤니케이션 도구로 남아 있다.

공식 보고서

결과를 보고하는 최종 매체는 공식 보고서이다. 인재개발 프로그램의 성공을 알리는 데 사용되는 두 가지 유형의 보고서(미시 수준 보고서와 거시 수준 스코어카드)가 있다. 미시 수준 보고서는 특정 프로그램의 결과를 제공하며 상세 보고서, 개요서, 일반 대상 보고서 및 한 페이지 보고서를 포함한다. 거시 수준의 스코어카드는 인재개발 기능의 전반적인 성공을 보고하는 데 중요한 도구이다. 다음 부분에서는 이러한 보고서를 개발하는 방법에 대해 자세히 알아보겠다.

2. 보고서 개발

ROI 연구 결과를 전달하기 위해 만들어야 할 보고서는 다섯 가지 유형이 있다. 여기에는 모든 평가 프로젝트에서 작성되는 세부 보고서, 요약 보고서, 일반 보고서, 한 페이지 보고서; 거시적 스코어카드가 포함된다.

1) 상세 보고서

상세 보고서는 프로그램 및 ROI 연구의 세부 사항을 자세히 설명하는 종합 보고서이다. 이 보고서는 여러분이 수행하는 모든 종합적인 평가를 위해 작성된다. 이는 여러분을 위한 기록이 되며 전체 계획 프로세스를 반복할 필요 없이 연구를 따라할 수 있는 기회를 제공한다. 기존 연구를 바탕으로 시간, 비용, 노력 및 많은 좌절감을 절약할 수 있다. 상세 보고서는 프로그램 요구, 평가 요구, 평가 방법, 결과, 결론 및 후속 단계, 부록의 6가지 주요 제목으로 구성된다.

프로그램 요구

보고서의 이 부분에서는 프로그램의 목표를 정의하고 명확하게 하여 목표가 평가의 다섯 가지 수준을 반영하는지 확인한다. 참가자 관점과 관련된 목표가 있어야 하고, 참가자가 무엇을 배우려고 하는지 설명하고, 참가자가 배운 내용을 어떻게 적용할지 반영하고, 이 프로그램에서 얻은 지식과 기술이 조직에 미칠 결과를 반영해야 한다. 또한, 목표 ROI와 그 목표를 어떻게 도출했는지를 제시한다.

평가 요구

일반적으로 프로그램이 4수준: 효과 지표에 영향을 미치려 했다면, 이것이 바로 평가 요구를 나타낸다. 그러나 어떤 경우에는 4수준 평가가 전혀 고려되지 않았을 수 있으므로 평가의 목적은 프로그램이 조직에 미쳤거나 미칠 수 있는 영향을 이해하는 것이다. 평가의 목적은 프로그램이 목표를 성공적으로 달성한 정도를 이해하는 것일 수 있다. 또는 임원의 요구에 따라 평가 요구가 있을 수 있다. 보고서에는 그 이유를 명확하게 기술해야 한다. 다시 말하지만, 이 보고서는 주요 청중에게 배포되지만 향후 평가에서 참조하고 평가 중에 일어난 일을 상기시키는 도구의 역할을 하는 보고서이기도 하다.

평가 방법

평가 프로세스에 대한 명확하고 간결하며 완전한 설명은 결과에 대한 신뢰성을 구축한다. 또한, 향후 평가에서 되풀이할 수 있도록 도와준다. 평가 접근 방식에 대한 개요를 제공하고, 그런 다음 각 단계에서 사용할 수 있는 모든 옵션과 그 중 선택한 옵션, 그 옵션을 선택한 이유, 프로세스의 각 요소와 관련된 모든 조치 및 활동, 수행한 각 단계를 포함하여 프로세스의 각 요소를 설명한다. 보고서의 데이터 수집 영역에서는 데이터를 수집한 방법, 해당 데이터를 수집한 이유, 데이터를 수집한 사람, 해당 출처에서 데이터를 수집한 이유, 데이터를 수집한 시기 및 여러분이 수행한 데이터 수집 절차를 선택한 이유를 설명한다. 데이터 수집 계획의 세부 사항에 대한 완전한 내용을 제시해야 한다. 그런 다음 ROI 분석 절차를 설명한다. 여기에서 프로그램의 효과를 분리하는 데 사용한 방법을 선택한 이유를 설명하고, 프로그램의 효과를 분리한 방법을 명확하게 기술해야 한다. 데이터 변환과 관련하여 4수준: 프로그램과 연결된 효과 지표에 대한 금전적 가치를 개발한 방법을 설명하고 데이터 변환 가능성의 범위를 다시 제시한다. 다양한 방법을 나열하고 해당 기법을 선택한 이유를 설명하라. 비용 문제를 다루고 ROI 분석에 포함시킨 비용의 범주를 제시한다. 한 가지 주의사항은 이때 실제 프로그램의 비용을 포함해서는 안된다. 청중에게 프로그램의 비용을 너무 일찍 제시하면 청중이 프로그램 비용에만 집중하게 되어 관심을 잃게 된다는 점을 명심해야 한다. 데이터 수집과 마찬가지로 ROI 분석 계획의 상세한 내용을 제시하여 청중이 여러분이 수행한 연구에 대한 정확한 요약을 볼 수 있도록 한다.

결과

이제 엄격한 평가를 거친 인재개발 프로그램이 빛날 수 있는 당신의 스토리－결과 코너이다! 여기에서 1수준: 반응 및 계획된 행동으로 시작하는 모든 평가 수준에 대한 결과를 제시한다. 반응 데이터 수집 의도를 설명하고 반응 데이터가 답변하는 특정 질문을 제공하고 결과를 보고한다. 이후 2수준: 학습으로 이동한다. 학습을 평가하는 것이 왜 중요한지 설명하고 학습 데이터가 답변한 핵심 질문과 결과를 설명한다. 다음은 3수준: 적용 및 실행 결과를 제시한다. 여기에서 학습한 내용이 활용되었다는 증거를 제시해야 한다. 프로그램에서 얻은 지식과 기술이 참가자들에 의해 얼마나 효과적으로 적용되었고 그들이 새로운 지식과 기술을 얼마나 자주 적용했는지에 대해 이야기한다. 어떻게 지원 시스템이 참가자가 배운 내용을 적용할 수 있도록 했는지 논의한다. 학습의 전이를 가로막는 장애와 그것을 앞으로 어떻게 극복할 것인지도 제시한다. 문제가 발생하고 지원 시스템이 도움이 되지 않는다는 것을 평가 프로세스를 통해 여러분이 알게 되었을 때, 다음 프로그램을 지원하기 위해 수정될 수 있는 방법에 대해 알거나 정보를 제공할 수 있는 사람과 이야기하여 조치를 취했다고 설명한다.

다음으로, 프로그램이 조직의 특정 성과에 긍정적인 영향을 미친 방법을 포함하여 4수준: 효과 결과를 제시한다. 여기서 다시 한번, 프로그램의 효과를 분리하여 이 결과에 기여했을 수 있는 다른 요소를 통제했다는 사실을 강조한다. 분리 옵션을 설명하고 해당 옵션을 선택한 이유를 설명한다. 이제 5수준: ROI에 대해 보고한다. 먼저 ROI 공식을 명확하게 정의하여 ROI가 무엇을 의미하는지 설명한다. 프로그램의 이익, 4수준 지표 및 이를 달성한 방법을 설명한다. 데이터를 금전적 가치로 변환한 방법을 설명하고, 프로그램의 금전적 이익을 자세히 설명한다. 그런 다음 프로그램의 전체 소요 비용을 보고한다. 보고서의 평가 방법 영역의 앞부분에서 비용 항목에 대한 세부 정보를 설명했지만, 실제 금액을 제공하지는 않았다는 점을 기억하자. 여기에서 금전적 이익이 보고된 후 비용 금액을 제시한다. 청중들은 이미 금액적으로 이점을 보았으므로 이제 그들에게 비용을 알려주어도 된다. 이익이 비용을 초과한다면 청중은 이익이 비용보다 크다는 것을 분명히 볼 수 있기 때문에 매우 비싼 프로그램에 대한 걱정이 완화된다. 마지막으로 ROI 계산 결과를 제공한다.

상세 보고서 결과 영역의 마지막 부분은 무형의 혜택에 관해 제시한다. 책 전체에서 배웠듯이 무형의 혜택은 금전적 가치로 전환하지 않기로 선택한 항목이다. 여기서는 프로그램을 통해 발생한 무형의 혜택과 계획되지 않은 혜택을 강조한다. 그것들의 중요성과 그것들이 나타내는 가치를 강조한다.

기본규칙 14

결과 영역이 끝날 때까지 실제 ROI 보고는 보류하라.

결론 및 후속 단계

다음 질문에 대한 답을 통해 평가의 결론을 만들고 보고해야 한다.

- 프로그램이 성공적이었는가?
- 개선해야 할 점은 무엇인가?
- 조직은 개선의 기회를 어떻게 잘 처리해야 하는가?

이 프로그램과 관련하여 취해야 할 다음 조치를 명확하게 지적하면서 다음 단계를 설명해야 한다. 이러한 조치에는 프로그램 지속하기, 새 콘텐츠 추가하기, 콘텐츠 제거하기, 새로운 직무 지원 개발하기, 강사 주도 퍼실리테이션에서 e-러닝 형식으로의 일부 구성요소 변환하기, 교육 비용을 절감하면서 프로그램에서 달성했던 혜택을 유지하기 위한 블렌디드 학습 접근 방식 개발 등이 포함될 수 있다. 다음 단계를 명확하게 나열하고 이러한 단계가 완료될 날짜를 설정해야 한다.

부록

부록에는 본문에 현실적으로 포함할 수 없는 성과물, 세부 표, 원데이터(데이터 항목의 기밀 유지)가 포함된다. 다시 말하지만, 최종보고서는 여러분을 위한 참고 자료이자 다른 사람들을 위한 성공 사례이다.

표 6-2 상세 보고서 개요

상세 보고서 개요 항목	목적
일반 정보 • 연구의 목적 • 배경	
효과 연구 방법 • 평가 수준 • ROI 절차 • 데이터 수집 • 교육 효과 분리 • 데이터의 금전적 가치 변환 • 비용 가정(지침)	절차에 대한 신뢰도 형성
결과 • 일반 정보 ≫ 응답자 정보 ≫ 자료의 관련성 • 참가자 반응도 • 학습 • 적용 및 실행 ≫ 사용을 통한 성공 ≫ 장애 ≫ 지원 • 효과 ≫ 일반 설명 ≫ 비즈니스 지표와의 연계 • ROI • 무형의 혜택	여섯가지 측정에 대한 결과: 1, 2, 3, 4, 5 수준 및 무형의 것들
결론 및 시사점 • 결론 • 시사점	
부록	

보고서의 전체 내용과 연관되는 응답자의 긍정적인 인용문과 부정적인 인용문을 포함해야 한다. 평가는 윤리적이어야 한다는 점을 기억해야 한다. 부정적인 의견을 지우고 싶을 수도 있지만 스토리를 있는 그대로 전달해야 신뢰도가 높아지고 인재개발 기능에 대한 존중을 얻게 된다. 이 상세하고 종합적인 보고서를 만들면 프레젠테이션 중에 말한 모든 내용을 뒷받침할 수 있다. 유사한 프로그램에 대한 향후 ROI 연구를 수행할 때 로드맵을 쉽게 그려볼 수도 있다. <표 6-2>는 상세 보고서의 샘플 개요이다.

2) 요약 보고서

작성해야 하는 또 다른 중요한 보고서는 요약 보고서이다. 요약 보고서는 부록을 제외하고 각 섹션과 하위 섹션을 자세하게 작성하지는 않지만, 상세 보고서와 동일한 개요를 따른다. 프로그램의 필요성, 평가의 필요성, 평가 방법론을 명확하고 간결하게 설명한다. 항상 결과를 제시하기 이전에 방법론을 포함해야 한다. 왜냐하면, 독자가 방법론을 이해하고 인정할 때 일반적으로 결과를 더 인정하기 때문이다. 1수준에서 5수준까지의 데이터를 보고하고 여섯 번째 성공지표인 무형의 혜택을 포함한다. 요약 보고서는 일반적으로 10에서 15페이지 내외이다.

3) 일반 보고서

일반 보고서는 직원들에게 프로그램의 성공을 설명하는 좋은 방법이다. 일반 보고서는 뉴스레터나 사내 잡지와 같은 조직 내 간행물에 게시될 수도 있고, 경영진 및 팀 회의 상황에서 보고서를 간략하게 검토하거나, 사례 연구로 출판될 수도 있다. 이 사례 연구는 내부 또는 외부에 출판될 수 있다. 업계 또는 협회 간행물 또는 학술 연구 간행물을 포함하여 조직 외부에 여러분의 이야기를 게시할 수 있는 많은 기회가 있다. 여기서 핵심은 여러분의 프로그램이 작동하고 있으며, 작동하지 않을 때 프로그램을 개선하기 위한 조치를 기꺼이 취한다는 것을 보여주는 이야기를 전달하는 것이다.

4) 한 페이지 보고서

마지막 미시 수준 보고서는 결과를 요약하는 한 페이지 보고서 또는 미시 수준 대시보드이다. <표 6-3>은 한 페이지 보고서의 예이고, [그림 6-2]는 Explorance의 MTM(Metrics That Matter) 시스템의 대시보드이다. 한 페이지 보고서는 매우 주의해서 사용해야 한다. 보고서를 읽는 사람이 프로세스에 익숙하지 않은 경우 한 페이지 보고서 또는 미시 수준 대시보드를 사용하여 프로그램의 성공을 보고하는 것은 위험할 수 있다. 보고서를 읽는 사람이 방법론에 대한 인정 없이 프로그램의 ROI 수치를 보게 되면 그들은 ROI에 집착하게 되고 다른 평가 수준에서 도출된 정보에는 관심을 두지도 않을 뿐만 아니라 전혀 알아차리지도 못할 것이다. 이러한 간단한 미시적 수준의 결과 요약은 위험 부담도 있지만 정기적으로 적절한 청중에게 결과를 전달하는 쉬운 방법이기도 하다.

표 6-3 단일 페이지 보고서

성희롱 예방 교육

1수준: 반응과 계획된 행동—결과

- 5점 만점에 평균 4.11
- 참가자 중 93%가 액션플랜 제출

2수준: 학습—결과

- 사후 평가 평균 84점
- 사전 평가 평균 51점
- 65% 향상
- 참가자는 배운 것을 성공적으로 활용할 수 있음

3수준: 적용과 실행—결과

- 참가자의 25%(1,720명)의 표본을 대상으로 설문 조사
- 응답율 64%(1,102명 응답)
- 96%는 직원들과 회의를 하고, 회의를 기록
- 평직원 설문 결과, 상당한 행동 변화가 나타남.
- 참가자의 68%는 모든 액션플랜을 수행했다고 보고함.
- 참가자의 92%는 액션플랜의 일부를 수행했다고 보고함.

4수준: 효과—결과

성희롱 관련 비즈니스 수행 지표	교육 1년 전	교육 1년 후	교육 효과 분리 요인
내부 불만	55	35	74%
외부 비용	24	14	62%
불만 소송	10	6	51%
법률 비용	632,000,000	481,000,000	
합의/손실	450,000,000	125,000,000	
성희롱 예방, 수사, 변호에 소요된 총 비용	1,655,000,000	852,000,000	
퇴사(평사원, 연평균)	24.2%	19.9%	

5수준: ROI—결과

- 총 연간 이익 3,200,908,000
- 총 비용 277,987,000
- ROI 1,002%

무형의 혜택

- 직무 만족도 향상
- 팀워크 증진
- 스트레스 감소

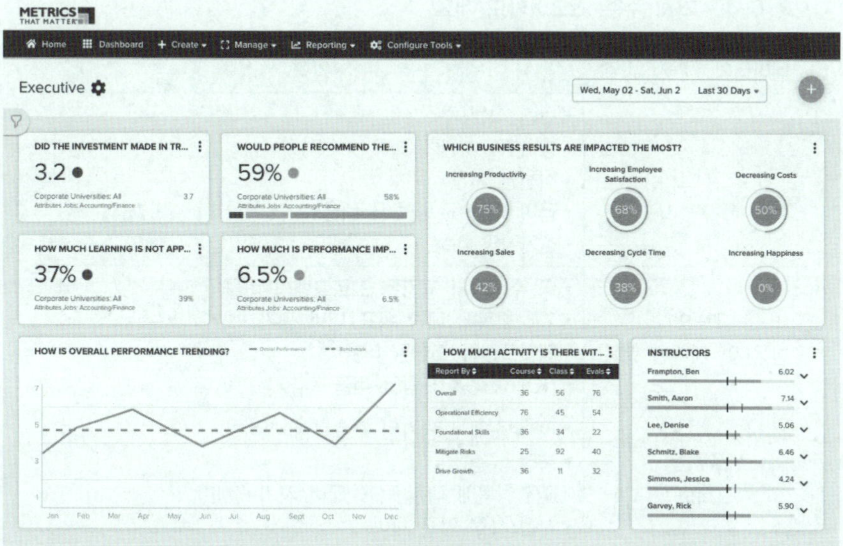

[그림 6-2] 미시 수준 대시보드

출처: Explorance's Metrics That Matter. 승인하에 사용함.

5) 거시 수준 스코어카드

거시적 수준의 스코어카드는 전체 교육 과정의 결과를 제공할 수 있다. 이 스코어카드는 성공에 대한 거시적 관점을 제공하고 상세한 보고서와는 대조적으로 프로그램 평가에 대한 간략한 설명으로 사용된다. 이 스코어카드는 조직의 목표에 대해 인재개발이 어느 정도 기여를 하는지를 보여준다. 효과 분리 방법은 항상 보고서에 포함되어 신뢰도에 대한 인정을 받기 위한 노력을 취하고 있음을 강조한다. 스코어카드는 다양한 유형의 데이터를 통합하고 프로그램, 전략적 목표 및 조직 목표 간의 정렬을 보여준다. <표 6-4>는 거시적 수준 스코어카드의 개요이다.

표 6-4 거시 수준 스코어카드 개요

데이터의 7가지 범주	입력
지표	• 관련 직원 수 • 총 참여 시간 • 직원당 시간 • 급여 대비 교육 투자 비율 • 참가자당 비용
1수준: 반응 및 계획된 행동	• 이 수준에서 평가된 프로그램의 비율 • 7개 항목에 대한 목표 대비 평가 • 액션플랜이 포함된 비율 • ROI 예측이 포함된 비율
2수준: 학습	• 이 수준에서 평가된 프로그램의 비율 • 측정 유형 • 3개 항목에 대한 목표 대비 자기 평가 • 사전/사후 평균 차이
3수준: 적용 및 실행	• 이 수준에서 평가된 프로그램의 비율 • 3개 항목에 대한 목표 대비 평가 • 완료된 액션플랜의 비율 • 장애(상위 10개 목록) • 지원(상위 10개 목록) • 관리자 지원 분석
4수준: 효과	• 이 수준에서 평가된 프로그램의 비율 • 비즈니스 지표와의 연계(상위 10개 목록) • 측정 기법의 유형 • 프로그램의 효과를 분리하는 방법의 유형 • 투자 인식
5수준: 투자수익률	• 이 수준에서 평가된 프로그램의 비율 • 각 평가에 대한 ROI 요약 • 데이터를 금전적 가치로 변환한 방법 • 참가자당 총 비용
무형의 혜택	• 무형의 산출물(상위 10개 목록) • 무형의 산출물 도출 방법

또 다른 예로, 비영리 조직인 Center for Talent Reporting(CTR)에서 개발한 운영 보고서를 살펴보자. CTR의 목적은 고위 경영진, 인재 관리 리더, 프로그램 관리자 및 기타 이해 관계자의 요구를 충족하는 인적 자본에 관한 보고 표준을 개발하고 적용을 촉진하는 것이다([그림 6-3] 참조). 이러한 유형의 거시적 수준 보고는 다른 운영 보고서와 동일한 범주에 인재개발 보고를 위치시키고, 인재개발 투자의 성공을 알리는 효과적인 방법이 될 수 있다.

효과성 지표	측정 단위	2015 실적	2016 계획	2016 6월 현재	2016 계획 대비	2016 예측	2016 계획 대비
1수준: 참가자 피드백 (모든 프로그램)							
내용 만족도	긍정적인 %	76%	80%	79%	1% below	79%	1% below
강사 만족도	긍정적인 %	80%	85%	86%	1% above	85%	on plan
관련성	긍정적인 %	72%	78%	73%	5% below	75%	3% below
목적과의 정렬	긍정적인 %	68%	75%	69%	6% below	71%	4% below
1수준 전체	측정 평균	74%	80%	77%	3% below	78%	2% below
1수준: 스폰서 피드백 (선택 프로그램)	긍정적인 %	66%	80%	68%	12% below	75%	5% below
2수준: 학습 (선택 프로그램)	점수	78%	85%	83%	2% below	85%	on plan
3수준: 적용 비율 (선택 프로그램)							
적용 의도 (과정 종료 시 설문 결과)	상위 두 항목	70%	75%	70%	5% below	72%	3% below
실제 적용 (3개월 후)	적용한 %	51%	65%	55%	10% below	63%	2% below
4수준: 효과 (선택 프로그램)							
참가자 추정 (과정 종료 시)	목표 기여 %	20%	25%	15%	10% below	20%	5% below
5수준: ROI (선택 프로그램)							
순 이익	천원	$546	$800	$250	31%	$650	81%
ROI	%	29%	35%	25%	10% below	30%	5% below

[그림 6-3] 인재개발 운영 보고서 예시

출처: Center for Talent Reporting(www.centerfortalentreporting.org)

생각해 보기

ROI 분석 결과를 고위 경영진에게 보고하는 데에는 기본적인 지침이 있다. 고위 경영진과 의사소통하기 전에 고려해야 할 두 가지 중요한 질문은 ROI가 매우 높아도 신뢰할 수 있는지 여부와 ROI가 음수인 경우에도 고위 관리자가 이를 처리할 수 있는지 여부이다.
이 두 가지 질문을 염두에 두고 다음 지침을 고려해야 한다.

- 고위 관리자와의 대면 회의를 계획한다(ROI 분석의 첫 번째 또는 두 번째까지).
- 프레젠테이션의 마지막까지 결과를 제시하지 않는다.
- 1수준부터 시작하는 완전하고 균형 잡힌 측정 틀을 제시한다.
- 보수적인 결과를 보장하는 방법론의 특성을 강조한다.
- 프로그램 개선 방안을 함께 제시한다.

처음 한두 개의 ROI 분석의 경우 정기적으로 예정된 임원 회의에서 자세한 보고서를 발표하는 것이 좋다. 고위 경영진이 여러분이 ROI 분석 결과를 발표해야 한다는 것을 인정하고 있다면 이를 의제에 포함시킬 것이다. 회의 시간 중 한 시간을 요구하고, 분석 결과를 자세히 발표해야 한다. 회의에서 각 고위 경영진에게 제공할 종합 보고서 사본을 준비하고 있고, 프레젠테이션 전에 배포하지는 말아라. 사전에 보고서를 제공하면 경영진은 ROI 계산을 찾기 위해 페이지를 넘길 것이다. 단, 결과를 발표할 때 보고서를 가지고 있어야 한다.
프로그램의 필요성, 평가의 필요성, 평가 방법론, 결과, 결론 및 다음 단계 등 보고서를 작성한 대로 고위 경영진에게 결과를 제시한다. 1수준에서 4수준까지 꼼꼼하게 보고하고 ROI 계산에 집착하거나 서두르지 말아야 한다. 전체 효과 체인은 프로그램의 성공을 보고하는 데 중요하다. 5수준인 ROI 및 무형의 혜택을 보고한다. 그런 다음 결론과 다음 단계를 제시한다. 프레젠테이션이 끝나면 각 고위 관리자에게 최종 보고서 사본을 제공한다. 고위 경영진이 이 상세한 보고서를 읽을 것으로 기대되는가? 아니다. 기껏해야 다른 사람에게 넘겨서 보고서를 읽고 회의에서 여러분이 발표한 내용을 요약하도록 시킬 것이다. 그렇다면 왜 고위 관리자를 위한 상세한 최종 보고서의 사본을 어렵게 준비해야 하는가? 신뢰를 구축하기 위함이다. 여러분은 경영진에게 여러분의 이야기를 했다. 이제 경영진이 해야 할 일은 보고서를 살펴보고 여러분이 세부 사항을 다루었는지, 보고서 내용을 철저하고 정확하게 제공했는지 확인하는 것이다.
처음 한두 번의 분석 후에 고위 경영진은 ROI 방법론을 받아들일 것이다. 물론, 여러분이 그 과정을 잘 했다면, 경영진은 여러분의 발표 초반부터 방법론에 익숙할 것이다. 이러한 점을 감안해 보면, 첫 번째 또는 두 번째 분석 후에는 요약 보고서를 배포하기 시작할 수 있다. 고위 경영진에 대한 보고서는 10~15페이지로 제한해야 한다. 다시 말하지만, 모든 구성 요소가 있지만 세부 사항을 모두 포함할 필요는 없다.

대략 다섯 번의 ROI 분석 후에 단일 페이지 보고서, 대시보드, 스코어카드 또는 인포그래픽을 사용하여 고위 경영진에게 보고할 수 있다. 이렇게 하면 시간과 비용을 절약할 수 있다. 인재개발 직원은 항상 상세하고 종합적인 보고서 사본을 가지고 있어야 한다. 이는 향후 분석을 위한 지원 및 청사진 역할을 할 것이다.

3. 데이터 시각화

데이터는 다양한 방식으로 표시될 수 있다. 데이터가 더 포괄적으로 표시될수록 제한된 공간 내에서 더 나은 이야기가 전달된다. 데이터의 시각화라는 주제에 관해 괄목할 만한 리더 중 한 명은 Edward R. Tufte이다. Tufte(1983)는 데이터의 시각화가 다음과 같아야 한다고 제안하고 있다.

- 데이터를 보여준다.
- 청중이 그래픽 제작의 기술보다는 본질에 대해 생각하도록 유도한다.
- 데이터가 말해야 하는 이야기를 왜곡하지 않는다.
- 작은 공간에 많은 숫자를 제시한다.
- 대규모 데이터 세트를 일관성 있게 만든다.
- 서로 다른 데이터 조각을 비교할 수 있도록 한다.
- 광범위한 개요에서 세부 구조에 이르기까지 여러 세부 계층에서 데이터를 보여준다.

- 설명, 탐색, 도표 또는 장식 등은 합리적으로 명확한 목적 달성을 지원해야 한다.
- 데이터 세트의 통계 및 설명이 긴밀하게 통합되어야 한다.

Tufte의 일반적인 규칙은 한 번에 많은 데이터 변수를 표시하는 것이다. 그러나 데이터에 대한 포괄적인 설명을 제공하는 것보다는 시각화를 이해하고 시각화된 내용을 명확하게 설명할 수 있는 것이 더 중요하다.

다음에서는 표, 다이어그램 및 그래프를 다룰 것이다.

1) 표

행렬이라고도 하는 표는 정보가 행과 열에 정렬된 도표이다. 설명이 간단하고 데이터 요약에 적합하며 숫자 값을 표시하는 가장 좋은 방법 중 하나이다. 데이터 구성 방식을 이해하는 데 도움이 된다. 또한 빠르게 참고할 수 있도록 데이터를 정렬하고 요약하는 가장 편리한 방법 중 하나이다.

확인하기

정보에 더 쉽게 접근할 수 있게 하고 독자가 행동을 취하도록 유도하는 경우에만 데이터의 시각화를 사용한다.

기본적인 표는 표 <6-5>와 같다. 이 간단한 빈도표는 4주 과정의 평가에서 받은 점수를 보여주고 있다. 첫 번째 열은 점수를 나타내고 두 번째 열은 해당 점수를 달성한 참가자의 빈도 또는 수를 나타낸다. 세 번째 열은 해당 특정 점수를 받은 전체 참가자 수의 백분율을 나타낸다. 유효한 백분율 열(조정된 백분율이라고도 함)은 누락된 데이터(점수)를 반영한다. 이 예에서는 누락된 점수가 없어서 유효한 백분율과 백분율 열이 동일하다. 누적 백분율 열은 특정 점수 이하를 받은 학생의 백분율을 보여준다. 예를 들어, 참가자의 72%가 88점 이하를 기록했다.

표 6-5 빈도 및 백분율 표

점수	빈도	백분율1	유효 백분율1	누적 백분율
70	2	11.1	11.1	11.1
77	2	11.1	11.1	22.2
82	1	5.6	5.6	27.8
85	5	27.8	27.8	55.6
87	1	5.6	5.6	61.1
88	2	11.1	11.1	72.2
90	1	5.6	5.6	77.8
92	1	5.6	5.6	83.3
93	2	11.1	11.1	94.4
95	1	5.6	5.6	100.0
총계	18	100	100	

백분율의 합은 100을 초과함.

<표 6-6>은 동일한 열에 따라 두 개의 변수를 표시하는 단방향 표이다. 즉, 다른 두 개의 변수가 열에 표시된다는 것을 의미한다. 첫 번째 열에는 참가자의 이름인 변수 1이 있다. 변수 2는 고용 날짜를 나타낸다. 이 유형은 평가 데이터를 요약하는 데 가장 자주 사용된다.

표 6-6 단방향 표

변수 1 ↓	변수 2 ↓
참가자 명	고용일
Andrea Adams	2015. 11. 4
Benjamin Johnson	2019. 1. 26
Robert Ladnier	2014. 8. 19
Asiha Mizner	2011. 3. 15
Joannetta Ramsey	2018. 6. 23

2) 다이어그램

다이어그램은 선이나 화살표로 연결된 원, 직사각형 및 삼각형과 같은 기하학적 모양으로 주로 구성된 도표이다. 다이어그램은 사람, 아이디어 및 사물이 어떻게 관련되어 있는지 보여준다. 이야기를 전달하기 위해서는 기하학적 모양의 내부와 외부에 텍스트가 자주 포함된다. 다이어그램에는 일반적으로 비정량적 데이터가 표시되기 때문에 숫자 값이 종종 사용되는 경우도 있으나 많은 비중을 차지하지는 않는다. 순서도, 최상 경로법 도표, 조직도, 네트워크 도표, 의사결정 도표 및 개념 도표는 다이어그램으로 자주 표시된다. [그림 5-3]의 데이터 변환 네 가지 검증 순서도가 다이어그램의 예이다. 프로젝트 타임라인과 평가 결과를 표시하는 개념적 프레임워크를 다이어그램으로 제시할 필요가 있다. [그림 6-4]는 본격적인 평가를 실행하기 위한 단계별 접근 방식을 보여주는 다이어그램이다.

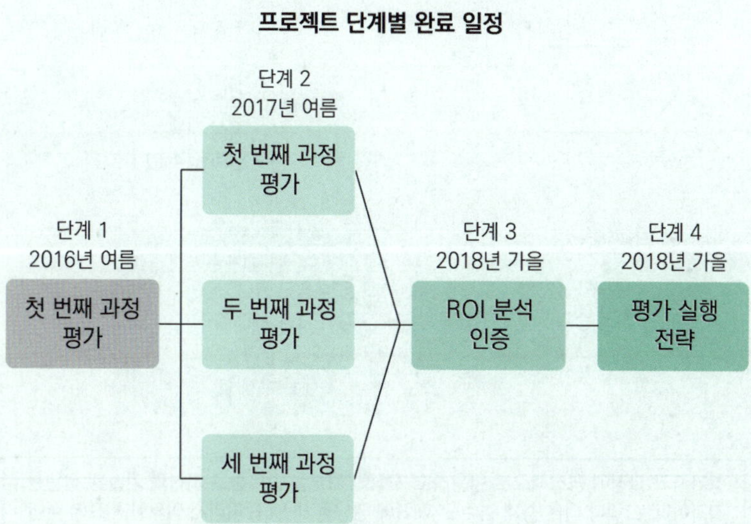

[그림 6-4] 포괄적인 평가에 대한 단계적 접근

[그림 6-5]는 평가 과정을 통해 발견된 개념적 틀에 대한 논의를 보여주는 다이어그램이다. 이 다이어그램을 보면 긍정적인 반응, 지식 습득, 지식과 기술 사용의 과정으로 이어진다. 네트워크 보안, 작업 중단, 장비 고장 시간, 가동 시간 및 문제 해결 비용에 긍정적인 영향을 준 것을 결과적으로 보여준다. 효과 분리 과정을 통해

4수준 결과에 기여하는 다른 변수를 확인한다. 결과에 영향을 미치는 것들로 지속적인 학습과 연습, 연구, 실무 실습, 지식 적용 및 신뢰할 수 있는 직원이 나열되고 그래픽으로 표현된다. 그림을 이용한 프레임워크 제공은 독자의 이해를 지원하는 방식으로 평가 연구 결과를 요약한다.

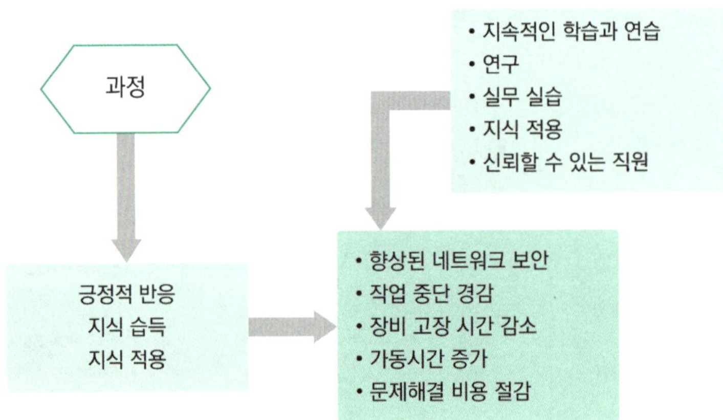

참가자가 과정에 긍정적으로 반응하고 지식과 기술을 습득하고 지식과 기술을 적용한 결과이다. 그러나 다른 중재 변수도 지표에 영향을 미친다. 따라서 이러한 지표에 대한 프로그램의 효과를 분리하기 위한 조치를 취해야 한다.

[그림 6-5] **개념적 프레임워크 예시**

다이어그램은 종종 정량적 변수 간의 관계를 보여주지만 본질적으로 정량적이지 않은 관계를 보여줄 수도 있다. 예를 들어, 조직 및 소셜 네트워크 분석은 [그림 6-6]과 같이 사람들 간의 연결을 그래픽으로 표시한다. 여기서 사람들은 원으로 표시되고 관계는 이들을 연결하는 선으로 표시된다. 이러한 유형의 그래프는 인재개발 프로그램의 결과로 새로운 관계를 구축하는 것의 가치와 활용을 보여주는 좋은 방법이다.

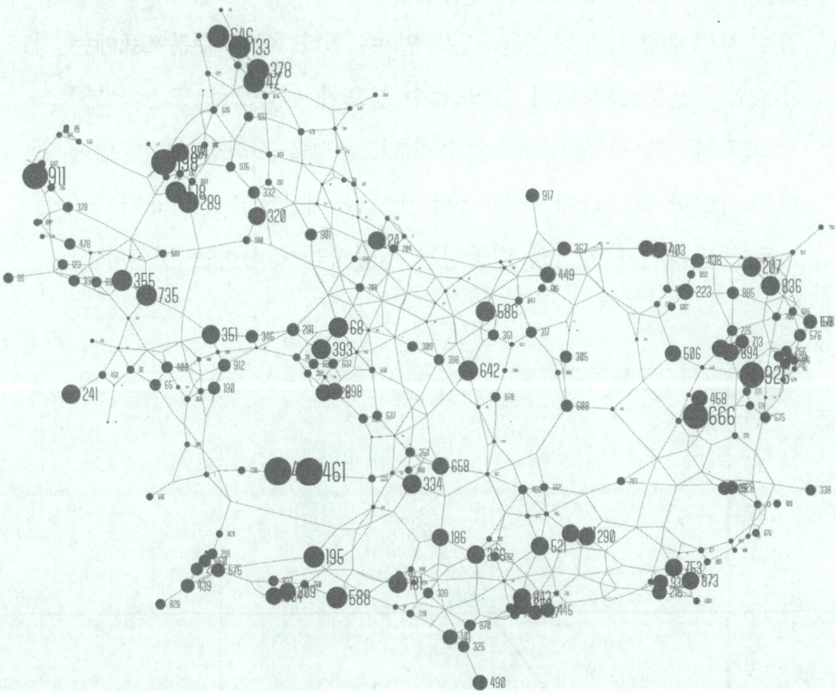

[그림 6-6] **소셜 네트워크 분석**

3) 그래프

그래프는 둘 이상의 데이터 유형 간의 양적 관계를 표시하는 데 가장 일반적으로 사용되는 방법이다. 일부 유형의 그래프에는 막대 차트, 영역 그래프, 선 그래프, 분산형 그래프, 히스토그램, box plot 및 파이 차트가 포함된다.

도수분포표

도수분포표는 데이터의 빈도 분포를 보여준다. [그림 6-7]의 예에서 볼 수 있듯이 교육 프로그램에서 60명의 참가자가 응시한 시험의 점수가 표시된다. 평균 점수는 72.1이고 표준편차는 12.0으로 점수 사이에 편차가 크다는 것을 알 수 있다. 이 도수분포표에는 정규분포 곡선도 표시되어 있어 점수 분포가 왼쪽으로 또는 오른쪽으로 치우쳐 있는지 한 눈에 알 수 있다. 분석을 시작할 때 첫 번째 단계는 다양한 측정값에 대한 응답 빈도를 계산하고 빈도표와 도수분포표를 만들어서 곡선의 변동성과 정규성을 조사하는 것이다.

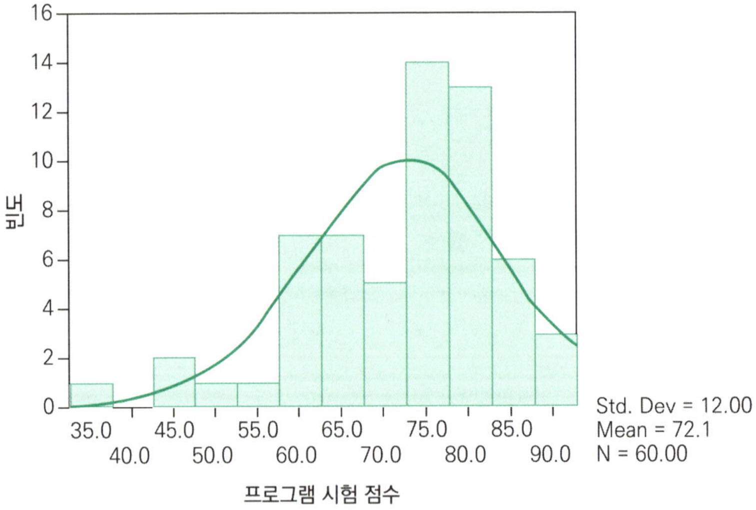

[그림 6-7] **도수분포표**

Box Plot

Box Plot은 집단의 데이터를 비교하고 다양한 측정값에서 결과를 비교하는 방법을 표현한다. [그림 6-8]에서 Box Plot은 세 집단에 대한 교육 시험 점수를 보여준다. 첫 번째 집단을 살펴보면 시험 점수 범위는 약 45에서 85 사이이다. Box Plot에서 Box는 점수의 50%를 포함하는 사분위 점수를 나타낸다. 상자 중앙의 굵은 선은 중앙값으로 집단 1의 경우 63.94점을 나타낸다. 점수의 산포를 나타내는 표준편차는 13.5이며, 이는 점수의 분포가 넓다는 것을 알려준다. 집단 2를 보면, 최소 점수는 47.56으로 집단 1보다 높다. 최대 점수(89.65)는 집단 1보다 약간 높고, 중앙값은 73.57점이다. 집단 2의 표준편차는 10.61로 변동성이 집단 1보다는 작다. 집단 3의 경우 최소 점수(71.77)는 다른 두 집단의 최소 점수보다 훨씬 높다. 최대 점수(89.69)는 집단 2의 최대 점수보다 약간 높다. 중앙값은 80.19이다.

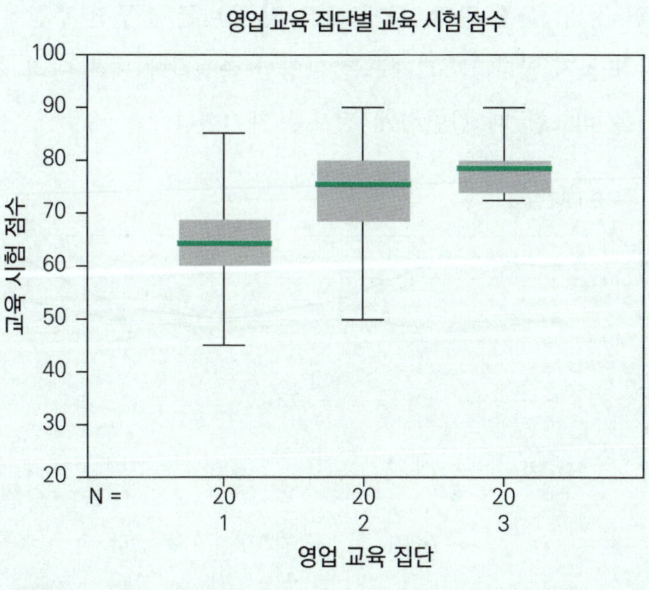

[그림 6-8] Box Plot

집단 3의 표준편차는 4.41에 불과하므로 Box와 최소값, 최대값 사이의 선이 다른 두 집단보다 좁다. Box Plot을 사용하면 집단 간의 차이점을 명확하게 전달할 수 있다.

선 그래프

선 그래프는 여러 변수 간의 비교를 보여주는 좋은 방법이다. [그림 6-9]는 교육 과정의 참가자, 참가자의 감독자 및 참가자의 고객이라는 세 가지 출처에서 제공한 데이터를 비교한다. 이 예는 각 데이터 출처를 통해 참가자가 교육 과정에서 얻은 지식과 기술을 적용할 것으로 기대하는 정도를 보여준다. 그림에서 볼 수 있듯이 감독자는 수행 격차를 판단하고 근본 원인을 정의하며 요구를 조정하는 수행에 대한 기대치가 참가자나 고객보다 더 높다. 반면에 고객은 근본 원인 정의, 실행 관리, 문제 해결 및 올바른 솔루션 추천에 대한 기대치가 높지 않다. 선 그래프는 다양한 측정값에 대해 여러 출처의 데이터를 비교할 때 간단하게 정보를 제시한다.

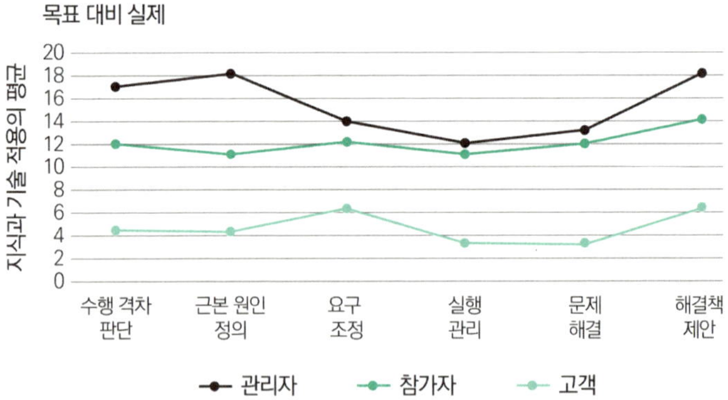

[그림 6-9] 선 그래프

데이터의 시각화는 결과를 간결하게 보고한다. 시각화된 데이터는 여러분이 말하는 것을 들으려고 하지는 않지만 도표에는 반응을 보이는 시각적 학습자인 경영진의 필요를 충족시킨다!

4. 수행 향상을 위한 블랙박스 사고 사용

ROI 방법론의 목적은 단순히 인재개발 프로그램의 투자 수익을 보고하는 것이 아니다. 프로세스의 결과 데이터를 사용하여 성공을 개선하거나 실망스러운 결과를 수정하고 실패를 방지할 수 있는 기회를 찾아내고 처리하는 조치를 취하는 것이다.

항공 산업이 실패에 대응하기 위해 정보를 처리하는 방법을 생각해 보자. 모든 항공기에는 거의 파괴되지 않는 두 개의 블랙박스가 장착되어 있다. 하나는 기내의 전자 시스템으로 전송된 조작을 기록한다. 다른 하나는 조종석에서의 대화와 소리를 녹음한다. 사고가 나면 블랙박스를 열어 데이터를 분석하고 사고 원인을 정확히 찾아낸다. 이렇게 하면 동일한 오류가 다시 발생하지 않도록 절차를 변경할 수 있다. 실패로부터 배우는 것이 항공업계가 여행 업계의 리더들 중 가장 안전한 유형으로 남은 많은 이유 중 하나이다.

프로그램 평가에 대한 우리의 생각은 항공 업계가 블랙박스 기록에 대한 것과 같아야 한다. 인재개발 프로그램 이전, 도중, 이후에 비행기 조종석에서 일어나는 일을 기록하는 프로세스를 구축하는 것만으로는 충분하지 않다. 데이터는 문제와 기회를 확인하는 정보로 이어지며, 이를 해결하면 수행 향상을 가져올 수 있다. 따라서 블랙박스 사고를 사용하는 것은 스토리텔링의 확장이다. 스토리는 결과를 보고하는 것으로 끝나지 않기 때문이다. 적절한 시기에 1~5수준 데이터를 사용하여 확장한다.

1) 대화의 향상

Perfomitiv의 설립자인 Kent Barnett가 말한 "학습 분석에 관한 대화를 높일 때입니다. 데이터 최적화는 측정의 다음 단계입니다."는 옳았다. 최적화라는 단어가 수년 동안 막연하게 유행했지만 소수의 기업만이 인재개발 측정 데이터가 알려주는 내용을 실제로 듣고 행동하고 있다.

콜로라도 주 덴버에서 사람들과 지역 사회, 특히 가난하고 취약한 사람들의 건강을 개선하는 데 전념하고 있는 종교 기반 비영리 의료 기관의 예를 살펴보자. 임상 문서작성 프로그램의 ROI가 58%였음에도 불구하고, 전체 팀에 대한 장기적인 이점과 무형의 이점이 비용보다 클 것이라고 판단해서 프로그램을 계속하기로 결정했다. 또한, 더 중요한 것은 데이터를 볼 때 참가자 중 한 집단이 다른 집단보다 상당한 성과를 냈다는 점이다. 인재 선발팀이 동일한 특성을 가진 지원자를 구분하는 데 도움이 되도록 고성과자의 프로필을 만드는 데 투자하기로 결정했다. 이를 통해 그 기관은 더 높은 수준의 수행인력을 고용하고 학습 결과에 대한 기준을 높일 수 있게 되었다. 이것이 바로 최적화가 의미하는 바이다. 실패로부터 배우고, 데이터를 사용하고, 프로그램을 지원하는 조직 및 사용자, 프로그램을 개선시킨다.

2) 데이터의 사용

직무 관련 학습의 60~90%는 효과적이지 않다. 즉, 참가자가 사용하기를 원할지라도 직무에서 사용되지 않는다(Bran, 2018). 주요 원인은 시스템이 인재개발을 지원하거나 중시하지 않는 구조적 문제이다. 시스템은 프로그램들을 제공할 필요가 없을지도 모르며, 인재개발을 관리가 부족하고, 영향이 없고, 의사결정에 참여할 수 없게 한다. 이 모든 것이 사실일 수 있지만 피해자인 척하는 것으로 문제가 해결되지는 않는다. 인재개발 및 측정, 평가 및 분석의 목적은 조직 성과의 개선으로 이어질 조치를 취하도록 사람들을 자극하는 것이지, 그 이상도 이하도 아니다.

좋은 측정과 평가는 올바른 질문과 올바른 방법을 제시하고 우리의 업무를 잘 수행하기 위해 취할 수 있는 조치에 대한 통찰력을 제공한다. <표 6-7>은 5가지 수준에서 평가 데이터의 용도를 요약한 것이다.

3) 행동에 옮길 시점

인재개발 과정에서 수집된 데이터를 기반으로 여러 시점에서 변화가 나타난다. 초기 단계에는 적시에 적절한 사람들을 프로그램에 참여시키는 것이 중요하다. 무엇보다도 참가자들이 프로그램이나 프로젝트를 통해 배운 것을 사용할 기회가 직무에 있어야 한다는 것을 의미한다. 이러한 유형의 정보는 0 수준인 투입 데이터로 수집되고 검증된다.

표 6-7 평가 데이터 활용

평가 데이터 활용	데이터가 적합한 수준				
	1	2	3	4	5
프로그램 설계 조정	✔	✔			
프로그램 전달 개선	✔	✔			
적용 및 효과에 영향			✔	✔	
강화 증진			✔		
관리자 지원 향상			✔	✔	
이해관계자 만족도 향상			✔	✔	✔
참가자 인정 및 보상		✔	✔	✔	
예산 정당화 또는 증액				✔	✔
규범 및 표준 개발	✔	✔	✔		
비용 절감		✔	✔	✔	✔
프로그램 홍보	✔		✔	✔	✔
타 영역으로의 적용 확대				✔	✔

1수준: 반응 및 계획된 행동 데이터 및 2수준: 학습 데이터는 프로그램 내용이 참가자에게 중요한지 여부를 결정한다. 프로그램이 진행되면 받아들일 것인지에 대한 평가가 시작된다. 참가자가 프로그램에서 가치를 찾지 못한다고 믿을 만한 이유가 있는 경우 언제든지 조정해야 한다. 지식 습득도 마찬가지이다. 참가자가 "사용"한다는 증거가 있고 의도가 "사용"인 경우 행동해야 할 때이다. 참가자는 프로그램의 결과로 해야 할 일을 할 의지와 능력이 있어야 한다. 그렇지 않으면 효과도 ROI도 없다.

습득한 지식의 적용 및 실행이 이루어질 수 있도록 프로그램은 충실하게 설계되어야 한다. 성공 여부는 3수준 측정을 통해 결정된다. 불행히도 가치 사슬이 이 단계에서 가장 자주 끊어진다. 참가자들은 다양한 이유로 자신이 배운 것을 사용하지 않는다. 그 중 다수는 인재개발의 직접적인 통제 밖에 있지만 모두 인재개발의 영향을 받을 수 있다. 이러한 장애가 밝혀지면 학습 전이를 지원해야 하는 시스템을 변경하기 위한 조치를 취해야 한다.

적용에 장애가 되는 요인 외에 활성화 요인도 있다. 3수준 측정을 통해 활성화 요인을 찾으면 또 다른 조치를 취할 수 있다. 작동하는 것을 복제하는 것은 작동하지 않는 것을 해결하는 것만큼이나 중요하다.

조치를 취해야 하는 또 다른 시점은 4수준: 효과 결과가 분명해지는 때이다. 일부 프로그램 평가의 경우 지표가 개선되었다면 그 이유를 아는 것이 중요하다. 프로그램을 통해 개선이 일어났다면 이는 좋은 소식이며 따라야 할 조치는 해당 소식을 공유하고 성공을 복제하거나 향상시키기 위한 계획을 고안하는 것이다. 그러나 프로그램 자체가 원인이 아니며 다른 요인으로 인해 개선된 것이라면 문제는 그 이유가 무엇인가?이다. 프로그램 실패의 근본적인 원인을 이해하기 위한 조치를 취하는 것이 블랙박스 사고의 전형이다.

조치를 취해야 하는 최종 지점은 5수준: ROI를 기반으로 한다. 때로는 ROI가 상당히 높을 것이다. 그렇다고 성취한 것에 안주할 때는 아니다. ROI가 매우 높다는 것은 프로그램이 작동하도록 하는 일이 진행되고 있음을 의미한다. 프로그램이 해결한 문제가 매우 심각하고 비용이 많이 들었다면 간단한 솔루션으로도 차이를 만들 수 있다. 그러나 시스템에서 지원하는 방식으로 프로그램이 만들어졌기 때문일 수도 있다. 여기서 대답해야 할 질문은 이유와 방법이다. 이 성공을 다른 영역에도 복제하는 것이 유익할 것이다.

반면에 프로그램은 부정적인 ROI로 이어질 수도 있다. 이때도 행동이 필요하다. 솔직히 말해서 가장 많은 행동이 발생하는 경향이 있는 시점이다. 부정적인 ROI가 발생했다고 회피해서는 안된다. 무슨 일이 일어났는지 찾아내고 다시는 그런 일이 일어나지 않도록 조치를 취해야 할 때이다.

최적화는 무언가를 최대한 완벽하고 기능적이거나 효과적인 것으로 만드는 행위, 프로세스 또는 방법론이다. 그것이 인재개발의 전부이다. 그리고 그 역할을 수행하기 위해 인재개발에는 측정, 평가 및 ROI가 필요한 것이다.

5. 마무리

이 장에서는 평가 계획에서 데이터 수집, 분석 및 결과 최적화에 이르기까지 ROI 방법론의 단계를 마무리했다. 이제 취해야 할 세 가지 조치가 있다. 먼저 4장에서 시작하여 5장에서 작업한 ROI 분석 계획을 계속 작성해야 한다. 마지막 두 열인 "커뮤니케이션 대상" 및 "기타 영향"(프로그램의 결과에 영향을 미칠 수 있거나 평가에 영향)을 완성해야 한다. 둘째, 다음의 질문에 답하면서 커뮤니케이션 계획을 수립해야 한다.

- **커뮤니케이션에서 무엇이 필요한가?** 이 질문에 답할 때 평가의 목적으로 돌아가야 한다. 무엇을 하려고 하는가? 프로그램을 개선할 것인가? 추가 예산을 요청할 것인가? 프로그램을 중단할 것인가? 여러 가지 요구 사항이 있을 수 있음을 기억해야 한다.
- **누구에게 요구할 것인가?** 이 커뮤니케이션에 가장 적합한 대상은 누구인가? 항상 결과를 전달할 네 그룹의 주요 대상이 있음을 기억해야 한다. 여러분의 필요를 해결하기 위해 커뮤니케이션해야 하는 다른 그룹이 있는가?
- **어떻게 요구할 계획인가?** 회의를 준비하거나 조직의 인트라넷에 게시할 예정인가?

커뮤니케이션 계획에는 커뮤니케이션의 다양한 이유, 대상 및 커뮤니케이션 전달 방법이 있다.

이 장의 내용으로 계속 진행하려면 <연습 6-1>의 커뮤니케이션 계획을 완성해야 한다. 이렇게 하면 올바른 대상을 정하고 가장 적절한 전달 방법을 사용하여 올바른 목적에 맞는 보고서를 개발할 수 있다.

여러분의 세 번째 행동은 여러분과 여러분의 팀이 블랙박스 사고를 얼마나 잘 활용하는지를 반영하는 것이다. 잘 반영하고 있는가? 그렇다면 얼마나 잘 작동하고 있는가? 그렇지 않다면 그 이유는 무엇인가?

7장에서는 ROI 방법론을 인재개발의 실제에 원활하게 통합할 수 있는 방법에 대한 아이디어를 제공하여 ROI 기본 사항을 마무리할 것이다.

연습

6-1 커뮤니케이션 계획 예시

커뮤니케이션 요구	대상	커뮤니케이션 문서	배포 방법

CHAPTER

07

지속적인 추진

이 장의 내용

CHAPTER 07

지속적인 추진

이 장의 내용

ROI 효과 연구에 관한 기본 사항을 알았으므로 이제 지속적으로 추진하는 방법을 배울 차례이다. 이 장에서는 다음의 내용을 다룬다.

- 실행에 대한 저항 확인
- 실행에 대한 저항 극복
- ROI 방법론 일상화

1. 저항 확인

ROI 방법론과 같은 포괄적인 평가에 대한 구성원들의 저항은 두려움, 이해 부족, 변화에 대한 반대, 성공적인 변화를 만드는 데 요구되는 노력에 기반한다. 저항을 확인하고 이를 극복하려면 인재개발팀부터 시작해서 경영진에도 가서 차이분석을 수행해야 한다.

1) 인재개발팀에서부터 출발

가장 큰 저항은 아마도 인재개발팀 내부에서부터 생길 것이다.

유명한 만화 캐릭터 포고[1]가 말한 것처럼 "우리는 적을 만났고 그는 우리입니다." 직원들은 인재개발 프로세스에서 ROI를 사용하는 데 필요한 추가 노력에 저항할 수 있다. 발생할 수 있는 문제, 우려 또는 두려움은 반드시 밝혀져야 한다.

인재개발 직원들이 우려스러워 하는 부분을 밝히기 위해 공식 회의 또는 설문지를 통해 그들의 피드백을 수집해야 한다. 중압감의 포인트는 무엇인가? 쟁점은 무엇인가? 문제는 무엇인가? 이 질문에 대한 답은 회의 또는 설문 등을 통해 빠르게 찾을 수 있다. 문제, 우려, 두려움을 모두 공개하여 해결할 수 있도록 하는 것이 가장 좋다.

또한, ROI 프로세스가 제대로 작동하는 데 지원을 해주어야 할 사람들로부터 비공식적인 피드백을 수집해야 한다. 공식 또는 비공식적인 리더들에게 특히 관심을 가져야 한다. 공식적인 평가, 우려 사항에 대한 피드백 및 비공식적인 피드백은 ROI에 대한 직원들의 많은 쟁점을 노출한다. <표 7-1>은 저항에 대한 전형적인 표현을 보여준다.

표 7-1 ROI에 대한 전형적인 반대

• 비용이 너무 많이 든다. • 우리에겐 필요하지 않다. • 시간이 너무 오래 걸린다. • 누가 요구합니까? • 내 업무가 아니다. • ROI에 대한 정보가 없다.	• 잘 모른다. • 고객들이 필요로 하지 않는다. • 결과가 부정적이면 어떻게 되는가? • 어떻게 일관되게 유지할 수 있는가?	• ROI 프로세스는 너무 주관적이다. • 부서장이 지원하지 않을 것이다. • ROI는 너무 지엽적으로 집중되어 있다. • 실용적이지 않다.

1) 미국 만화가 Walt Kelly의 McCarthyism 시대의 정치 풍자 만화(1948)의 캐릭터인 주머니쥐(역자 주).

이러한 우려 중 일부는 현실적이지만, 그렇지 않은 것들도 있다. ROI 방법론을 실행하면 의심의 여지없이 추가적인 노력이 필요하고 조직에서 인재개발을 실행하는 방식에 변화가 생길 것이다. 이 프로세스는 프로그램이 기대에 부응하지 않을 때 고통스러운 수정을 하도록 한다. 이 과정은 많은 긍정적인 결과를 가져오기도 하지만, 걱정이나 두려움 때문에 직원들은 긍정적인 것을 보지 못할 수도 있다. 대부분의 실제에서 ROI에 대한 많은 우려는 ROI에 대한 오해나 믿음의 부족에 기인하고, 이는 적절한 실행 과정에서도 쉽게 직면할 수 있는 문제이다.

2) 다음은 경영진

경영진은 나름의 이의를 제기하고 분석 및 해결해야 하는 인재개발에 대한 질문을 할 것이다. 인식해야 할 첫 번째 문제는 다양한 수준의 경영진이 인재개발 프로세스 및 ROI에 대해 서로 다른 관심을 갖고 있다는 것이다. 참가자의 직속 관리자가 관련되어 있는가? 그렇다면 그들의 우려를 해결해야 한다. 때로는 인재개발을 위한 예산을 책정하고 이를 다양한 방식으로 지원하는 중간 경영진이 대상이 될 수 있다. 어떤 경우에는 인재개발에 대한 궁극적인 약속이 결정되는 최고 경영진이 우려를 제기할 수도 있다. 이들은 필요한 자원을 제공하고 눈에 확 띄는 조치로 프로세스를 지원함으로써 인재개발 기능이 어느 정도 수준으로 기능해야 하는지 결정한다.

대상이 확인되면 다음 단계는 피드백을 수집하는 것이다. 회의 및 설문 조사도 경영진에 적합하다. 이들의 응답은 인재개발 프로세스의 성공에 대한 경영진의 인식에 대해 많은 것을 드러낼 수 있다.

결과는 우려 사항과 조치가 필요한 영역을 신속하게 보여준다.

관련된 다른 사람들은 여러분이 해결해야 할 우려 사항을 가지고 있을 것이다. 아웃소싱 파트너가 있는 경우 해당 파트너로부터도 피드백을 받아야 한다. 고객과 같이 인재개발에 관여하는 외부 그룹도 포함되어야 한다. 중요한 것은 인재개발 프로세스를 지원하고 유지하는 데 관련된 사람들이 자신의 문제를 해결할 기회를 갖도록 하는 것이다. <표 7-2>는 책임에 관한 문제와 노력에 대한 이러한 그룹의 일반적인 반응이며, 이는 인재개발 직원에게 놀라운 것일 수 있다.

표 7-2 책임에 대한 전형적인 반응

책임에 관한 문제	ROI에 대한 반응
• 이 모든 교육이 정말로 필요한가? • 인재개발이 우리 비즈니스에 어떻게 도움이 됩니까? • 더 적은 비용으로 이를 수행할 수 있습니까? • 능력이 있습니까? • 왜 이렇게 오래 걸립니까? • 증명해 보세요.	• 이것은 더 새로운 전문 용어입니까? • 이것이 내가 알고 있는 ROI입니까? • 어떻게 할 수 있습니까? • 왜 더 일찍 하지 않았습니까? • 믿을만 합니까? • 모든 프로그램에 대해 이 작업을 수행할 수 있습니까?

3) 차이분석 수행

다양한 지원 및 이해 관계자 그룹과 직원의 우려를 감안해서 차이분석을 수행해야 한다. 차이분석은 요구되는 수준과 현 수준 간의 비교에 초점을 맞춘다. 예를 들어, 경영층의 현재 지원 수준과 ROI 프로세스가 작동하기 위한 지원 수준의 차이에 중점을 둔다. <표 7-3>과 같이 다양한 영역에서 차이분석을 수행하는 것이 도움이 될 수 있다.

표 7-3 전형적인 차이 범주

• ROI를 위한 직원 역량 • 결과 기반 인재개발 • 비즈니스 요구 사항에 맞게 정렬 • 효과적인 정책, 절차 및 양식	• 학습 전이를 위한 적절한 환경 • 효과적인 경영지원 • 인재개발의 가치에 대한 인식

가장 중요한 문제 중 하나는 ROI에 관한 직원의 능력을 평가하는 것이다. ROI에 관한 실제 지식과 필요한 지식 사이에 차이가 있는 경우 관련된 모든 개인이 프로세스를 올바르게 사용할 수 있도록 특정 조치를 취해야 한다.

조정이 필요할 수 있는 또 다른 영역은 인재개발 과정의 프로세스이다. 평가는 프로세스 초기에 주로 고려해야 한다. 데이터 수집은 과정 중에 포함되어야 할 수 있으며, 참가자와 다른 사람들은 학습 프로세스의 일부로 데이터를 제공해야 한다.

세 번째 관심 영역은 비즈니스 정렬이다. 가능한 최상의 정렬과 비교해서 현재 비즈니스에 프로그램이 정렬되어 있는 정도이다. 프로그램이 처음부터 비즈니스 요구에 보다 직접적으로 연결되도록 프로세스와 실행을 변경해야 하는 경우가 많다.

평가가 표준화되고 일관되며 일상적이 되도록 정책, 절차 및 지침을 변경해야 하는 경우가 많다. 정책 및 지침에는 다양한 수준의 평가를 받을 프로그램의 비율, 프로그램과의 사전 비즈니스 정렬 범위 및 기타 중요한 절차에 대한 설명이 포함된다.

평가해야 할 또 다른 중요한 영역은 일터에서의 현실과 기대 사이의 격차이며, 이는 학습의 전이를 지원하기 위해 분석되고 종종 수정되어야 한다. 초기 분석에서 일터는 학습 전이에 대한 장애가 없어야 한다. 지원자와 조력자는 프로그램에서 학습한 것이 현장에 적용되도록 전이시키는 데 도움이 되어야 한다. 프로그램을 설계하고 실행하기 전, 중, 후의 학습 전이 문제를 고려해야 한다.

다음으로, 경영진의 지원이 핵심 문제이며 다양한 수준에서 지원을 개선하기 위한 구체적인 노력이 필요할 수 있다. 관리자를 참여시키려면 그들이 적절한 정보를 갖고 있는지 확인하고, 인재개발 프로세스가 관리자를 위해 무엇을 하고 있는지 보여주어야 한다. 다양한 지원 프로세스가 프로그램의 성패를 좌우할 수 있다.

마지막으로, 인재개발 프로세스의 가치와 조직에 대한 기여도에 대한 인식이 바뀌어야 한다. 인식 전환에 시간이 걸리고 성공에 대한 명확하고 광범위한 증거가 필요할 수 있지만, 반드시 필요한 것이다. 이 차이분석을 통해 이러한 차이를 줄이고 좁히기 위한 구체적인 단계를 수행함으로써 여러분이 노력해야 하는 의무에 대한 저항을 극복할 수 있다.

2. 실행을 위한 저항 극복

저항을 극복하려면 차이분석에서 확인된 장애와 문제를 제거하거나, 최소화 또는 우회하기 위한 다양한 조치와 함께 체계적인 접근이 필요하다. 성공적으로 실행하기 위해서는 저항을 극복해야 한다. [그림 7-1]은 ROI 실행에 대한 저항을 극복하는 데 필요한 조치를 블록 형태로 보여준다. 그림 하단의 첫 번째 조치부터 접근하여 상단의 마지막 조치로 이어지며, 다음 조치로 이동하기 전에 앞의 블록이 먼저 놓여야 한다.

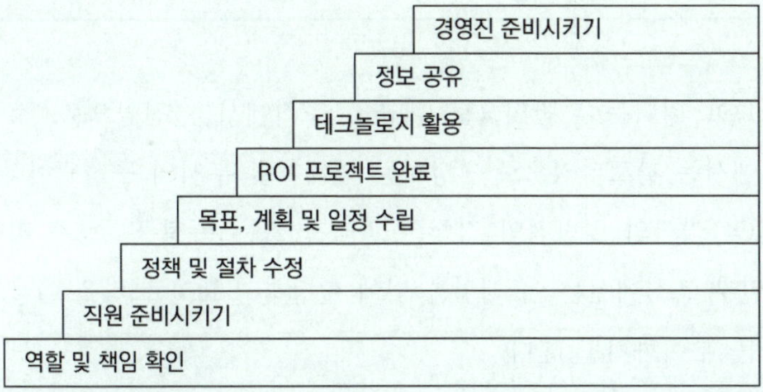

[그림 7-1] 저항 극복을 위한 조치 블록

1) 역할 및 책임 확인

성공적인 실행을 위해서는 다양한 역할과 책임이 필요하다. 중요한 역할은 성공적인 실행을 보장하기 위해 중요한 책임을 확인하고 위임하는 데 도움을 주는 ROI 챔피언이다.

챔피언 확인

프로세스의 첫 번째 단계로 한 명 이상의 개인을 ROI의 내부 리더로 지정해야 한다. 대부분의 변화 노력과 마찬가지로 누군가는 프로세스가 성공적으로 실행되었는지를 확인하는 책임을 져야 한다. ROI 챔피언은 일반적으로 프로세스를 가장 잘 이해하고 ROI 방법론의 잠재력을 아는 사람이다. 이 리더는 기꺼이 다른 사람들을 가르치고 코칭해야 한다.

표 7-4 ROI 챔피언의 역할

• 기술 전문가	• 컨설턴트	• 개발자	• 강사	• 프로세스 모니터
• 이니시에이터	• 설계자	• 치어리더	• 커뮤니케이터	• 해석자
• 코디네이터	• 문제 해결자	• 계획자	• 분석가	

ROI 리더는 일반적으로 대규모 조직에서는 전임으로, 소규모 조직에서는 파트타임으로 담당하는 인재개발 부서의 구성원이다. 전임 ROI 리더의 일반적인 직책은 관리자 또는 측정 및 평가 리더이다. 일부 조직에서는 이 책임을 팀에 할당하고 ROI 노력을 이끌도록 권한을 부여하기도 한다.

성공 보장을 위한 책임 위임

개인이 ROI 프로세스에서 부여된 특정한 업무가 명확하지 않을 때 혼란이 있을 수 있으므로 구체적인 책임을 결정하는 것은 중요한 문제이다. 책임은 크게 두 영역으로 나뉜다. 첫 번째 영역은 전체 인재개발 직원의 측정 및 평가 책임이다. 이 영역은 프로그램을 설계, 개발, 제공, 조정 및 지원, 도구 설계에 대한 정보 제공, 평가 계획, 데이터 수집, 그리고 결과 해석을 포함한다. 대표적인 책임은 다음과 같다.

- 요구 분석에 특정 비즈니스 결과 지표가 포함되는 것을 보장
- 각 프로그램에 대한 구체적인 3수준: 적용 목표 및 4수준: 효과 목표 개발
- 프로그램의 내용을 성과 개선에 집중: 연습, 시험, 사례 연구 및 기술 실습이 원하는 목표와 관련되도록 보장

- 참가자가 적용 및 결과 목표에 집중할 수 있도록 유지
- 평가 근거 및 이유 소통
- 적용 및 효과 결과 데이터를 확보하기 위한 사후 활동 보조
- 데이터 수집, 데이터 분석 및 보고에 대한 지원 제공
- 데이터 수집 및 분석 계획 개발
- 다양한 대상에게 평가 데이터 제시
- 도구 설계에 대한 도움 제공

각 직원을 이러한 모든 활동에 참여시키는 것은 부적절할 수 있지만 각 개인은 일상적인 업무의 일부로 최소한 하나 이상의 책임을 져야 한다. 이러한 책임 할당은 ROI 프로세스가 주요 인재개발 활동과 분리되고 일관성이 없게 되는 것을 방지한다. 더 중요하게는 프로그램을 개발, 전달 및 실행하는 사람들에게 책임을 부여한다는 것이다.

두 번째 영역은 기술 지원 부서이다. 인재개발 직원의 규모에 따라 기술 전문가가 ROI 방법론에 대한 지원을 제공하도록 하는 것이 도움이 될 수 있다. 이러한 전문가는 다른 사람의 평가 책임을 덜어주는 것이 아니라 기술적인 전문성을 보완한다. 일부 조직에서는 이 접근 방식이 효과적인 것으로 나타났다. 이러한 유형의 지원이 확보되면 책임은 다음과 같은 8가지 핵심 영역을 중심으로 이루어진다.

- 데이터 수집 도구 설계
- 평가 전략 개발을 위한 지원 제공
- 주요 평가 프로젝트 조정

- 전문적인 통계 분석을 포함한 데이터 분석
- 결과 해석 및 구체적인 권장 사항 제시
- 전반적인 결과를 전달하기 위한 평가 보고서 또는 사례 연구 개발
- 중요한 대상에게 결과 제시
- ROI 프로세스의 모든 단계에서 기술 지원 제공

평가의 각 부분을 담당하는 사람은 프로세스 전반에 걸쳐 주의가 필요하다. 데이터 수집에 대한 책임이 지원 기능의 다른 사람에게 요구되는 것은 드문 일이 아니다. 이러한 책임은 구체적인 평가 전략 계획이 개발되고 승인될 때 정해진다.

확인하기

견고한 측정 및 평가의 실제를 만들고 통합하는 데는 인재개발 예산의 3~5%만 소요된다. 그 예산은 잃어버린 기회의 가치에 비하면 미미한 돈에 불과하다.

2) 직원 준비시키기

성공적인 실행을 위해서는 직원들을 준비시키는 것이 중요하다. 평가 업무는 인재개발 직원뿐만 아니라 많은 리더에게도 새로운 시도이다. 이러한 이유로 리더와 직원이 성공적으로 실행하는 데 필요한 지식, 기술 및 경험을 고려하는 것이 중요하다.

ROI 리더 육성

ROI 리더로서의 업무를 준비하기 위해 이들은 일반적으로 ROI 방법론에 대한 구체적인 방법과 지식을 구축하기 위한 특별 교육을 받게 된다. 실행 리더의 역할은 다양한 전문적인 업무를 수행하는 것이다.

때때로 ROI 실행 리더는 평가 설계, 데이터 분석 및 프레젠테이션과 관련된 문제에 대해 조언을 제공하고 결정을 내리는 기술적인 전문가 역할을 한다. 리더는 ROI 분석을 시작하는 사람으로 ROI 대상 프로그램을 정하고 다양한 ROI 연구를 주도적으로 수행한다. 필요할 때 실행 리더는 치어리더가 되어 ROI 프로세스에 주의를 기울이고 다른 사람들이 참여하도록 격려하며 조직에 가치를 추가하는 방법을 보여준다. 실행 리더는 또한 다른 사람들에게 프로세스에 대해 알리고 결과를 대상 청중에게 알리는 소통자이기도 하다. 조직 내에서 ROI를 실행하는 리더로서 한 번쯤은 모든 소임을 수행할 수 있다.

직원 육성

ROI 방법론에 종종 저항하는 집단은 정작 인재개발 솔루션을 설계, 개발, 전달 및 조정해야 하는 직원일 때도 있다. 이러한 직원들은 종종 평가를 불필요하게 강요되는 책임으로 여기고 귀중한 시간을 낭비하고 창의성을 발휘할 자유를 누리지 못한다.

프로세스의 각 주요 이슈에 직원을 참여시켜야 한다. 정책 준칙이 준비되고 평가 지침이 개발되는 과정에서 직원의 의견은 필수적이다. 스스로 설계, 개발 및 계획에 참여한 직원들은 비판적인 태도를 취하기 어렵다. 회의, 브레인스토밍 세션 및 태스크포스 등을 통해 직원은 프레임워크와 ROI를 지원하는 문서를 개발하는 모든 단계에 참여해야 한다. 이상적인 상황으로는 직원들은 이틀 간의 워크숍에서 프로세스를 학습하는 동시에 지침, 정책을 개발하고 적용 대상을 정할 수 있다. 이 접근 방식은 매우 효율적이며 동시에 여러 과제를 끝낼 수 있다.

ROI를 성과 평가 도구가 아닌 학습 도구로 사용

직원이 ROI 방법론에 저항할 수 있는 한 가지 이유는 프로그램의 효과가 완전히 노출되어 그들의 평판을 위태롭게 할 수 있다고 생각하기 때문이다. 그들은 실패에 대한 두려움을 가질 수 있다. 이를 극복하기 위해 프로세스는 적어도 실행 초기 몇 년 동안은 인재개발 직원의 성과를 평가하는 도구가 아니라 프로세스 개선을 위한 도구로 명확하게 위치시켜야 한다. 인재개발 직원은 자신의 부족한 점과 실패를 알리는 데 사용할 도구를 개발하는 데에는 당연히 관심이 없다.

평가자는 성공보다 실패에서 더 많은 것을 배울 수 있다. 프로그램이 작동하지 않는 경우 이를 신속하게 찾아 문제를 파악하는 것이 가장 좋다. 프로그램이 비효율적이면 의뢰인과 관리층이 아직은 알지 못해도 결국은 알게 될 것이다. 결과가 부족하면 관리자가 인재개발에 덜 지원하게 된다. 감소하는 지원은 예산 축소에서 참가자의 프로그램 참여 거부에 이르기까지 다양한 형태로 나타난다. 프로그램의 취약점을 파악하고 신속하게 조정하면 효과적인 프로그램이 개발될 뿐만 아니라 부서 및 직원에 대한 신뢰도와 존중이 향상될 것이다.

3) 정책 및 절차 수정

실행의 또 다른 핵심적인 부분은 측정 및 평가에 관한 조직의 정책을 수정하는 것이며, 종종 인재개발 프로그램을 개발하고 실행하기 위한 정책 및 실제의 일부이다. 정책 준칙에는 측정 및 평가 프로세스를 위해 특별히 개발된 정보가 포함되어 있다. 이는 인재개발 직원, 주요 관리자 또는 후원자, 재무 및 회계 직원의 의견으로 주로 개발된다. 때때로 정책에 관한 이슈는 측정 및 평가에 관한 기술을 키우기 위해 설계된 내부 워크숍에서 해결된다.

<표 7-5>는 대규모 조직의 측정 및 평가 정책에 관한 주제이다.

표 7-5 성과중심의 내부인재 육성 정책

1. 목적.
2. 사명.
3. 모든 프로그램을 다음 수준을 포함해서 평가한다.
   - 1수준: 반응 및 계획된 행동(100%)
   - 2수준: 학습(70% 이상)
   - 3수준: 적용 및 실행(50%)
   - 4수준: 효과(일반적으로 샘플링을 통해)(10%)(고비용, 고관심)
   - 5수준: ROI(7%).
4. 평가 지원 그룹(업체)은 측정 및 평가, 도구 설계, 데이터 분석 및 평가 전략에 대한 지원 및 조언을 제공한다.
5. 새로운 프로그램은 요구분석으로 시작하여 결과를 전달하는 것으로 끝나는 논리적 단계에 따라 개발한다.
6. 평가를 위한 데이터를 수집할 수 있도록 평가 도구를 설계하거나 선택해야 한다. 유효하고 신뢰할 수 있고 경제적이어야 하며 평가 지원 그룹의 검토를 받아야 한다.
7. 인재개발 프로그램 결과에 대한 책임은 진행자, 참가자 및 참가자의 감독자에게 있다.
8. 인재개발 비용을 확보하고 모니터링하기 위한 적절한 시스템이 마련되어 있어야 한다. 모든 직접 비용이 포함되어야 한다.

9. 경영 이사회는 적어도 매년, 인재개발의 현황과 결과를 검토할 것이다. 이 검토에는 계획, 전략, 결과, 비용, 우선 순위 및 우려 사항이 포함된다.
10. 라인 관리자는 후속 조치, 프로그램 사전 약속 및 전반적인 지원을 통해 프로그램 평가에 대한 책임을 분담한다.
11. 관리자와 감독자는 인재개발 프로그램을 통해 달성한 역량을 선언해야 한다. 해당되지 않는 경우 인재개발 직원이 평가해야 한다.
12. 외부 컨설턴트는 이전 평가 데이터를 기반으로 선택해야 한다. 중요한 데이터 또는 자료에 기반해야 한다.
13. 하루 이상의 모든 외부 프로그램은 평가 절차를 거치게 된다. 또한 참가자는 외부 프로그램의 품질을 평가해야 한다.
14. 인재개발 프로그램 결과는 적절한 대상에게 전달되어야 한다. 최소한 여기에는 경영진(참가자의 감독자), 참가자 및 모든 인재개발 직원이 포함된다.
15. 핵심 인재개발 직원은 효과적인 요구 분석 및 평가를 수행할 수 있는 자격을 갖추어야 한다.
16. 프로그램 개발을 위한 중앙 데이터베이스는 중복을 방지하고 프로그램 자원으로서의 역할을 해야 한다.
17. 전체 인재개발 계획에 노동 조합의 참여가 필요하다.

정책 준칙은 측정 및 평가 프로세스의 효율성에 영향을 미칠 중요한 이슈를 다룬다. 일반적으로 정책 준칙은 이 책에서 제시하는 5단계 평가 프레임워크를 적용하고, 전체는 아니지만 일부 프로그램에 대해 더 높은 수준의 목표를 요구하고 인재개발의 책임을 정의한다.

정책은 직원 및 ROI 방법론과 긴밀하게 협력하는 사람들을 안내하고 감독한다. 정책은 관련자들이 프로세스에 집중하도록 유지하고 평가 목표를 설정할 수 있도록 한다. 또한 정책 준칙은 기본 요구사항과 성과 및 책임에 관한 근본적인 이슈를 전달할 수 있는 기회이다. 무엇보다 정책 준칙은 특히 협력적이고 집단적인 방식으로 개발될 때 다른 사람들을 가르치는 학습 도구 역할을 한다. 정책 준칙이 별도로 개발되고 직원과 경영진이 주인의식이 없다면 효과가 없거나 유용하지 않다.

측정 및 평가를 위한 지침과 프로세스는 도구와 기법을 어떻게 사용하는지 보여주고, 설계 프로세스를 안내하고, ROI 방법론에 일관성을 제공하고, 적절한 방법이 사용되었는지 확인하고, 각 영역에 적절한 강조를 두는 데 중요하다. 지침은 정책 준칙보다 더 기술적이고 종종 프로세스가 수행되고 개발되는 방법을 보여주는 자세한 절차를 포함한다. 여기에는 프로세스를 용이하게 하는 데 필요한 특정 양식, 설문지 및 도구가 포함되는 경우가 많다.

4) 목표, 계획 및 일정 수립

2장에서 언급한 바와 같이 계획 수립은 평가 프로세스의 중요한 부분이다. 계획하고 계획을 실행하라. 목표 설정 및 프로젝트 계획 개발과 같은 평가의 실천을 유지하기 위한 조치를 실행해야 한다.

목표 설정

특정 평가 수준 목표를 설정하는 것은 측정 및 평가를 발전시키는 중요한 방법이다. 목표를 통해 직원은 특정 평가 수준에 필요한 개선 사항에 집중할 수 있다. 이 과정에서 각 수준에서 평가를 위해 계획된 프로그램의 비율이 정해진다. 첫 번째 단계는 현재 상황을 평가하는 것이다. 반복되는 프로그램을 포함하여 모든 프로그램의 수는 각 과정에 대해 현재 수행되는 해당 평가 수준과 함께 표로 작성한다. 다음으로 1수준: 반응 설문지를 사용하는 과정의 비율을 계산한다. 평가의 각 수준에 대해 프로세스를 반복한다. 현재 3, 4, 5수준의 비율은 일반적으로 낮을 것이다.

현재 상황을 자세히 분석한 후 다음 단계는 특정 기간 내에 각 수준에 대한 현실적인 목표를 결정하는 것이다. 많은 조직에서는 개선 연간 목표를 설정한다. 이 프로세스에는 목표가 현실적이며 직원이 프로세스 및 목표에 전념할 수 있도록 인재개발부서 직원의 의견이 포함되어야 한다. 인재개발부서의 직원이 이 프로세스에 대한 소유권을 갖지 않으면 목표가 달성되기 어렵다. 개선 목표는 달성 가능해야 하며 동시에 도전적이고 동기를 부여해야 한다. <표 7-6>은 5단계 평가를 위한 연간 권장 목표를 보여준다.

표 7-6 평가 목표

평가 수준	이 수준에서 평가되는 프로그램의 비율
1수준: 반응 및 계획된 행동	90-100%
2수준: 학습	60-90%
3수준: 적용 및 실행	30-40%
4수준: 효과	10-20%
5수준: ROI	5-10%

이 예에 따르면 다른 많은 조직과 마찬가지로 프로그램의 90~100%가 1수준에서 측정된다. 프로그램의 60~90%만이 공식적인 측정 방법을 사용하여 2수준에서 측정된다. 이 수준에서 비공식적 방법은 학습 측정으로 간주되지 않는다. 3수준은 30~40%의 사후 평가를 나타낸다. 10~20%는 4수준에서 평가할 계획이고 그 중 절반은 5수준으로 평가할 계획이다. 이는 주로 권장되는 일반적인 평가 비율이다.

목표 설정은 중요한 실행 문제이다. 인재개발 담당자의 전폭적인 지원을 받아 초기에 완료해야 한다. 또한, 현실적이고 실행 가능하다면 주요 경영층, 특히 고위 경영층의 승인을 받아야 한다.

생각해 보기

여러분은 각 수준에서 프로그램의 몇 퍼센트를 평가합니까? 여러분의 목표는 위의 권장 목표와 어떻게 다릅니까?

- 1수준 ________________%
- 2수준 ________________%
- 3수준 ________________%
- 4수준 ________________%
- 5수준 ________________%

프로젝트 계획 개발

계획 프로세스의 중요한 부분은 전체 실행 프로세스에 대한 일정을 수립하는 것이다. 일정표는 책임 분담에서부터 시작해서 앞서 설명한 목표 달성으로 끝나는 다양한 요소를 완료하기 위한 종합계획이다. [그림 7-2]는 대형 석유회사의 ROI 실행 프로젝트 계획을 보여준다.

이 일정은 실질적으로 현재 상황에서 원하는 미래 상황으로 전환하기 위한 프로젝트 계획이다. 문서가 상세할수록 더 유용하다. 프로젝트 계획은 자주 검토하고 필요에 따라 조정해야 하는 오랜 기간 사용되는 살아있는 문서이다. 더 중요한 것은 ROI 방법론을 일상적으로 사용하는 사람들은 이에 대해 항상 친숙해져야 한다는 것이다.

	J	F	M	A	M	J	J	A	S	O	N	D	J	F	M	A	M	J	J	A	S	O	N
팀 구성	■																						
정책 수립		■	■	■																			
목표 설정	■	■																					
네트워크 구성			■																				
워크숍 개발			■	■	■	■	■																
ROI 프로젝트 (A)				■	■	■	■	■	■														
ROI 프로젝트 (B)						■	■	■	■	■	■	■	■										
ROI 프로젝트 (C)									■	■	■	■	■	■	■								
ROI 프로젝트 (D)											■	■	■	■	■	■	■	■	■	■			
WLP 담당자 교육								■	■	■	■	■	■										
전달자 교육														■	■	■							
관리자 교육																	■	■	■	■			
지원 도구 개발				■	■																		
평가 가이드라인 개발		■	■	■	■	■																	

[그림 7-2] **대형 석유회사의 ROI 실행 프로젝트 계획**

5) ROI 프로젝트 완료

다음 주요 단계는 ROI 프로젝트를 끝내는 것이다. 보통 2~3개의 소수 프로그램으로 프로젝트가 시작된다. 선택한 프로그램은 대부분 경영, 영업, 재무, 엔지니어링 및 정보 시스템과 같은 비즈니스의 기능적 영역을 포함한다. 여기서는 프로젝트가 완료될 수 있도록 관리 가능한 숫자를 선택하는 것이 중요하다.

궁극적으로 다루게 될 프로그램의 수는 연구를 수행하는 데 사용할 수 있는 자원과 책임에 대한 내부 요구에 따라 달라진다. 위에서 제시된 비율을 사용하면 200개 프로그램이 있는 조직의 경우, 매년 수행되는 프로그램의 10~20%(20~40개)가 4수준: 효과 또는 5수준: ROI 결과 연구를 수행함을 의미한다.

프로젝트가 개발되고 ROI 연구가 실행됨에 따라 진행 상황을 보고하고 적절한 팀 구성원과 중요한 이슈를 논의하기 위해 현안 회의를 수행해야 한다. 예를 들어, 리더십 프로그램이 ROI 프로젝트 중 하나로 선택되면 프로그램(설계, 개발 및 실행)에 관련된 모든 핵심 직원이 정기적으로 만나 프로젝트 상태를 논의해야 한다. 이를 통해 프로젝트팀이 중요한 이슈에 집중할 수 있도록 하고, 문제와 장애를 해결하기 위한 최상의 아이디어를 생성하고, 미래 프로그램에서 평가를 실행하기 위한 지식 기반을 구축한다.

확인하기

제공하는 모든 프로그램이 효과 또는 ROI로 평가되는 것은 아니다. 이 수준의 평가는 일반적으로 일부 프로그램에 대해서만 수행된다. 따라서 20개의 고유한 프로그램이 ROI 평가의 대상이 될 수 있지만, 해당 수준으로 평가되는 것은 한두 개뿐일 것이다.

이러한 회의는 진행 상황 보고, 학습 및 계획이라는 세 가지 주요 목적을 지원한다. 회의는 일반적으로 각 ROI 프로젝트에 대한 현황 보고서로 시작하여 이전 회의 이후에 달성한 내용을 설명한다. 다음으로 특정 장애와 직면한 문제에 관한 토론이 진행된다. 토론 중에 새로운 활동, 기법 또는 아이디어가 거론된다. 또한, 전체 참석자는 성공의 장애를 제거하는 방법에 대해 논의하고 특정 계획의 개발을 포함하여 다음 단계에 대한 제안 및 권장 사항에 중점을 둔다. 마지막으로 다음 단계가 개발, 논의 및 구성된다. 궁극적으로 이러한 프로젝트는 완료되어야 하며 결과는 적절한 대상에게 전달되어야 한다.

6) 테크놀로지 활용

측정 및 평가를 효율적이고 효과적으로 관리하기 위해서는 테크놀로지를 활용해야 한다. 이 책 전체에서 평가를 지원하는 몇 가지 유형의 테크놀로지가 언급되었는데, 테크놀로지는 단순하고 저렴한 소프트웨어 구매부터 대량의 데이터 관리를 위한 완전한 시스템까지 다양하다. 테크놀로지를 측정 및 평가의 맥락에서 고려할 때는 주로 5가지 영역에서 다루어진다.

첫째, 1수준에서 수집한 데이터와 2수준에서 자기 평가를 수집한 데이터를 테크놀로지를 활용하여 효율적으로 관리해야 한다. 이 수준에서 평가된 프로그램의 비율이 높기 때문에 데이터 관리 및 통합에 너무 많은 노력을 소비하지 않도록 테크놀로지를 사용해야 한다. 스캔 가능한 문서를 사용하는 것부터 1수준 및 2수준 데이터를 처리하기 위한 구독 소프트웨어에 이르기까지 다양한 기능을 사용할 수 있다. 이 수준의 데이터는 간단한 분석만을 필요로 한다.

두 번째 영역은 자기 평가 어플리케이션을 넘어선 2수준 데이터를 포함한다. 보다 객관적인 테스트를 설계하고 테스트의 유효성과 신뢰성을 확인하려면 간단한 테스트 구성 소프트웨어에서 시뮬레이션을 포함한 모든 유형의 테스트를 설계하기 위한 세부 소프트웨어에 이르기까지 테스트 설계 소프트웨어가 필요할 수 있다.

세 번째 영역은 사후 평가를 위한 소프트웨어이다. 이것은 종종 설문 조사, 인터뷰 및 포커스 그룹 정보를 사용한다. 포커스 그룹 및 인터뷰에 대한 정성적 분석을 포함하여 설문조사 및 설문지에서 데이터를 처리하기 위한 다양한 소프트웨어 패키지를 사용할 수 있다.

네 번째 고려 영역은 상세한 결과 연구를 수행하기 위한 소프트웨어이다. 일부 소프트웨어 패키지는 대조군 분석과 같은 실험적 연구 설계를 수행하는 데 사용할 수 있으며, 설문지 및 액션플랜을 사용하여 ROI 연구를 자동화하도록 설계된 다른 소프트웨어 패키지도 있다.

다섯째, 조직의 학습 관리 시스템은 관리 및 평가 프로세스를 운영하는 데 필요한 테크놀로지의 전부는 아니더라도 일부를 제공할 수 있다. 많은 학습 관리 시스템 제공업체는 분석에서 1, 2 및 3수준, 때로는 4 및 5수준에 필요한 데이터를 관리하기 위해 가장 일반적으로 사용 가능한 도구에 대한 링크 또는 평가 도구를 가지고 있다.

요컨대, 테크놀로지는 실행을 용이하게 하는 중요한 도구이다. 테크놀로지를 적절하게 사용하면 데이터를 수집하고 표 작성, 분석 및 보고하는 시간을 줄일 수 있다. 시간을 최소화하면 실행이 훨씬 쉬워진다.

7) 정보 공유

ROI 방법론은 많은 사람에게 생소하기 때문에 동료 그룹이 비슷한 문제와 어려움을 경험하게 하는 것이 도움이 된다. 국제 네트워크를 활용하거나 지역 네트워크에 가입 또는 생성하거나 내부 네트워크를 구축하는 것은 모두 다른 사람의 리소스, 아이디어 및 지원을 사용하는 가능한 방법이다.

효과적인 ROI 평가 프로세스를 위해 인재개발 전문가의 정보 요구 사항을 통합하는 한 가지 방법은 내부 ROI 네트워크를 사용하는 것이다. 네트워크의 개념은 단순성 그 자체이다. 아이디어는 훈련된 ROI 평가자의 안내하에 일하도록 조직 전체에서 ROI에 관심이 있는 사람들을 모으는 것이다. 일반적으로 부서 내의 옹호자들은 초기 네트워크의 필요성과 부서의 업무 방식을 변경하기 위한 ROI 평가의 잠재력을 모두 알고 있다. 관심 있는 네트워크 구성원은 실제 평가 계획을 설계하고 실행하며 학습한다. 이 프로세스는 부서의 새로운 비즈니스 수행 방식으로서 책임에 대한 노력을 만들어낸다.

8) 경영진 준비시키기

평가를 지원하고 데이터를 적절하게 사용하고 있는지 확인하기 위해 경영진과 함께 몇 가지 조치를 취할 수 있다. 어떤 경우에는 그들이 ROI에 대해 더 많이 이해해야 한다. 네 가지 구체적인 노력이 고려되어야 한다.

첫째, 경영진에 정기적으로 데이터를 제공하여 인재개발의 가치, 특히 3수준: 새로운 기술이 업무에서 직접 전이되는 적용 및 실행, 4수준: 목표 및 핵심 성과지표와 직접 연관되는 효과를 이해할 수 있도록 해야 한다. 경영진은 또한 비용 대비 학습의 가치를 보여주는 5수준: ROI가 필요하다. 이러한 영역에 대한 일상적인 정보를 갖는 것은 인재개발의 가치에 대한 인식을 구축하는 데 도움이 되어 향후 지원이 증가할 것이다.

둘째, 경영진이 평가 프로세스에 더 많이 참여하도록 해야 한다. 데이터를 검토하는 것 외에도 프로그램의 지속 여부나 프로그램 조정에 관한 결정을 내리는 데에도 관리자에게 도움을 요청할 수 있다. 이를 통해 일부 데이터를 수집하거나 데이터 수집 노력에 대한 지원을 받을 수 있다. 어떤 경우에는 사전 비즈니스 조정 지원을 포함하여 필요한 데이터를 지정할 수도 있다. 초기 비즈니스 정렬에서 목표 설정, 평가 지원에 이르기까지 책임 주기 전반에 걸쳐 경영진의 의견이 포함되어야 한다.

셋째, 개선에 대한 모든 공은 관리자가 받도록 한다. 이는 의사소통 및 보고의 문제지만 관리자가 향후 평가 책임에 대한 노력을 지원하는 데 중요하게 작용한다. (ROI를 생성한) 일터의 모든 개선 사항은 적절한 개인에게 공이 돌아가야 하며, 핵심 관리자는 책임을 지는 사람이다. 인재개발 부서가 프로그램 성공의 공을 가져간다면 관계는 빠르게 악화될 수 있다. 합당하고 필요한 곳에 공을 돌려야 한다.

넷째, ROI 방법론에 대해 관리자를 가르치거나 간략히 설명해야 한다. 관리자는 프로세스에 대한 내용과 프로세스가 자신을 위해 할 수 있는 것과 하지 말아야 할 것을 이해해야 한다. 그들이 신뢰할 수 있는 ROI 연구를 수행하는 데 관련된 자원을 이해해야 인재개발 직원이 이 방법을 보다 선택적으로 사용하도록 도울 수 있다. 이를 달성하기 위해 조직은 "인재개발에서 관리자의 역할"이라는 특별 워크숍을 제공할 수 있다. 반나절에서 이틀까지 기간이 다양한 이 워크숍은 ROI 방법론에 대한 지원을 강화하기 위해 중요한 기술을 형성하고 인식을 바꿀 수 있다. 그 후에 관리자는 학습의 효과에 대한 향상된 인식, 인재개발 프로세스에서 자신의 역할에 대한 보다 명확한 이해, 학습이 조직에서 작동하도록 하려는 새로운 다짐을 하게 된다.

3. ROI 방법론 일상화

ROI 방법론은 조직에서 실행된 후에도 계속 유지되어야 한다. ROI 방법론을 일상화시켜서 사라지거나 나빠지지 않도록 해야 한다. 일상화하려면 조직에 필요하고 필수적이며 매우 쉽다고 인식되는 프로세스를 마련해야 한다. 이 절에서는 ROI 방법론을 일상적으로 만들기 위한 주요 단계를 살펴본다.

ROI 방법론의 가치를 지속시키기 위해서는 측정, 평가 및 ROI를 일회성 이벤트나 추가 프로세스로 간주해서는 안 된다. 평가 연구는 가능한 한 빨리 계획하고 인재개발 프로세스에 통합해야 한다. 평가에 관한 업무, 프로세스 및 절차는 힘들지 않아야 정기적으로 사용할 가능성이 커진다. 평가가 일상화되면 인재개발 주기에서 받아들여지고 중요해지며 언젠가는 필수 요소가 될 것이다.

1) 계획을 일상화하기

직감적으로, 전문가 대부분은 계획이 문제를 최소화하고 자원을 줄이며 결과에 집중할 수 있는 중요한 방법이라는 것을 알고 있다. 이는 포괄적인 평가를 계획할 때 정말 사실이다. 계획은 이후에 필요한 시간을 최소화하고 평가를 효율적이고 저렴하게 유지하며 모든 이해관계자가 업무와 프로세스에 집중할 수 있도록 도와준다. 또한, 주요 고객으로부터 동의를 얻고 평가를 일상화하는 역할을 한다.

주요 평가 연구를 수행할 때마다 계획이 필수적이다. 프로그램을 운영한 지 얼마 되지 않아 갑자기 평가가 요청되더라도 데이터 수집, 처리 및 보고 방법을 결정하는 계획이 필요하다. 이상적으로는 평가 계획이 설계, 개발 및 실행에 영향을 미칠 수 있도록 인재개발 프로그램이 운영되기 전에 계획이 이루어져야 한다.

평가 계획을 실행하고 소통하는 것은 계획을 일상화하는 다음 단계이다. 이는 평가 계획이 개발된 시점부터 모든 평가 결과가 전달될 때까지 일어나야 하는 이벤트의 순서를 자세히 설명하는 것을 의미한다.

이러한 계획 문서는 다양한 팀 구성원과 이해 관계자가 의견을 제공할 수 있는 경우 몇 시간 만에 완료할 수 있다. 계획을 세우면 프로세스가 더 빠르고 효율적일 뿐만 아니라 일상화될 가능성도 커져 엄청난 결과를 얻게 된다.

2) 평가를 인재개발 프로그램에 통합하기

평가를 일상화하는 가장 효과적인 방법의 하나는 프로그램에 이를 반영하는 것이다. 이 접근 방식은 평가를 추가 프로세스에서 학습 적용의 필수 프로세스로 인식하도록 한다. 이는 일반적으로 인재개발 프로그램에 내장되어 있는 반응과 학습 평가 데이터를 넘어서는 것을 의미한다. 평가를 프로그램에 내재시키는 방법은 여러 가지가 있다. 가장 효과적인 방법의 하나는 프로그램에서 배운 지식과 기술을 적용하는 도구 역할을 하는 액션플랜을 사용하는 것이다. 액션플랜은 프로그램의 일부로 포함되며 초기에 이를 참가자에게 전달해야 한다. 액션플랜을 개발하고 사용하는 방법을 설명하기 위해 적절한 시간이 배정되어야 하며, 이상적으로는 참가자에게 이를 완료할 시간이 프로그램에서 제공되어야 한다. 액션플랜의 성공에 대한 사후 점검은 평가를 위한 데이터를 제공한다. 이러한 맥락에서 액션플랜은 평가 도구가 아닌 적용 도구가 된다. 전체 참가자의 완성된 액션플랜 데이터가 요약되고 각 구성원이 다른 구성원이 달성한 것을 볼 수 있도록 그들에게 되돌려준다는 것을 참가자에게 약속해야 한다. 이것은 참가자들에게 "나를 위한 것"이라는 인식을 제공한다. 액션플랜은 적용 및 실행 데이터뿐만 아니라 효과 데이터로도 사용된다.

또 다른 내재화 기법은 사후 설문을 인재개발 프로그램에 통합하는 것이다. 설문지의 항목을 검토하고 데이터 제공에 대한 약속을 확보할 수 있는 충분한 시간이 제공되어야 한다. 기대치에 대해 차근차근 검토하도록 해서 혼란스러운 문제를 명확하게 하고 참가자가 데이터 제공을 약속하도록 했을 때 응답률을 개선할 수 있다. 달성하기 쉬운 이 단계는 데이터 수집을 향상시키는 강력한 방법이 될 수 있다. 이렇게 하면 이후에 사후 일정에 따라 데이터를 제공받기 위해 참가자에게 지속적으로 알림을 제공하지 않아도 된다.

3) 지름길 사용하기

측정 및 평가 실행에 있어 가장 중요한 장애물 중 하나는 프로세스 실행과 관련된 잠재적인 시간과 비용이다. 추정을 포함하는 지름길 방법의 사용과 추가 분석 작업 사이에는 중요한 절충점이 있다. 이러한 절충안에서 지름길이 거의 항상 우세하다. 프로세스를 가장 잘 아는 사람(전문가)이 제공하는 지름길과 추정치가 더 정교하고 상세한 분석보다 훨씬 더 정확할 수 있다는 연구 결과가 증가하고 있다. 기본적으로 평가자는 정확도를 높이는 데 드는 높은 비용을 피하려고 한다.

과도한 시간과 비용에 대한 인식은 근거 없는 오해에 불과할 때도 있고 어떤 때에는 현실이기도 하다. 대부분의 조직은 인재개발 예산의 약 3~5% 정도로 평가 방법을 실현할 수 있다. 그런데도 평가에는 여전히 상당한 시간과 금전적 자원이 필요하다고 여긴다. 다양한 접근 방식이 최근 많은 주목을 받고 있으며 실행 전략의 중요한 부분에 해당한다.

낮은 수준에서 지름길 사용

자원이 주요 관심사이고 지름길을 선택해야 하는 경우 평가 체계의 낮은 수준에서 지름길을 사용하는 것이 가장 좋다. 이는 자원 할당 문제이다. 예를 들어, 4수준: 효과 평가가 수행되는 경우 1~3 수준이 철저할 필요는 없다. 이러한 변화는 가장 높은 수준의 평가에 중점을 둔다.

프로그램 비용 절감을 통한 측정 및 평가 예산 확보

거의 모든 ROI 효과 연구는 개선을 위한 데이터를 생성한다. 다양한 수준의 결과는 종종 프로그램을 보다 효과적이고 효율적으로 만들기 위해 프로그램을 변경하거나 완전히 재설계할 수 있는 방법을 제시한다. 이러한 조치는 비용 절감으로 이어질 수 있다. 어떤 경우에는 프로그램이 가치를 추가하지 않고 아무리 많은 수정도 프로그램 개선으로 이어지지 않기 때문에 프로그램을 제거해야 할 수도 있다. 이 경우 프로그램이 제거되므로 상당한 비용 절감을 실현할 수 있다. 이러한 절감액의 일부를 추가 측정 및 평가 예산으로 전환해야 한다는 논리적 주장이 가능하다. 일부 조직은 평가를 사용하여 생성된 절감액을 사용하여 측정 및 평가 지출에 대해 점진적으로 5%의 예산 목표로 옮기기도 한다. 이는 추가 예산 확보에 대해 엄격

하고 보수적인 접근 방식을 제공한다.

생각해 보기

총 인재개발 예산의 비율로 현재 평가에 얼마를 지출하고 있습니까? 평가 예산을 늘리려면 무엇이 필요합니까?

참가자 활용하기

가장 효과적인 비용 절감 방법 중 하나는 참가자가 프로세스의 주요 단계를 수행하도록 하는 것이다. 참가자는 학습된 무엇이 적용되었고 업무에서 성공을 이끌어 낸 정도를 이해하는 주요 정보원이다. 참가자의 책임은 학습 활동에 참여하고 새로운 기술을 적용해야 하는 전통적인 요구 사항에서 확장되어야 한다. 새로운 기술의 효과를 보여주고 성공에 대한 데이터를 프로세스의 일상적인 부분으로 제공하도록 참가자들에게 요청해야 한다. 결과적으로 참가자의 역할은 학습 및 적용에서 효과를 측정하고 정보를 전달하는 것까지 확장될 수 있다.

표본 활용하기

모든 프로그램이 포괄적인 평가를 요구하는 것은 아니며 계획된 사후에 모든 참가자가 반드시 평가될 필요도 없다. 따라서 표본을 두 가지 방법으로 사용할 수 있다. 첫째, 4수준 및 5수준 평가를 위해 몇 개의 프로그램만 선택할 수 있다. 이러한 프로그램은 이 책의 앞부분에서 설명한 기준에 따라 선택해야 한다. 다음으로, 프로그램을 평가할 때 비용과 시간을 최소화하기 위해 대부분은 참가자 중

표본을 추출해서 평가한다.

추정 활용하기

추정은 평가 프로세스의 중요한 부분이다. 또한, 숫자나 값에 도달하는 가장 저렴한 방법이기도 하다. 인재개발 프로그램의 효과를 분리하든 데이터를 금전적 가치로 변환하든, 추정은 프로세스의 일상적이고 신뢰할 수 있는 부분이 될 수 있다. 중요한 점은 추정치가 신뢰할 수 있고 체계적이고 논리적이며 일관된 단계를 따르는지 확인하는 것이다.

내부 자원 활용하기

조직은 ROI 연구를 추진하고 기타 측정 및 평가 문제를 해결하기 위해 반드시 외부 컨설턴트를 고용할 필요는 없다. 내부 역량을 개발해서 컨설턴트에 의존할 필요가 없이 비용을 절감할 수 있다. 이 접근 방식은 아마도 가장 중요한 시간 절약 방법 중 하나이기도 하다. 내부 자원을 사용하는 것과 외부 컨설턴트를 사용하는 것의 차이는 특정 프로젝트 비용의 50~60%를 절약할 수 있다.

표준 양식 활용하기

대부분의 조직에는 개별 평가 프로젝트에 대해 맞춤화할 수 있는 시간이나 자원이 부족하다. 가능한 한 계속해서 사용할 수 있는 표준 도구를 개발해야 한다. 맞춤화가 필요한 경우 이는 극히 일부에 불과해야 한다. 예를 들어, 반응 설문지를 표준화하고 자동화하여 시간을 절약하고 평가를 일상화할 수 있다. 테스트, 시뮬레이션 및 기술 실습과 같이 보다 객관적인 방법이 필요하지 않는 한 학습 측정도 표준화될 수 있고 반응 평가 설문지에 내재시킬 수 있다. 사후 평가 설문지도 표준화될 수 있으며 설문지의 일부만 맞춤화하면 된다. 구조화된 인터뷰를 표준 프로세스로 개발할 수도 있다. 포커스그룹면접의 주제도 표준화할 수 있다. 각 상황에 대해 평가 양식을 재개발하지 않아도 되도록 최대한 표준화하는 것이 좋다. 결과적으로 표 작성이 더 빨라지고 때로는 비용이 절감되기도 한다. 이것이 완성되면 평가가 일상화될 것이다.

간소화된 보고서 활용하기

데이터 보고는 데이터 수집, 처리 및 분석에 써야 하는 귀중한 시간을 가장 많이 낭비하게 하는 부분 중 하나일 수 있다. 하지만 보고는 프로세스에서 가장 중요한 부분이기도 하다. 많은 대상이 서로 다른 정보가 있어야 하기 때문이다. 대상이 평가 방법을 이해하면 일반적으로 정보를 간략한 형식으로 요약할 수 있다. 예를 들어, 한 페이지 형식을 사용하여 연구 결과를 제시하는 것도 가능하다. 그러나 대상이 평가에 대한 접근 방식과 방법론 이면의 원칙 및 가정을 이해하는 것이 필수적이다. 그렇지 않으면 데이터가 의미하는 바를 이해하지 못할 것이다.

좋은 소식은 대상에게 필요한 데이터를 제공하고 프로세스를 효율적인 방식으로 관리하기 위해 많은 지름길을 취할 수 있다는 것이다. 이러한 모든 지름길은 평가를 일상적으로 만드는 데 도움이 될 수 있는 중요한 프로세스이다. 평가가 비싸고 시간이 오래 걸리며, 어렵다면 결코 일상적으로 되지 않기 때문이다.

4. 마무리

이제 <연습 7-1>을 사용하여 ROI 실행 계획을 개발할 시간이다. 항목을 추가하거나 제거해서 맞춤화된 문서가 되도록 할 수 있다. 이 계획은 책에서 제시한 주요 문제를 요약하고 ROI 기초를 넘어서는데 도움이 될 것이다.

연습

7-1 측정 및 평가 전략 및 계획

이 문서는 포괄적인 측정 및 평가 전략과 계획을 구성하는 다양한 문제를 다룬다. 다음 항목 각각을 탐색하고 특정 접근 방식이나 문제와 관련하여 결정을 내려야 한다.

평가 목적

다음의 평가 목적 목록에서 조직과 관련된 것을 선택하시오.

- 프로그램 목표 달성의 성공 여부를 결정한다.
- 인재개발 프로세스에서 강점과 약점을 파악한다.
- 인재개발 자원에 대한 우선순위를 설정한다.
- 테스트, 사례 및 연습의 명확성과 타당성을 확인한다.
- 프로그램을 가장(또는 가장 적게) 성공적으로 수행한 참가자를 파악한다.
- 프로그램 진행 중 주요 내용을 보완한다.
- 향후 프로그램에 누가 참여해야 하는지 결정한다.
- 인재개발 프로그램의 비용과 이익을 비교한다.
- 인재개발의 책무를 강화한다.
- 향후 프로그램의 홍보를 지원한다.
- 프로그램이 적절한 솔루션인지 판단한다.
- 경영진의 의사 결정을 돕기 위한 데이터베이스를 구축한다.

추가할 것이 있습니까?

전반적인 평가 목적

평가를 수행하는 목적을 기술:

이해관계자 그룹

측정 및 평가의 성공에 중요한 특정 이해관계자를 확인:

평가 대상 및 목표

현재 각 수준에서 평가된 프로그램의 대략적인 비율을 작성하고 특정 날짜까지 각 수준에서 평가하려는 프로그램의 수를 작성하시오.

평가 수준	현재	계획	일정
1수준: 반응 및 계획된 행동			
2수준: 학습			
3수준: 적용 및 실행			
4수준: 효과			
5수준: ROI			

참여인력

평가 업무에 내부 또는 외부 인력을 사용하는 방침과 이 프로세스에 참여하는 직원의 수를 상근과 비상근으로 구분하여 표시하시오.

- 내부와 외부 방침

- 비상근 직원 수:
  - ≫ 성명 또는 직책:

- 상근 직원 수:
  - ≫ 성명 또는 직책:

책임

인재개발에 있어 여러 그룹의 책임을 자세히 설명한다. 일반적으로 전문가는 평가에서 리더십 역할에 참여하고 다른 참여자는 프로세스의 여러 단계에서 지원 및 도움을 제공한다.

그룹	책임

예산

모범적인 조직의 측정 및 평가 예산은 학습 및 개발 예산의 3~5%이다. 여러분 조직에서 현재 측정 및 평가에 대한 투자 수준은 어느 정도인가? 여러분의 목표는 어느 정도인가?

데이터 수집 방법

다양한 평가 수준에서 현재 사용된 그리고 계획된 데이터 수집 방법을 명시한다.

	현재 사용	계획
1수준: 반응 및 계획된 행동		
설문	❑	❑
포커스그룹면접	❑	❑
인터뷰	❑	❑
2수준: 학습		
객관식 시험	❑	❑
설문 조사	❑	❑
시뮬레이션	❑	❑
자가진단	❑	❑
3수준: 적용 및 실행		
사후 설문조사	❑	❑
관찰	❑	❑
인터뷰	❑	❑
사후 포커스그룹면접	❑	❑
액션플랜	❑	❑
4수준: 효과		
사후 설문	❑	❑
액션플랜	❑	❑
성과 계약	❑	❑
실적 모니터링	❑	❑

역량 개발

직원들은 어떻게 측정 및 평가 역량을 개발할 것인가?

활동	대상	책임자
ROI 브리핑(1~2시간)		
4시간 ROI 워크숍		
1일 ROI 워크숍		
2일 ROI 워크숍		
ROI 인증		
코칭		
ROI 콘퍼런스		
네트워킹		

테크놀로지 활용

ROI 연구 수행을 위한 테크놀로지를 포함하여 데이터 수집, 통합 및 스코어카드 보고를 위해 테크놀로지를 어떻게 사용하는가? 테크놀로지를 어떻게 사용할 계획인가?

방법	현재	계획
설문조사	❑	❑
테스트	❑	❑
기타 데이터 수집	❑	❑
통합	❑	❑
ROI	❑	❑
스코어카드	❑	❑

커뮤니케이션 방법

결과를 전달하기 위해 현재 사용하는 구체적인 방법을 표시하시오. 어떤 방법을 사용할 계획인가?

방법	현재	계획
회의	❑	❑
중간 및 진행 보고서	❑	❑
뉴스레터	❑	❑
이메일 및 전자 매체	❑	❑
브로슈어 및 팸플릿	❑	❑
사례 연구	❑	❑

데이터 활용

해당 상자에 "✓"를 표시하여 현재 평가 데이터를 어떻게 사용하고 있는지 표시하시오. 평가 데이터의 사용 계획은 해당 상자에 "X"를 표시하시오.

전략	데이터의 적절한 수준				
	1	2	3	4	5
프로그램 설계 조정	❑	❑	❑	❑	❑
프로그램 전달 개선	❑	❑	❑	❑	❑
적용 및 효과에 영향	❑	❑	❑	❑	❑
학습에 대한 강화 증진	❑	❑	❑	❑	❑
인재개발에 대한 경영층 지원 개선	❑	❑	❑	❑	❑
이해관계자 만족도 향상	❑	❑	❑	❑	❑
참가자에 대한 인정 및 보상	❑	❑	❑	❑	❑
예산 정당화 및 증액	❑	❑	❑	❑	❑
규범 및 표준 개발	❑	❑	❑	❑	❑
비용 절감	❑	❑	❑	❑	❑
인재개발 프로그램 홍보	❑	❑	❑	❑	❑
다른 분야로의 확대 실행	❑	❑	❑	❑	❑

질문 및 의견

Appendix

부록

ROI 예측의 기초

1. 프로그램 사전 예측
2. 파일럿 프로그램
3. 1수준 예측
4. 예측을 위한 추가적인 방법

ROI 예측의 기초

비록 이 책의 범위를 벗어나지만, 예측의 기초를 소개하는 것도 중요하다. 다양한 예측 기법을 사용할 수 있는데, 가장 일반적인 것은 프로그램 사전 예측, 파일럿 프로그램 및 1수준 예측이다.

1. 프로그램 사전 예측

프로그램 사전 예측은 동일한 문제를 해결하도록 설계된 두 프로그램 중에서 하나를 선택할 때 이상적인 방법이다. 또한, 하나의 매우 고가의 프로그램을 고려하거나 하나 이상의 전달 메커니즘 중에서 결정해야 할 때 유용하다. 프로그램 사전 예측에 대한 요구 사항이 무엇이든 이 프로세스는 프로그램 사후의 ROI 평가와 유사하다.

확인하기

프로그램 사전 예측을 수행할 때 프로그램의 효과를 분리하는 단계는 생략된다. 추정된 결과는 평가 중인 프로그램의 영향인 것으로 가정한다.

[그림 A-1]은 기본 예측 모형을 보여준다. 프로그램의 영향으로 변화가 있을 것으로 예상하는 결과 데이터의 추정이 프로세스의 첫 번째 단계이다. 여기에서 데이터 변환, 비용 추정 및 계산은 프로그램 후 분석에서와 같다. 예상되는 무형의 혜택을 예측하는 것은 도전적이지만, ROI 계산에 포함된 것 이상으로 영향을 받을 수 있는 지표를 나타내는 척도가 될 수 있다.

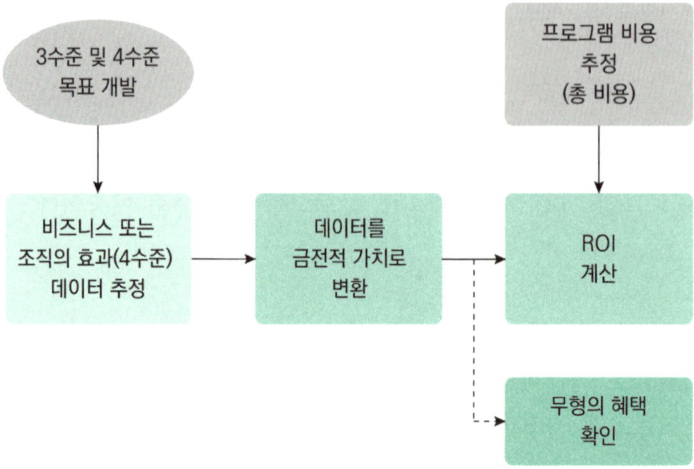

[그림 A-1] ROI 예측 기본 모형

다음은 프로그램 사전 ROI 예측을 개발하는 10단계이다.

1. 가능한 한 많은 세부사항을 고려하여 3수준 및 4수준 목표를 개발한다.
2. 비즈니스 효과 데이터의 월별 개선(△P)을 추정하거나 예측한다.
3. 5장에 설명된 방법의 하나 이상을 사용하여 비즈니스 효과 데이터를 금전적 가치(V)로 변환한다.
4. 월별 개선 값에 12를 곱하여 금전적 측면에서 연간 예상 효과(△I)를 구한다.

   $\triangle I = \triangle P \times V \times 12.$
5. 프로그램이 첫해 이후에도 상당히 유용한 수명을 갖게 되면 분석에 추가적인 연도를 고려한다.

6. 5장에 표시된 비용 요약 개요를 사용하여 프로그램의 전체 비용(C)을 추정한다.
7. 표준 ROI 공식에서 총 예상 이익과 예상 비용을 사용하여 예상 ROI를 계산한다.

$$ROI(\%) = \frac{\Delta I - C}{C} \times 100$$

8. 세밀한 분석을 사용하여 다양한 수준에서의 잠재적 개선을 포함하여 여러 ROI 값을 개발한다.
9. 상황을 가장 잘 알고 있는 사람들로부터 정보를 얻어 잠재적인 무형의 혜택을 확인한다.
10. ROI 예측 및 예상되는 무형의 혜택을 주의 깊게 전달한다. 몇 가지 명확하게 정의된 가정에 따라 예측을 기반으로 했지만 여전히 오류의 여지가 있다는 점을 기억해야 한다.

2. 파일럿 프로그램

프로그램 성공에 대한 보다 정확한 예측은 소규모 파일럿 프로그램을 통해 프로그램 후 데이터를 기반으로 ROI를 계산한 다음 개발하는 것이다. 이 접근 방식은 5단계로 진행된다.

1. 프로그램 사전 예측에서와 같이 3수준 및 4수준 목표를 개발한다.
2. 모든 부수적인 것들은 제외하고 작은 규모로 프로그램을 시작한다. 프로그램의 기본을 유지하면서 적은 비용을 사용한다.

3. 프로그램으로부터 혜택을 받을 수 있는 전형적인 집단 중 하나 이상과 함께 프로그램을 완전히 실행한다.
4. 프로그램 후 분석을 위한 ROI 방법론을 사용하여 ROI를 계산한다.
5. 파일럿 프로그램의 결과에 따라 조직 전체에 프로그램을 실행할지 여부를 결정한다.

파일럿 프로그램의 평가를 ROI 예측으로 사용하면 파일럿 대상의 실제 프로그램 성공 사례를 보고할 수 있으며 무형의 혜택을 포함하여 5가지 평가 수준 모두에서 결과를 보여줄 수 있다.

3. 1수준 예측

새로운 프로그램에 대한 ROI를 예측하는 간단한 방법은 기본적인 1수준 평가 질문에 몇 가지 질문을 추가하는 것이다. 프로그램 사전 예측의 경우와 마찬가지로 데이터는 실제 프로그램 후 평가만큼 신뢰할 수는 없다. 하지만 1수준 평가는 최소한 실제로 프로그램에 참석한 참가자의 데이터에 의존한다.

<표 A−1>은 프로그램 종료 시 예측 ROI를 개발할 수 있는 간단한 일련의 질문들이다. 이 일련의 질문을 사용하여 참가자는 배운 내용을 어떻게 사용할 계획인지와 성취할 것으로 예상하는 결과를 자세히 기술한다. 참가자에게 예상 성취를 연간 금전적 가치로 환산하고 해당 가치 개발의 근거를 제시하도록 요구한다. 참가자가 이 과정에서 불확실성을 감안할 수 있도록 하면서도 데이터의 신뢰

성을 높이기 위해 신뢰도 추정치를 사용하여 응답을 보정하도록 한다. 예상되는 총 금전적 이익을 개발하기 위해 데이터를 일부 보정한다. 예상 비용은 ROI 계산을 위한 금전적 이익과 비교하기 위해 계산된다. 실제 데이터만큼 신뢰할 수는 없지만, 이 프로세스는 프로그램의 잠재적인 성공에 대한 몇 가지 지표를 제공한다.

표 A-1 1수준에서의 ROI 예측을 위한 질문

1. 이 프로그램의 결과로 배운 것을 적용할 때 어떤 구체적인 행동을 시도할 것입니까?
2. 행동의 결과로 어떤 구체적인 지표, 결과 또는 프로젝트가 변경될 것인지 확인하시오.
3. 이러한 예상되는 변화의 결과로, 1년의 기간 동안 금전적 가치로 귀하의 조직이 얻을 수 있는 이익은 얼마입니까? __________천 원
4. 이 추정의 근거는 무엇입니까?
5. 귀하의 추정치를 얼마만큼 신뢰할 수 있는지 백분율로 표시하시오(%). (0% = 확신 없음, 100% = 완전한 확신)

4. 예측을 위한 추가적인 방법

예측에 대한 또 다른 접근 방식은 2수준 테스트 데이터를 사용하는 것이다. 인재개발 프로그램의 내용을 반영하고 있는 신뢰할 수 있는 테스트는 효과 지표로서 타당하다. 테스트 점수와 효과 지표의 개선 사이에 통계적으로 유의한 관계가 있는 경우 테스트 점수는 향상된 성과와 연관될 것이다. 성과는 금전적 가치로 변환될 수 있으며 테스트 점수는 프로그램의 금전적 효과를 추정하는 데 사용할 수 있다. 예상 비용과 비교하면 ROI가 예측된다.

또 다른 접근 방식은 역량에 금전적 가치를 부여하는 3수준에서 ROI를 예측하는 것이다. 역량의 향상 정도를 활용하여 ROI를 예측하는 가장 기본적인 접근 방식은 다음과 같다.

1. 역량을 확인한다.
2. 직무에 적용된 기술의 비율을 결정한다.
3. 참가자의 급여와 복지 혜택에 근거하여 역량의 금전적 가치를 결정한다.
4. 참가자의 기술 수준 증가를 결정한다.
5. 개선에 따른 금전적 이익을 계산한다.
6. 금전적 이익을 프로그램 비용과 비교한다.

<표 A−2>는 3수준 데이터를 사용하여 ROI를 예측하는 기본적인 예시이다.

표 A-2 3수준에서 ROI 예측의 예시

10명의 관리자가 4일간의 학습 프로그램에 참석한다.

1. 역량 확인: <u>관리자 기술</u>
2. 직무에 사용된 기술의 비율 결정: <u>80%(집단 평균)</u>
3. 참가자의 급여 및 혜택에 근거하여 역량의 금전적 가치 결정: <u>참가자당 40,000천 원</u>

   직무에 사용된 기술의 백분율을 가치에 곱한다: 50,000천 원 × 80% = 40,000천 원

   집단에 대한 역량의 금전적 가치 계산: 40,000천 원 × 10 = 400,000천 원
4. 기술 수준 증가 결정: <u>10% 증가(집단 평균)</u>
5. 개선에 따른 금전적 이익 계산: <u>40,000천 원</u>

   역량의 금전적 가치에 기술 수준 향상을 곱한다. 400,000천 원 × 10% = 40,000천 원
6. 금전적 이익을 프로그램 비용과 비교한다: <u>프로그램 비용은 15,000천 원이고, ROI는 166%이다.</u>

$$\text{ROI}(\%) = \frac{40{,}000\text{천 원} - 15{,}000\text{천 원}}{15{,}000\text{천 원}} \times 100 = 166\%$$

3수준에서 ROI를 예측하는 보다 포괄적인 접근 방식은 유용성 분석을 사용하는 것이다. 이 유용성 분석은 특히 행동 변화에 금전적 가치를 제공하는 것이 중요할 때 고려할 수 있다.

예측은 실제 ROI 연구가 실현 가능하지 않을 때는 훌륭한 도구이다. 그러나 주의할 점은 예측하는 경우 자주 예측해야 한다는 것이다. 정기적으로 실행해서 경험과 활용 이력을 쌓아야 한다. 또한, 예측한 후에 실제 ROI 연구를 수행하고 그 결과를 비교하여 예측 프로세스에 대한 더 나은 기술을 개발하는 것이 항상 도움이 될 것이다.

확인하기

ROI 예측과 예측 분석의 사용은 과거보다 훨씬 더 일반화되고 있다.
주의: 예측에만 의존해서는 안 된다. 예측 및 예측 분석이 유용하기는 하지만 결과적으로는 무엇을 할 수 있는지에 대한 추정에 불과하다. 진정한 의미는 실제로 발생하는 것이므로 사후 프로그램 평가가 필요하다.

참고문헌

Cascio, W.F. 2000. *Costing Human Resources: The Financial Impact of Behavior in Organizations.* Australia: South-Western College Publishing.

Cross, R., T. Davenport, and P. Gray. 2019. "Demonstrating Impact Through Collaborative Analytics." Connected Commons website.

Delcol, K., S. Wolfe, and K. West, ed. n.d. "Can Innovation Tools Influence the New Product Development Process?" http://debonogroup.com/return-on-investment.htm.

Institute for Corporate Productivity (i4cp) and ROI Institute. 2018. *Four Ways to Advance Your People Analytics Practice.*Seatde, WA: Institute for Corporate Productivity; Birmingham, AL: ROI Institute.

Harris, R.L. 1 999. *Information Graphics: A Comprehensive,* Illustrated Reference. New York: Oxford University Press.

Harvard Business Review Analytic Services. 2017. *How CEO's and CHRO's Can Connect People Strategy to BusinessStrategy.* Boston: Harvard Business Review Publishing.

Heskett, J., W. Sasser, and L. Schlesinger. 1997. *The Service Profit Chain: How Leading Companies Link Profit and Growth to Loyalty, Satisfaction, and Value.* New York: Free Press.

Horngren, C. 1982. *Cost Accounting.* Englewood Cliffs, NJ : Prentice Hall.

Howard, T. 2005. "Brewers Get Into the Spirits of Marketing." *USA Today,* May 16.

Mooij, J.M., J. Peters, D. Janzing, J. Zscheischler, and B. Schölkopf. 2016. "Distinguishing Cause From Effect Using Observational Data: Methods and Benchmarks." *Journal of Machine Learning Research* l7(32): 1-102.

Parker, L., and C. Hubble. 2015. "Measuring ROI in a Supervisory Leadership Development Program." In *Measuring the Success of Leadership Development,* edited by P.P. Phillips, J.J. Phillips, and R.L. Ray. Alexandria, VA: ATD Press.

Phillips, J.J., ed. 1997. *Measuring Return on Investment,* vol. 2. Alexandria, VA: ASTD Press.

Phillips, J.J . 2003. *Return on Investment in Training and Performance Improvement Programs,* 2nd ed. Boston: Butterworth–Heinemann.

Phillips, J.J., and P.P. Phillips. 2005. *ROI at Work.* Alexandria, VA: ASTD Press.

Phillips, J.J., and P.P. Phillips. 2009. *Measuring Success: What CEOs Really Think About Learning Investments.* Alexandria, VA: ASTD Press.

Phillips, J.J., and P.P. Phillips. 2016. *Handbook of Training Evaluation and Measurement,* 4th ed. New York: Routledge.

Phillips, J.J., R.D. Scone, and P.P. Phillips. 2001. *The Human Resources Scorecard: Measuring the Return on Investment.* Boston: Butterworth–Heinemann.

Phillips, P.P., ed. 2001. *Measuring Return on Investment,* vol. 3. Alexandria, VA: ASTD Press.

Phillips, P.P., ed. 2002. *Measuring ROI in the Public Sector.* Alexandria, VA: ASTD Press.

Phillips, P.P., 2017. *The Bottomline on ROI,* 3rd ed. West Chester, PA: HROQ.

Phillips, P.P., J.J. Phillips, G. Paone, and C. Huff–Gaudet. 2019. *Value for Money: How to Show the Value for Money for All Types of Projects and Programs in Governments, Non–Governmental Organizations, Nonprofits, and Businesses.* Hoboken, NJ: Wiley.

Phillips, P.P., J.J. Phillips, and R.L. Ray. 2016. *Measuring the Success of*

Employee Engagement: A Step-by-Step Guide for Measuring Impact and Calculating ROI. Alexandria, VA: ATD Press.

Prest, A.R. 1965. "Cost-Benefit Analysis: A Survey." *The Economic Journal* 75(300): 683-735.

Sibbett, D. 1997. "Harvard Business Review: 75 Years of Management Ideas and Practices 1 922-1977." *Harvard Business Review.*

Thompson, M.S. 1980. *Benefit-Cost Analysis for Program Evaluation.* Thousand Oaks, CA: Sage Publications.

Tufte, E.R. 1983. *lhe Visual Display of Quantitative Information.* Cheshire, CT: Graphics Press.

Wharff, D. 2005. Presentation for ADET E8 Learning Analytics and Strategies: "Serving the Enterprise."

추가 참고문헌

다음은 이 책에서 제공하는 ROI 방법론의 이해, 활용 및 적용을 지원하는 데 사용할 수 있는 추가적인 문헌이다.

1. ROI 연구소의 책

Elkeles, T., and J.J. Phillips. 2007. *The Chief Learning Officer: Driving Value Within a Changing Organization Through Learning and Development.* Waltham, MA: Butterworth-Heinemann.

Elkeles, T., J.J. Phillips, and P.P. Phillips. 2016. *The Chief Talent Officer: Driving Value Within A Changing Organization Through Learning and Development,* 2nd ed. Abingdon, UK: Routledge.

Phillips, J.J. 2003. *Return on Investment in Training and Performance Improvement Projects,* 2nd ed. New York: Elsevier; Valtham, MA: Butterworth-Heinemann.

Phillips, J.J., W. Brantley, and P. P. Phillips. 2011. *Project Management ROI: A Step-by-Step Guide for Measuring the Impact and ROI for Projects.* Hoboken, NJ: John Wiley.

Phillips, J.J., M.T. Breining, and P.P. Phillips. 2008. *Return on Investment in Meetings & Events: Tools and Techniques to Measure the Success of All Types of Meetings and Events.* Waltham, MA: Butterworth-Heinemann.

Phillips, J.J., V. Buzachero, P.P. Phillips, and Z.L. Phillips. 2012. *Measuring ROI in Healthcare: Tools and Techniques to Measure the Impact and ROI in Healthcare Improvement Projects and Programs.* New York: McGraw-Hill.

Phillips, J.J., M. Myhill, and J.B. McDonough. 2007. *Proving the Value of Meetings & Events: How and Why to Measure ROI.* Birmingham, AL:

ROI Institute; Dallas: MPI.

Phillips, J.J., and P.P. Phillips. 2007. *Show Me the Money: How to Determine ROI in People, Projects, and Programs.* San Francisco: Berrett–Koehler.

Phillips, J.J., and P.P. Phillips. 2008. *Beyond Learning Objectives: Develop Powerful Objectives that Link to the Bottom Line.* Alexandria, VA: ASTD Press.

Phillips, J.J., and P.P. Phillips. 2008. *The Measurement and Evaluation Series – ROI Fundamentals 1, Data Collection 2, Isolation of Results 3, Data Conversion 4, Costs and ROI 5, Communication and Implementation 6* New York: Pfeiffer.

Phillips, J.J., and P.P. Phillips. 2010. *The Consultant's Guide to Results–Driven Proposals. How to Write Proposals That Forecast the Impact and ROI.* New York: McGraw–Hill.

Phillips, J.J., and P.P. Phillips. 2011. *10 Steps to Successful Business Alignment.* Alexandria, VA: ASTD Press.

Phillips, J.J., and P.P. Phillips. 2012. *Provi1lg the Value of HR: How and Why to Measure ROI.* 2nd ed. Alexandria, VA: SHRM.

Phillips, J.J., and P.P. Phillips. 2015. *High–Impact Capital Strategy: Addressing the 12 Major Challenges Today's Organizations Face.* New York: AMACOM.

Phillips, J.J., and P. P. Phillips. 2015. *Making Human Capital Analytics Work: Measuring the ROI of Human Capital Processes and Outcomes.* New York: McGraw–Hill.

Phillips, J.J., and P.P. Phillips. 2016. *Handbook of Training Evaluation and Measurement,* 4th ed. New York: Routledge.

Phillips, J.J., and P.P. Phillips. 2018. *The Value of Innovation: Knowing, Proving, and Showing the Value of Innovation and Creativity.*

Hoboken, NJ: Wiley.

Phillips, J.J., P.P. Phillips, and A. Pulliam. 2014. *Measuring ROI in Environment, Health, and Safety.* Hoboken, NJ: Scrivener-Wiley. t

Phillips, J.J., P.P. Phillips, and R.L. Ray. 2012. *Measuring Leadership Development: Quantify Your Program's Impact and ROI on Organizational Performance.* New York: McGraw-Hill.

Phillips, J.J., P.P. Phillips, and K. Smith. 2016. *Accountability in Human Resource Management: Connect HR to Business Results,* 2nd ed. Abingdon, UK: Routledge.

Phillips, J.J., and L. Schmidt. 2004. *The Leadership Scorecard* (Improving Human Performance Series) . New York: Elsevier; Waltham, MA: Butterworth-Heinemann.

Phillips, J.J., and R. Scone. 2001. *The Human Resources Scorecard: Measuring Return on Investment.* New York: Elsevier; Walcham, MA: Butterworth-Heinemann.

Phillips, J.J., and R. Scone. 2002. *How to Measure Training Results: A Practical Guide to Tracking the Six Key Indicators.* New York: McGraw-Hill.

Phillips, J.J., W.D. Trotter, and P.P. Phillips. 2015. *Maximizing the Value of Consulting: A Guide for Internal and External Consultants.* Hoboken, NJ: Wiley.

Phillips, P.P, ed. 2001. *Measuring Return on Investment* (In Action), vol. 3. Alexandria, VA: ASTD Press.

Phillips, P.P. 2017. *The Bottomline on ROI: Benefits and Barriers to Measuring Learning, Performance Improvement, and Human Resources Programs,* 3rd ed. West Chester, PA: HRDQ.

Phillips, P.P., and J.J. Phillips. 2007. *The Value of Learning: How Organizations Capture Value and ROI and Translate Them into*

Support, Improvement, and Funds. New York: Pfeiffer.

Phillips, P.P., and J.J. Phillips. 2011. *The Green Scorecard: Measuring the Return on Investment in Sustainability Initiatives.* Boston: Nicholas Brealey.

Phillips, P.P., and J.J. Phillips. 2013. *Survey Basics: A Complete How-to Guide to Help You: Design Surveys and Questionnaires, Analyze Data and Display Results, and Identify the Best Survey Tool for Your Needs.* Alexandria, VA: ASTD Press.

Phillips, P.P., and J.J. Phillips. 2016. *Real World Evaluation Training: Navigating Common Constraints for Exceptional Results.* Alexandria, VA: ATD Press.

Phillips, P.P, and J.J. Phillips. 2017. *The Business Case for Learning: Using Design Thinking to Deliver Business Results and Increase the Investment in Talent Development.* West Chester, PA: H RDQ; Alexandri:t, VA: ATD Press

Phillips, P.P., J.J. Phillips, G. Paone, and C. Huff-Gaudet. 2019. *Value for Money: How to Show the Value for Money for All Types of Projects and Programs in Governments, Non-Governmental Oganizations, Nonprofits, and Businesses.* Hoboken, NJ: Wiley.

Phillips, P.P., J.J. Phillips, R. Scone, and H. Burkett. 2006. *The ROI Fieldbook: Strategies for Implementing ROI in HR and Training.* Waltham, MA: B utterworth-Heinemann.

Robinson, D.G., J.C. Robinson, J.J. Phillips, P.P. Phillips, and D. Handshaw. 2015. *Performance Consulting: A Strategic Process to Improve, Measure, and Sustain Organizational Results,* 3rd ed. Oakland, CA: Berrett-Koehler.

2. ROI 적용에 관한 사례 연구

Elkeles, T., P.P. Phillips, and J.J. Phillips. 2014. *Measuring the Success of Learning Through Technology: A Step−by−Step Guide for li1easuring Impact and ROI on £−Learning, Blended Learning, and Mobile Learning.* Alexandria, VA: ASTD Press.

Phillips, J.J., ed. 1994. *Measuring Return on Investment* (In Action), vol. 1. Alexandria, VA: ASTD Press.

Phillips, J.J., ed. 1997. *Measuring Return on Investment* (In Action), vol. 2. Alexandria, VA: ASTD Press.

Phillips, J.J., ed. 1998. *Implementing Evaluation Systems and Processes* (In Action). Alexandria, VA: ASTD Press.

Phillips, J.J., ed. 2000. *Performance Analysis and Consulting* (In Action). Alexandria, VA: ASTD Press.

Phillips, J.J., and P.P. Phillips. 2006. *ROI at Work: Best Practice Case Studies From the Real World.* Alexandria, VA: ASTD Press.

Phillips, J.J., and P.P. Phillips. 2010. *Measuring for Success: What CEOs Really Think About Learning Investments.* Birmingham, AL: ROI Institute; Alexandria, VA: ASTD Press.

Phillips, J.J., P.P. Phillips, and L. Zuniga. 2013. *Measuring the Success of Organization Development: A Step−by−Step Guide for Measuring Impact and Calculating ROI.* Alexandria, VA: ASTD Press.

Phillips, J.J., and P. P. Phillips. 2014. *Measuring ROI in Employee Relations and Compliance.* Alexandria, VA: SHRM.

Phillips, P.P., ed. 2001. *Measuring Return on Investment* (In Action), vol. 3. Alexandria, VA: ASTD Press.

Phillips, P.P., and J.J. Phillips. 2002. *Measuring ROI in the Public Sector* (In Action). Alexandria, VA: ASTD Press.

Phillips, P.P., and J.J. Phillips. 2008. *ROI in Action Casebook.* New York:

Pfeiffer.

Phillips, P.P., and J.J. Phillips. 2012. *Measuring the Success of Coaching: A Step－by－Step Guide for Measuring Impact and Calculating ROI.* Alexandria, VA: ASTD Press.

Phillips, P.P., and J.J. Phillips. 2012. *Measuring ROI in Learning and Development: Case Studies from Global Organizations.* Alexandria, VA: ASTD Press.

Phillips, P.P., and J.J. Phillips. 2013. *Measuring the Success of Sales Training: A Step－by－Step Guide for Measuring Impact and Calculating ROI* Alexandria, VA: ASTD Press.

Phillips, P.P., J.J. Phillips, and R.L. Ray. 2015. *Measuring the Success of Leadership Development: A Step－by－Step Guide for Measuring Impact and Calculating ROI.* Alexandria, VA: ATD.

Phillips, P.P., and J.J. Phillips. 2016. *Measuring the Success of Employee Engagement: A Step－by－Step Guide for Measuring Impact and Calculating ROI* Alexandria, VA: ATD Press.

Phillips, P.P., and J.J. Phillips. 2018. *Value for Money: Measuring the Return on Non－Capital Investments.* Birmingham, AL: BWE Press.

Pope, C., and J.J. Phillips, eds. 2001. *Implementing E－Learning Solutions* (In Action). Alexandria, VA: ASTD Press.

Schmidt, L., and J.J. Phillips, eds. 2003. *Implementing Training Scorecards* (In Action). Alexandria, VA: ASTD Press.

3. TD at Work(이전의 Infoline): 교육 및 수행 전문가를 위한 방법 참조 도구

ATD의 TD at Work 시리즈는 다양한 주제에 대한 도구, 템플릿 및 직무 보조를 제공한다. 이 책에서 논의된 5가지 평가 수준 각각에 중점을 두고 있다.

American Society for Training & Development (ASTD). 2009. "The Four Levels of Evaluation + ROI." *Infoline.* Alexandria, VA: ASTD Press.

Anand, P. 2017. "Executive Dashboards to \X'in Over the C-Suite." *TD at Work.* Alexandria, VA: ATD Press.

Association for Talent Development (ATD). 2015. "Train the Trainer Volume 4: Measurement and Evaluation: Essentials for Measuring Training Success." *TD at Work.* Alexandria, VA: ATD Press.

Burkett, H. 2013. "10 Tactics for a Sustainable Evaluation Process." *Infoline.* Alexandria, VA: ASTD Press.

Burkett, H., and P.P. Phillips. 2001. "Managing Evaluation Shortcuts." *Infoline.* Alexandria, VA: ASTD Press.

DeTuncq, T. 2012. "Demystifying Measurement & Evaluation." *Infoline.* Alexandria, VA: ASTD Press.

Downs, L. 2015. "Managing Learning Programs." *TD at Work.* Alexandria, VA: ATD Press.

Glynn, K., and D. Talsma. 2017. "Design Thinking Meets ADDIE." *TD at Work.* Alexandria, VA: ATD Press.

Guerra-Lopez, L., and K. Hicks. 2015. "Turning Trainers into Strategic Business Partners." *TD at Work.* Alexandria, VA: ATD Press.

Levenson, A. 2016. "Measuring and Maximizing the Impact ofTalent Development." *TD at Work.* Alexandria, VA: ATD Press.

Neal, B. 2014. "How to Develop Training Quality Standards." *Infoline.* Alexandria, VA: ASTD Press.

Novak, C. 2012. "Making the Financial Case for Performance Improvement." *Infoline.* Nexandria, VA: ASTD Press.

Phillips, J.J., W. Jones, and C. Schmidt. 1999. "Level 3 Evaluation: Application." *Infoline.* Nexandria, VA: ASTD Press.

Phillips, J.J., and P.P. Phillips. 1998. "Level 5 Evaluation: Mastering ROI."

Infoline. Nexandria, VA: ASTD Press.

Phillips, J.J., R. Shriver, and H.S. Giles. 1999. "Level 2 Evaluation: Learning." *Infoline.* Alexandria, VA: ASTD Press.

Phillips, J.J., and R.D. Stone. 1999. "Level 4 Evaluation: Business Results." *Infoline.* Nexandria, VA: ASTD Press.

Phillips, J.J., J.O. Wright, and S.I. Pettit−Sleet. 1999. "Level 1 Evaluation: Reaction and Planned Action." *Infoline.* Nexandria, VA: ASTD Press.

Phillips, P.P., and J.J. Phillips. 2003. "Evaluation Data: Planning and Use." *Infoline.* Nexandria, VA: ASTD Press.

Spitzer, D., and M. Conway. 2002. "Link Training to the Bottom Line." *Infoline.* Nexandria, VA: ASTDtPress.

Waagen, A. 1997. "Essentials for Evaluation." *Infoline.* Nexandria, VA: ASTD Press.

4. 데이터 시각화에 관한 책

Few, S. 2012. *Show Me the Numbers: Designing Tables and Graphs to Enlighten,* 2nd ed. Burlingame, CA: Analytics Press.

Knaflic, C.N. 2015. *Storytelling With Data: A Data Visualization Guide for Business Professionals.* Hoboken, NJ: Wiley Publishing.

Tufte, E.R. 1990. *Envisioning Information.* Cheshire, CT: Graphics Press.

Tufte, E.R. 1997. *Visual Explanations: Images and Quantities, Evidence and Narrative.* Cheshire, CT: Graphics Press.

Wilke, C.O. 2019. *Fundamentals of Data Visualization: A Primer on Making Informative and Compelling Figures.* Sebasropol, CA: O'Reilly Media.

색인

ㅎ

저자 소개

Patricia P. Phillips 박사는 ROI 역량 구축, 실행 지원, 네트워킹 및 연구의 선두 주자인 ROI 연구소의 CEO이다. 측정 및 평가 분야의 저명한 리더인 그녀는 70개국의 기관들이 ROI 방법론을 실행하도록 돕고 있다. 그녀는 UNITAR(UN Institute for Training and Research)의 이사회 이사로 활동하고 있다. 또한, 그녀는 기업 생산성 연구소(i4cp) People Analytics 이사회 의장을 역임하고 있다. 콘퍼런스 위원회의 수석 연구원; The Center for Talent Reporting의 이사; 그리고 ATD CPLP 인증 연구소 특별 회원으로 활동하고 있다. 그녀는 또한 이탈리아 토리노에 있는 UN System Staff College 교수로 재직하고 있다. 그녀의 성과는 CNBC, EuroNews 및 12개 이상의 비즈니스 저널에 실렸다.

Patricia는 국제 개발 박사 학위와 공공 및 민간 경영 석사 학위를 받았고, ROI 평가 인증을 받았으며 학습과 수행 전문가 인증 및 수행공학자 인증을 받았다.

Patricia는 남편 Jack J. Phillips와 함께 다양한 저널에 기고하고 있으며 측정, 평가, 분석 및 ROI를 주제로 여러 책을 저술했다. 그녀는 patti@roiinstitute.net을 통해 연락할 수 있다.

Jack Phillips 박사는 책무성, 측정 및 평가 분야에서 세계적으로 유명한 전문가이다. 그는 Fortune 500대 기업 및 주요 글로벌 조직에 컨설팅 서비스를 제공하고 있다. 1,000권 이상의 책을 저술 또는 편집한 그는 워크숍을 진행하고 전 세계 콘퍼런스에서 발표하고 있다.

그는 그의 책과 작품으로 여러 상을 받았는데, Meeting News는 ROI에 대한 그의 성과를 기반으로 그를 회의 및 이벤트 업계에서 가장 영향력 있는 25인 중 한 명으로 세 번 선정했다. Society for Human Resource Management는 그의 책 중 하나로 그에게 상을 수여했으며, Phillips ROI 연구에 창의성에 관한 최고의 상을 수여했다. 이전에 ASTD(American Society of Training & Development)였던 ATD(Association for Talent Development)는 ROI에 대한 그의 성과에 관해 일터 학습 및 개발에 대한 탁월한 공헌의 의미로 그에게 최고의 상을 수여했다. ISPI(International Society for Performance Improvement)는 인간수행공학에 대한 그의 공헌에 대해 최고의 상인 Thomas F. Gilbert 상을 수여했다. 그의 성과는 월스트리트 저널, 비즈니스 위크 및 포춘 매거진에도 실렸다. 그는 CNN을 비롯한 여러 TV 프로그램과 인터뷰했으며, ISPI의 회장을 역임했다.

그는 70개국의 제조, 서비스 및 정부 기관 고객과 정기적으로 컨설팅하고 있다. 그와 그의 아내 Patti P. Phillips는 100권 이상의 책을 저술했을 뿐만 아니라 다양한 저널에 기고하고 있다.

그는 전기 공학, 물리학 및 수학 학사 학위를 가지고 있고, Georgia State University에서 의사결정 과학 석사 학위; Alabama University에서 인적자원관리 박사 학위를 받았다. 그는 두 개의 NASDAQ 회사를 포함한 여러 민간 기업의 이사회와 Talent Development Association 및 National Management Association을 포함한 여러 비영리 단체 및 협회의 이사를 역임했다. 그는 ROI 연구소의 회장이며 jack@roiinstitute.net으로 연락할 수 있다.

ROI 연구소 소개

ROI 연구소는 실무자를 위한 ROI 방법론 연구, 교육 및 네트워킹 분야의 선도적인 주자이다. 설립자 및 소유자인 Patricia P. Phillips 박사와 Jack J. Phillips 박사는 ROI를 학습, HR 및 수행 개선 프로그램에 적용하는 데 있어 최고의 전문가이다.

1993년에 설립된 ROI 연구소는 ROI 방법론을 사용하여 프로그램과 프로세스를 개선하는 전문가를 지원하는 서비스 중심 조직이다. 이 방법론은 70개국 이상에서 26개 이상의 서로 다른 응용 프로그램을 사용하여 프로그램을 측정하고 평가하는 데 중요한 도구가 되고 있다.

ROI 연구소는 다양한 컨설팅 서비스, 학습 기회 및 출판물을 제공하고 있고, 국내 조직은 물론 전 세계적으로 다양한 기업, 공공 부문 기관, 산업 및 이익 단체에 대한 연구 활동을 수행하고 있다. ROI 연구소는 ROI 평가를 실행하고 조직에서 측정 및 평가 프로세스를 유지하는 데 전문성을 구축하기 위한 ROI 인증을 제공하는 유일한 조직이다. 인증, 워크숍, 컨설팅 및 연구에 대한 자세한 내용은 www.roiinstitute.net을 방문하거나 info@roiinstitute.net으로 이메일을 보내거나 205.678.8101로 전화하길 바란다.

제2판
HRD 담당자를 위한 ROI의 기초

초판발행 2022년 8월 22일

지은이 Patricia Pulliam Phillips and Jack J. Phillips
옮긴이 이현우
펴낸이 노 현

편 집 배근하
기획/마케팅 이선경
표지디자인 BEN STORY
제 작 고철민·조영환

펴낸곳 ㈜ 피와이메이트
서울특별시 금천구 가산디지털2로 53 한라시그마밸리 210호(가산동)
등록 2014. 2. 12. 제2018-000080호
전 화 02)733-6771
f a x 02)736-4818
e-mail pys@pybook.co.kr
homepage www.pybook.co.kr
ISBN 979-11-6519-285-3 93370

정 가 23,000원